LaiZI SHeHui DaKeTang XueSheng De BaoGao

来自社会大课堂学生的报告

——小学篇

北京市教育委员会德育处
北京教育科学研究院基础教育教学研究中心 编

首都师范大学出版社
CAPITAL NORMAL UNIVERSITY PRESS

图书在版编目(CIP)数据

来自社会大课堂学生的报告·小学篇／北京教育科学研究院基础教育教学研究中心,北京市教育委员会德育处编.—北京:首都师范大学出版社,2010.12

ISBN 978-7-5656-0244-3

Ⅰ.①来… Ⅱ.①北… ②北… Ⅲ.①社会实践－调查报告－小学
Ⅳ.①G622.429

中国版本图书馆 CIP 数据核字(2010)第 243676 号

LAI ZI SHEHUI DA KETANG XUESHENG DE BAOGAO——XIAOXUE PIAN
来自社会大课堂学生的报告
——小学篇

北京市教育委员会德育处
北京教育科学研究院基础教育教学研究中心　编

责任编辑　欧家作

首都师范大学出版社出版发行
地　　址　北京西三环北路 105 号
邮　　编　100048
电　　话　68418523(总编室)　68982468(发行部)
网　　址　www.cnupn.com.cn
北京嘉实印刷有限公司印刷
全国新华书店发行
版　　次　2010 年 12 月第 1 版
印　　次　2010 年 12 月第 1 次印刷
开　　本　787mm×1092mm　1/16
印　　张　26
字　　数　474 千
定　　价　57.00 元

丛书编委会

目 录

"触摸"中国古代四大发明

——走进中国科技馆

指导教师：东城区史家小学 郭志滨

教师指导学生活动的设计

（一）整体活动简介

1. 基地情况介绍

活动地点：中国科技馆新馆一层华夏之光展厅。

华夏之光展厅通过序厅、中国古代的科学探索、中国古代的技术创新、华夏科技与世界文明的交流、体验空间五个展区，向同学们展示了华夏先民们的智慧与创造。其中在该展厅的中心区专门设有"华夏科技与世界文明的交流"的展览。

该展览区向人们介绍了中华民族所取得的辉煌成就，不仅改变了自己，同时还传播到世界各地，这些成就或为当地人们直接采用，或激发他们的进行相关研究并产生自己的发明。与此同时世界各国的先进技术和发明也通过各种途径传入我国，为我所用，推动和促进了中国的生产和发展。展区中以介绍中国古代"四大发明"及外传，国外先进科技传入我国为主线。主要展项有与造纸、印刷、火药、指南针、丝绸之路图及多媒体介绍国外传入的科技内容相关。

如该展区中利用电子模拟技术设置了不同的元素制成礼花后会呈现出什么样的色彩；突火枪、一窝蜂等火药武器的视频介绍；利用指南针指示可操作的轮船、轮舵等。

在该展厅中，还有一个体验空间。在这个体验空间中，学生们可以看到木版水印、拓片制作、传统制纸的表演，甚至还可以自己动手印一张年画，制一张纸张……这为学生提供了"触摸"中国古代的四大发明的机会。

2. 活动内容与教材之间的联系

本次活动的主要内容是组织学生通过在中国科技馆华夏之光展厅内观看中心展区即四大发明展览和体验展区进行相关活动体验。这一活动内容与首师大版小学《品德与社会》学科五年级下册第三单元中《祖先的科学技术成就》有着紧密的联系，同时该展厅内的各件展品也是本课教学的有效补充。

教材内容介绍：本课教学内容旨在引导学生了解我国古代的四大发明，了解一些我国古代领先世界的科学技术成就，从而认识我国古代劳动人民的勤劳与智慧，了解我国古代劳动人民对世界文明的发展所作出的巨大贡献，从而激发学生产生热爱祖国文化、热爱劳动人民的情感，以及民族自豪感。

课文内容与展馆内容的对比：

造纸术

教材内容：东汉蔡伦改进造纸术、造纸的原材料以及造纸术传入世界各地区的时间表

展区内容：如何制造纸浆、麻纸、皮纸等；纸张的实物展示；可以观看和动手体验造纸活动

印刷术

教材内容：隋唐时期雕版印刷、北床毕昇活字印刷、先后出现木活字、铜活字、铅活字、14世纪传到朝鲜、日本后到埃及

展区内容：活字排版转轮；我国最早的文字检索工具；木版水印表演和体验活动等

指南针

教材内容：战国时期的司南宋朝用于航海

展区内容：悬缕指南针指南鱼指南车晚清时期指南针英国指南针指南针航行操作台

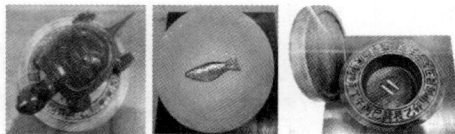

中国各个历史时期不同的指南工具

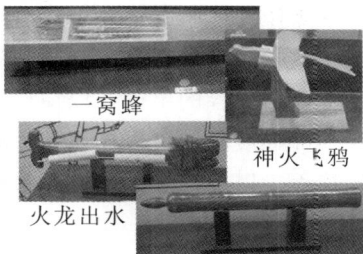

火药

教材内容：七八世纪时发明，九世纪用于军事。武器有火箭、突火枪、火炮等。从阿拉伯传入欧洲各国

展区内容：各种火药武器的视频介绍及模型展，可操作的电子模拟火药烟花屏幕，可以知道使用不同的元素烟花可以是不同的颜色

一窝蜂

神火飞鸦

火龙出水

突火枪

通过对比图可以可出，展馆内的知识内容比教科书更丰富，而且每一个内容都有可以供学生动手操作的设备。因此说，这里是课堂教学内容有效补充和拓展的区域。同时该展区内容又与教材内容如此的接近，所以我们选择了华夏之光中心展区作为本次教学活动的地点。

学生在品德与社会课堂上学习过《祖先的科学技术成就》之后，走进社会大课堂——中国科技馆华夏之光展厅，继续了解中国古代四大发明。通过讲解员的介绍，学生完成学习表中的任务，并在工作人员的指导下进行木板水印和造纸的体验活动，从而丰富所学习的知识，知道更多的与中国古代四大发明有关的课外知识。通过听讲解员的介绍和老师的指导完成研究报告。同时活动还提高学生观察、记录的能力、与人交往的能力、动手操作的能力以及总结概括的能力。从情感方面看，学生通过展品的观看和自己动手的操作，亲身体会到了中国古代科技的先进水平，从而感悟到民族自豪，激发学生热爱祖国、热爱劳动人民的情感。

（二）学生活动方案

1. 活动目标

知识方面：通过活动学生进一步知道造纸术、印刷术、指南针和火药的发展进程。知道四大发明传出中国的相关知识，知道四大发明对中国乃至世界人类进步的重大影响。

能力方面：通过倾听讲解员的介绍以及教师的讲授完成研究报告，从而提高学生倾听与记录的能力；通过自己观看展品进行分析记录，提高学生对信息的筛选和分析的能力，活动中提高学生与人交往的能力。在体验木版水印等活动中，提高学生动手操作的能力。

情感态度介值观：通过参观和体验活动，激发学生对中国古代科技的认同感和民族自豪感。

2. 活动前准备

教师方面：教师到中国科技馆进行参观和了解，并请讲解员对展品进行详细的介绍。同时根据需求与讲解员一同商讨活动计划，确定学生可以动手操作和体验的活动项目。教师与工作人员一同制定活动安全预案。

教师找到展品与教材之间的差异和联系，熟悉讲解员介绍的内容与课堂上介绍内容的出处，以便设计活动方案和学生的学习单。

部分展品为可以操作的体验型展品，教师要会使用，并知道使用的操作规程，以便指导学生进行活动。

学生方面：第一次到中国科技馆参观，考查学生对华夏之光展厅中的展品喜爱程度。回来后，教师上《祖先的科学技术成就》一课，激发学生想要再次走进中国科技馆华夏之光的愿望。此时，学生需根据所学提出自己的问题或是感兴趣的话题。在此基础上，第二次走进中国科技馆华夏之光展厅进行学习。

3. 活动实施计划

借助学校开展的社会大课堂活动和"学习单"课题研究的契机，先后分两次组织学生前往中国科技馆进行参观和学习。之后，根据学生的学习兴趣，安排学生走进我校的课程活动基地，再次进行造纸术和印刷术的体验活动。

第一次走进中国科技馆华夏之光展区：学生到中国科技馆华夏之光展厅进行自由参观，没有教师和讲解员的讲解和介绍，对自己所观看的展品进行喜爱程度的问卷调查。

第二次走进中国科技馆华夏之光展区：学生在学习完《祖先的科学技术成就》一课之后，带着课后延伸和自己感兴趣的问题走进中国科技馆华夏之光展厅进行学习和研究。这次参观不仅有讲解员的介绍还有教师的讲解，同时学生根据讲解员、教师的讲解、观看展品和表演以及自己动手体验等活动，完成研究报告。

在活动后，组织学生撰写自己的收获与体会，同时再进一步对学生进行关于是否愿意再参加体验活动兴趣程度的测评。

4. 活动实施过程

第一次走进中国科技馆华夏之光展厅

活动前：教师设计好针对本展厅展品学生兴趣度和理解度的调查问卷，并在活动前对学生进行讲解问卷填写的注意事项和要求。

参观活动：学生以小组为单位进行参观。根据展品提示牌上的介绍以及对老师的询问，边体验边完成调查问卷。

活动后教师对学生问卷进行分析统计，筛选出学生兴趣度高和理解度高的展品作为进一步学习的内容。

通过数据统计分析，发现学生对中国古代四大发明最感兴趣。基于这样的学生需求，我们首先将教材中《祖先的科学技术成就》一课为学生做了讲授。在课堂上，除了按照传统的教学方法进行教学以外，更加注重的是引导学生是否还有更多的思考，还有什么想要了解的问题；对中国古代四大发明还有什么疑问或是感兴趣的地方。学生可以根据自己的喜好把自己想要了解的问题记录在"学习单"上。为第二次走进中国科技馆华夏之光展厅做好准备。

附：学生兴趣度理解度调查表

史家小学参观科技馆记录单（班级_____）

提示：（1）认真填写，完成后由组长负责收齐交给老师；（2）集体行动，注意安全。

姓名_____

参观记录：

1. 请按下表提示的内容，记录并评价自己参观过的展品。（评价采用5等级评分，1为"最感兴趣"或"最容易理解"，5为"最不感兴趣"或"最难理解"）

	楼层	展区	展品名称	感兴趣程度					理解程度				
				1	2	3	4	5	1	2	3	4	5
1													
2													
3													
……													

你最喜欢的展品是那个？为什么？

_____

_____

　　　　　　　　　　　　　　　　年　　　月　　　日

第二次参观中国科技馆华夏之光展厅

这一次学生前来参观可以说是有备而来，因为学生是带着自己的问题和"学习单"来的。这一次与上一次不同，这一次前来参观主要是为了完成自己的学习任务。学生的参观更加具有目的性。

与第一次不同，这次学生一走进华夏之光展厅，就在讲解员的带领下，直接开始了中心展区即四大发明展区内展品的介绍和讲解。

教学过程设计：

讲解员（教师）行为	学生行为	教学意图
讲解员致欢迎词： 欢迎同学们来到中国科技馆华夏之光展厅，现在我们脚下呈现的代表历史不同时期的像年轮一样的通道，经过这一道道象征着历史年轮的时光隧道，我们就步入了中国古代……	倾听，并边走边参观	激发学生兴趣，感受与我们的关系
首先我们进入的中国科技馆华夏之光展厅的中心展区，这里为我们介绍中国古代的四大发明和这些技术对外交流的相关情况	学生边听边记录	知道中心展区的主要展品内容以及展区概况
参观火药展区： 火药制成的烟花为什么会有不同的颜色？ 观看中国古代火药武器：一窝蜂、突火枪、神火飞鸦、火龙出水 讲解员：这四件展品是中国古代的火药武器，每一件展品的旁边都有一个按钮，按下按钮，电视中就会为你介绍它的工作原理，它是一种怎样的武器	学生通过可自己操作的电子显示屏进行操作，并进行自己的研究与发现	初步了解烟花为什么会有颜色。激发兴趣，丰富课外知识。感受中国火药之神奇 了解火药在军事中的应用，以及火药武器对军事的影响

讲解员（教师）行为	学生行为	教学意图
教师指导学生进行学习单的填写工作。帮助学生梳理所看到和听到的信息	学生根据自己的喜好进行点击，通过视频了解各种火药武器的相关知识 填写学习单	

老师介绍
火药武器

火药焰彩的形成

参观印刷术展品： 讲解员： 现在同学们看到的是中国元朝时期用于活字印刷时所使用的字盘，当人们进行活字排版的时候就会从这里找所需要的文字，然后放在指定的位置。那么这么多的字如何快速地找到呢？大家看在字盘的边上有一些文字标识，这是什么呢？你们能猜猜嘛？	学生观看，并触摸展品	通过学习了解活字印刷排版的有关知识，同时激发学生们的民族自豪感和对中国文化的认同感
这些标识就是中国早期的文字检索工具，也就是说通过这些文字的标识，我们就能够很快地找到我们想要找的文字，就好象是字典中的偏旁部首似的。据了解，运用这样的方法可以找到几乎当时所有的文字。听了这些你们有什么感受呢？	小组讨论并提出自己的猜测结果 进行学习记录 学生自由发言	

来自社会大课堂学生的报告

讲解员（教师）行为	学生行为	教学意图
 活字排版 学习记录		 观看转轮排字盘
参观造纸术展品： 下面我们看到的这个像大火炉一样的东西是什么呢？你们谁知道？ 这就是用于造纸术时专门熬制纸浆用的熔炉，那么为什么纸浆要熬制呢？当时的纸又是怎么做的呢？ 下面请同学们看看这里的视频资料，来进行了解 教师和讲解员进行补充介绍 中国的四种纸：麻纸、皮纸……	学生自由发言 学生观看造纸术的视频 进行学习记录	激发兴趣 知道造纸术的简单过程，知道当时造纸用的原材料便宜、容易找到，但是制作过程却非常讲究。初步了解一些传统的造纸手工方法
 中国的皮纸、草纸、麻纸、竹纸展品		 了解造纸过程

讲解员（教师）行为	学生行为	教学意图
参观指南针展品： 请大家看，这是什么？ 那么指南车是如何进行方位辨别的呢？	学生动手操作，体会和感悟指南车的工作原理	初步了解指南车的工作原理。知道指南车是如何辨别方向的
在指南车之后，又出现了指南针，下面就请同学们看看，这些就是在我国历史上出现的不同的指南针，你们认识哪个呀？ 讲解员进行判断和补充 之前，我们学习了关于中国古代四大发明的相关知识，你们谁还记得，指南针是什么时候开始用于航海的呢？ 下面请同学们看，由于指南针应用到了航海中，所以人们就可以到海上进行远行了。这个展品是可以让大家动手操作的一个装置，屏幕上有航海路线图，和指南针，请你根据他们的指示来操作轮舵，找准航向。谁来试试？	学生自由发言，进行学习记录　宋朝 学生体验活动 完成学习记录	认识我国古代的各种指南工具，感受中国古人的智慧。激发民族自豪感 知道指南针对航海的影响 体验活动，激发兴趣，体会中国古人的聪明才智

认识各种指南针　　　中国与英国指南工具对比　　　指南针用于航海的原理

讲解员（教师）行为	学生行为	教学意图
现在，中心展区的参观和学习就到这里了，下面，我们的古代科技技术表演就要开始，请大家跟我一起去看看吧！		过渡到体验区进行学习与活动
现在我们要观看的是石碑拓片的表演，工作人员进行表演 介绍石碑拓片的有关知识和技术技巧，并回答学生的问题	学生可以提问	了解中国传统手工艺技术。增强学生对中国传统文化的认同感

体验活动

自己做拓片

讲解员（教师）行为	学生行为	教学意图
木版水印： 木版水印是雕版印刷的一种。 工作人员边介绍边进行水印展示 木版水印还可以进行套印，套印的技术要求非常高，通过套印可以将图画作品印成各种不同的颜色。今天，同学们可以尝试先做一次单色的木版水印画，谁来试试？	学生观看表演并进行学习记录 学生自己动手体验，进行木版水印的印画活动。 作品展示，说说自己的感想	初步知道木版水印这种传统的手工技术。 通过体验活动，激发兴趣，感受成功的喜悦，同时感悟中国古代劳动人们的智慧卓越

讲解员（教师）行为	学生行为	教学意图
体验活动——木版水印		
手工抄纸　　　　烘干　　　　作品展示		
学生进行手工雕版印刷体验		
教师收集学生作品和学习调查报告	完成学习记录并撰写研究小报告，之后上交给老师，为下次课的交流做好准备	

（三）主题实践活动内容的确定选择

在本次参观活动前，我校与中国科技馆一同承担了"学习单"课题项目的工作。为此，我们第一次带学生走进了中国科技馆，目的是对学生进行"关于科技馆内展品兴趣度和理解度水平的测评"工作。通过对学生问卷的统计与分析我们发现，学生对于中国古代四大发明这一中心展区内的展品学生们的兴趣度比较高，而理解度也很高。因此，可以说这部分内容是学生们比较喜欢的展区。

同时，我们又对我们的教材进行分析，找到了教材内容与中国科技馆展品之间的内在联系。发现：关于中国古代四大发明的内容既是教材上的学习内容同时也是科技馆中学生感兴趣的内容。因此，我们确定了进一步在科技馆学习的研究主题——"触摸"中国古代四大发明这一主题实践活动。

学生问卷数据统计表如下：

参观人数：21 人

序号	展品名称	参观人数	所占比例	感兴趣程度					理解程度				
				非常	比较	一般	无所谓	非常不	非常	比较	一般	无所谓	非常不
1	火药	16	76.2%	7	4	2	1	3	7	5	2	0	2
2	印刷术	21	100%	11	2	1	1	6	11	2	3	2	3
3	指南针	18	85.7%	8	2	4	1	3	10	3	2	3	0
4	造纸术	18	85.7%	10	3	1	3	1	9	2	4	1	2
5	走马灯	15	71.4%	4	2	1	7	1	6	4	2	3	0
6	龙洗	10	47.6%	4	1	1	2	2	5	2	3	0	0
7	九章算术	6	28.6%	0	3	1	2	0	1	2	0	0	2
8	地动仪	6	28.6%	4	1	0	1	0	4	1	0	1	0
9	浑仪	9	38.1%	0	3	5	0	1	2	3	2	1	1
10	圆周率计算	9	42.9%	3	1	3	2	0	2	6	0	0	1
11	七巧板	4	19%	1	3	0	0	0	1	0	2	0	1
12	编钟	3	14.3%	0	2	0	0	1	0	2	1	0	0
13	转轮排字盘	2	9.5%	2	0	0	0	0	1	1	0	0	0

对于你最喜欢的展品是哪个？为什么？这个问题的数据分析如下：

最喜欢火药展品的学生有 8 人；最喜欢指南针展品的学生 4 人；最喜欢龙洗的学生 2 人；最喜欢九章算术、华容道、三垣四象二十八宿、编钟、简仪、走马灯展品的学生各 1 人，一名学生没有喜欢的展品。

数据分析：

教师为学生推荐了 13 项展品，请学生进行观看，其中观看人数由多到少的依次为印刷术、指南针、造纸术、火药、走马灯、龙洗、圆周率计算等，由此不难看出，学生们对我国古代的四大发明是比较关注的。从学生的感兴趣程度和理解程度来看，学生们对四大发明的感兴趣程度高，同时理解也比较容易。另外，从学生的喜爱程度上来看，喜欢火药和指南针展区的学生人数是非常多的，基于这样的实际情况，我们最终确定了第二次到中国科技馆的学习主题。

(四)学生个体研究情况

教师为学生设计了学习任务记录表即为学生的研究报告表格，表格内容分为课堂学习和社会学习两部分内容，通过这两部分学习内容的记录，以及自己提出的新问题并进行解决的记录和分析，学生撰写简单的研究报告。

附：研究报告表格

"触摸"中国古代的四大发明研究报告

姓名 _____

课堂学习《祖先的科学技术成就》后的收获			
名　　称	造纸术	印刷术	指南针	火药
通过课堂学习我知道了				
学习后我发现的新问题				

参观中国科技馆华夏之光展厅后的收获记录			
名　　称	造纸术	印刷术	指南针	火药
通过参观、听讲解员的介绍以及体验活动我找到问题的答案，又知道了……				

我的研究报告(可以只针对一项发明技术撰写)

"触摸"中国古代的四大发明研究活动的感悟与体会

学生活动报告

（一）研究报告

学生通过课堂学习和到社会大课堂——中国科技馆华夏之光展厅学习后，完成了学习研究小报告。汇总如下：

课堂学习《祖先的科学技术成就》后的收获				
名　称	造纸术	印刷术	指南针	火　药
通过课堂学习我知道了	东汉：蔡伦改进了造纸术；用树皮、麻布、破渔网等做原材料；后来传到了日本、韩国、阿拉伯、欧洲、非洲等地方	隋唐：雕版印刷北宋：毕昇发明活字印刷术，后来传到了朝鲜、日本、埃及等地方	最早的指南工具——司南；宋朝时指南针用于航海	公元七八世纪发明，是在炼丹的时候发现的；唐朝时用于军事。火药武器有：一窝蜂、突火枪……原料：硝石、硫磺、木炭
学习后我的新问题	谁最先发明的造纸术？这些东西怎么就做成了纸？		指南针的发明者是谁？指南针为什么可以指方向？指南针为什么可以总是指正确的方向？司南的原材料是怎样被发现的？指南针的原材料是什么？	怎么制作的？木炭、硝石、硫磺是什么？当硝石、硫磺、木炭按什么样的比例放在一起就成火药了？最开始的火药什么样？为什么三样物品放在一起爆炸？火药和炸药有区别吗？

名　称	造纸术	印刷术	指南针	火　药
通过参观、听讲解员的介绍以及体验活动我找到问题的答案，又知道了……	竹纸的制造是先把竹子和香竹灰一起煮8天8夜，再把竹子纤维压缩，把网出的纸都放在一起压水，在火墙上烘干；古代有皮纸、麻纸、草纸、藤纸，他们的原材是黄麻、楮皮、苫竹、龙须草；我国的造纸术沿东、西、南三条线传向外国	转轮排字盘是元代王祯设计发明的。共有三万多个木活字，并设计了转轮排字盘，把木活字按韵分类排放；清道光年间，安徽泾县人翟金生，仿效北宋毕昇，造出了五种不同字号的泥活字；毕昇用胶泥刻成一个个单字，用火烧硬后再排版，再放上纸印刷，印后取下泥活字还可再用	指南针有：悬缕、水浮、指南鱼、水罗盘、指南龟……明代水罗盘刻有8天干，12地支4卦等24方位……中国在1119年以前已经在航海中使用了指南针；指南针是用磁石磨成针制成的	最早的是黑火药；火药的武器有：火龙出水、神火飞鸦

我的研究报告（可以只针对一项发明技术撰写）

公元105年左右，东汉蔡伦改进了造纸术，在总结前人的基础上，用了几十年的时间发明了以树皮、麻头、破布、旧渔网等为原料的造纸术

能产生火药的主要成分是　硫磺、硝石、木炭等，火药燃烧后大量气体，发生爆炸

古人摸索出以硫、硝、炭为基本成分的黑色火药雏形配方

火药是曾经在战争中反复使用的武器，同时也是现代的火箭、烟花的起源

火药的种类很多，而且变化一下材料就可以变化颜色，真是奇特

元朝的王祯设计了三万多个木活字，并设计了转轮排字盘，把木活字按韵分类，摆放在转轮排字盘上。它需要两个人来一同工作，排版时人喊号，一人坐中间左石推动转盘取字，省力又快速

印刷术：隋唐印刷术时期发明的活字印刷术，之后传到朝鲜、日本……印刷术用的纸一般由经过纸浆处理植物纤维浮液，在网上交错组合

印刷术中的木板水印是一种复制工艺，集绘画、雕刻为一体。拓片、水印都属于印刷术

我的研究报告（可以只针对一项发明技术撰写）

转轮排字盘的朋友是两个转盘封字盘组成一副，排版时一人喊号，一人盘捆，左右推动转盘取字，既省放快速。

我的研究报告（可以只针对一项发明技术撰写）

转轮排字盘：

元代王桢设计了三万多个木活字，共设计了转轮排字盘，把木活字按韵分类摆放在转轮排字盘。

我的研究报告（可以只针对一项发明技术撰写）

火药的主要成份是：硫磺、硝石、木炭等成份。火药燃烧后产生大量气体，发生爆炸。

我的研究报告（可以只针对一项发明技术撰写）

公元105年左右，东汉蔡伦在总结前人经验的基础上，用了十几年的时间，发明了树皮、麻头、破布、旧渔网等为原料的造纸术。

我的研究报告（可以只针对一项发明技术撰写）

印刷术，印刷术是隋唐时期发明的活字印刷术，之后传到朝鲜、日本……印刷术的纸一般由经过纸浆处理植物纤维浮聚，在网上交错组合。

我的研究报告（可以只针对一项发明技术撰写）
火药，最早出现在中国，公元7~8世纪发名，原先火药是黑的用水里做媒引诉外西：一窝蜂、火箭…火药是用：硝石、磺黄和木碳制做而成。

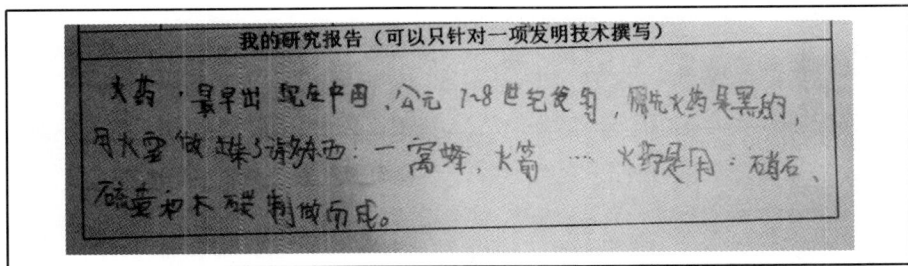

（二）学生的感受和体会

我感受到中国四大发明很伟大，他们是古人细心观察后的结果，我也要向古人学习，要有勇于发现的精神。

——张子盛

原来古人的发明是一代代人不断地不懈努力，经历反复的试验，才会发明出来的。

——毛子龙

我感觉中国不仅是古代的强国，还是现代的大国，所以我相信未来的中国也一定还是强国！

——王萧涵

我觉得中国古人真是了不起，发明的东西用途都很大。其中我就体验了木板水印，自己印了一幅"六子游戏"的画，又快又好！

——曹子慧

我们知道了中国古代的四大发明：造纸术、火药、印刷术、指南针是怎么发明的，我和同学还印了一幅木版水印画，名字叫"六子游戏"，其中有三个娃娃分别拿了桃子、苹果和柿子。

——杜阅薇

古人的想象力真丰富，能做出这么多有用又有趣的发明，这个要一代代的传下去，告诉人们古人是费了多少努力才创造了美好的今天。

——欧阳俊哲

中国古人真聪明，研究出了震惊世界的"四大发明"，让全世界的人都知道中国有多么的强大。

——赵鸣谦

附："触摸"中国古代的四大发明研究报告

京味儿文化研究之北京的胡同

设计教师：东城区和平里第二小学　　王　炜
指导教师：东城区教师研修中心　　　张　磊

教师指导学生活动的设计

（一）整体活动简介

北京这座千年古都正向国际化大都市方向迈进，它在加快现代化进程的同时，那自满清王朝以来三百多年所形成的地域文化即"京味儿"文化却正在逐渐趋于淡化。京味儿文化的继承与发展是每一位北京人值得思考的问题。那么，如何引导学生认识京味儿文化，对其产生兴趣，最终成为北京传统文化的传承者，更是每一位生长在北京的教育工作者的重要使命。北京的胡同经历了近千年的风雨沧桑，它是京味儿文化重要的组成部分，更是人类文明的象征，为了能让学生了解自己的家乡，感受京味儿文化的魅力，认识北京的胡同，我设计了这个主题活动。在活动中，不仅引导学生积累老北京胡同的知识，培养实践能力，而且激发学生热爱故乡的情感，树立其将北京传统文化传承下去的意识。

我们从四个方面来研究"北京的胡同文化"，即："走近胡同"——了解胡同的概念、起源等；"有趣的胡同名儿"——了解胡同名字的来历、分类等；"胡同中的童年"——了解长辈在胡同的童年生活；"胡同旅游"——发掘胡同旅游资源，了解胡同中的特色文化。

本次主题活动分四个阶段实施。第一阶段为"确定主题"，教师为学生创设问题情境，激发学生的研究兴趣，依据兴趣结组并制定研究计划；第二阶段为"实施研究计划获得实践信息"，学生借助各种途径搜集、整理资料，开展一系列实践活动并记录过程性资料，制作名为"我们与胡同"的班级"博客"。在后续的互动交流中，学生在教师的指导下进行反思，有针对性地调整研究计划，完善"博客"；第三阶段为"研究成果的汇报与交流"，根据各组的"博客"内容学生分组汇报研究成果，其他同学针对自己感兴趣的内容或有困惑的问题质疑，由展示组的同学解答，各组互动交流之后进行综合评价及网评；第四阶段为"活动拓展"，教师引导学生设计宣传推广研究成果的方案并加以实施，重点推广学生创建的"博客"。

（二）学生活动方案

分　组	研究题目	研究背景	具体研究内容	研究方法
第一组	走进胡同	这组同学对胡同的概念、意义很感兴趣，他们认为只有了解了这些才能更深入地了解胡同的底蕴	胡同的概念 胡同的数量 胡同之"最"	搜集整理信息
第二组	有趣的胡同名	这组同学多生活在胡同里，他们了解到胡同名字和花、鸟、虫、鱼都有关系，这是为什么呢？于是产生了研究兴趣。对胡同名字的由来很感兴趣	胡同的名字的来历、胡同名字的历史变迁以及分类原则	搜集整理信息、实地考察
第三组	胡同中的童年生活	这组同学看到胡同中的孩子们很爱玩跳皮筋的游戏，于是对胡同中的游戏产生了兴趣，更想进一步地探究长辈们在胡同中的童年生活是怎样的	长辈们在胡同中的童年趣事	搜集整理信息、访谈调查
第四组	胡同旅游	很多同学发现，在高楼林立的大都市里，胡同游却越来越吸引人们的目光，这是为什么呢？这一问题激发了他们的研究兴趣	胡同中的旅游资源	搜集整理信息、实地考察

（三）主题活动内容的确定

古老的文化在一代代北京人心中孕育、发展、传承。我们学校坐落在北京市东城区，这个皇城脚下的古老城区带着浓浓的京味儿，吸引着来自世界各地的人们。作为一个北京人，作为一个东城人，我们对生活的这片土地有着浓厚的兴趣，更被这里所蕴涵的浓浓京味儿所吸引。胡同作为北京这座城市的典型景观，有着丰富的文化内涵，它是京味儿文化中不可或缺的一部分。然而胡同文化的内涵是包罗万象的，为了更好的研究胡同文化，我启发学生去了解什么是胡同文化？其包含哪些内容？从中学生自发地提出自己想研究的问题，例如有的学生对胡同的名字很感兴趣，有的学生对胡同中人们的生活情景感兴趣，有的学生对胡同中的典故感兴趣，有的对胡同之最感兴趣等等，想研究的内容五花八门。我引导学生把这些内容进行分类，比如：凡是和胡同名有关系的分为一类，和胡同中的景观有关系的分为一类等等，就这样确定了"走近胡同"、"有趣的胡同名"、"胡同中的童年"、"胡同旅游"这四个子课题。确定为研究子课题，然后分组开展研究。

（四）学生分组、个体研究情况

1."走进胡同"研究小组

这组向同学们介绍了有关胡同的概念、北京胡同数量以及北京的胡同之"最"等知识。他们主要采取的方式是搜集资料，分好工后就开始各自行动了。有的同学从网搜集了很多图文资料，有的同学观看了很多视频资料，并从中截取了一段展现"北京的胡同之最"的视频，从中了解到最窄的胡同、最长的胡同、最早的胡同等知识。在研究的过程中他们搜集整理资料的能力增强了，对于一些众说纷纭的概念，我告诉他们要更多地去了解他们的共性，并给自己留出一个继续研究的空间。就这一组的同学通过自己不懈的努力在博客中发表了多篇文章供大家学习交流。这些文章吸引了同学们的目光，这一组的文章的阅读量统计也因此达到了最高值。

2."有趣的胡同名"研究小组

这一组的研究方法很丰富，特别是他们亲自到胡同里去拍摄了很多胡同名字的照片，回来后按照他们搜集的资料中写到的分类原则给这些名字进行了分类。他们不仅学习了知识还运用了知识这点很可贵。特别值得一提的是，他们从一段搜集来的纪录片中，清楚地了解到胡同名字的分类原则，于是根据这些内容绘制了一个表格，上面明确呈现出以典型建筑或遗址命名的胡同名，以人物姓氏命名的胡同名，以地形特色及景物命名的胡同名，以商业故地或商品名称命名的胡同名。他们把这个表格上传到博客中供大家学习交流。大家也给予了很高的评价。例如有些人在博客中发表了这样的评论"北京的胡同名字还真好玩啊！""这篇文章，介绍具体，让我收获了不少，懂得了很多胡同的知识，也让我对胡同产生了很浓厚的兴趣，而且格式规范，有很多我以前不知道的知识，希望以后能够有更多的资料，供大家查看。"类似的评论还有很多，这些更激励着他们不断努力。

3."胡同中的童年生活"研究小组

这组同学最大的特色是他们在研究的过程中运用了访谈、实践等研究方法。在研究的过程中充分调动了家长的积极性。李非凡同学向她妈妈请教了跳皮筋的玩法，并拍摄了妈妈教她时的视频并上传到了博客中，吸引了同学们观看。连莹、张欣、安向南等同学让家长给他们讲述了自己小时候在胡同中发生的故事，并及时记录了下来，也上传到博客中。在研究的过程中，他们不仅用文字记录下研究结果，还拍摄了生动的画面，因此他们组的博客页面非常丰富，特别是同学们很喜欢看他们研究游戏玩法时拍摄的照片，并给予了很多的精彩评论。

4."胡同旅游"研究小组

这组同学为了设计一条完美的胡同游线路多次走进胡同进行实地考察。第一次考察南锣鼓巷时，他们只是走马观花地看，汇报时只能泛泛而谈。于是，我告诉他们考察与访谈一样，也要目的明确，有计划性，明确考察的重点内容，做好分工后再行动。于是他们第二次走进胡同，这次他们拿起摄像机、照相机，按计划把认为有游览价值的景点一一记录了下来。但在设计游览线路时，他们又遇到了困惑，然后又第三次走进胡同，把线路再次做了调整。就这样通过他们不断地努力实践，设计出了"南锣鼓巷——帽儿胡同——什刹海——九门小吃"这样的一条胡同游线路。为了更好地呈现研究成果。他们借助一些亲自拍摄的视频资料、图像资料，设计了模拟导游，在导游的过程中给同学们呈现了有很多特色小店的"南锣鼓巷"胡同，名人故居聚集的"帽儿胡同"，以北京特色小吃闻名的"九门胡同"，以及什刹海周围百姓人家其乐融融的生活场景。通过现场的情景模拟导游让没有参与实践的同学们感受到了胡同游的魅力。

学生活动报告

北京的"胡同旅游"

一、课题的由来

在我们北京这座古老的城市中，有丰富的文物古迹可供世界各国人游览。但现今胡同游渐渐兴起，吸引了世界人的目光，这是为什么呢？胡同为什么能作为一个旅游项目呢？它作为北京的旅游项目有什么优势呢？带着这样的问题我们研究了北京的胡同旅游。

二、研究此课题的意义

目前，北京古老破旧的大杂院正被现代化的楼房所取代，旧胡同也将失去它赖以存在的基础。不过，为保持北京的古都风貌，许多著名的胡同已被当作文物保留下来了，它为我们新兴的首都保存了一丝古老的色彩。

胡同游的兴起，更是改变了到北京的游客只去故宫、颐和园、十三陵、天坛等反映帝王生活历史景观参观游览的老传统，开创了用老北京特色人力三轮车，把游客带进胡同，到普通老百姓家里去，了解平民老百姓生活历史的极有意义和趣味的旅游形式和新项目。研究北京的胡同旅游，就能更好地了解胡同中优美的自然环境，如：北京城内最古老的水域，晴天里遥望远处山影倒映在水面上，两岸垂柳随风摇动。人文环境像胡同中的王府、寺庙和名人故居数不胜数。以及最吸引人的民间生活景象：儿童玩耍传统游戏，老人遛鸟下棋，小商贩设摊叫卖各种传统商品等等。这些都让我们感受到胡同作为北京古老文化的载体，具有一种永恒的魅力。我们作为首都的一分子，不仅要了解胡同文化，更要把它发扬下去，让北京胡同的魅力在我们这一代人的传承下大放光彩。

三、研究组成员及分工

组长：魏正如　　胡同中的特色景观之五（胡同中的祠堂）
组员：胡紫薇　　胡同中的特色景观之一（胡同中的名人故居）
　　　王超　　　胡同中的特色景观之二（胡同中的寺庙）
　　　邓欣然　　胡同中的特色景观之三（胡同中现存著名的四合院）
　　　李安然　　胡同中的特色景观之四（胡同中的王府）
　　　潘一洋　　其他古迹与胡同
　　　王一雷　　胡同中的美食

四、研究过程及方法

1. 上网收集文字资料，整理资料，绘制胡同中的特色景观表格。

我们搜集的胡同资料有：胡同中的祠堂、寺庙、四合院、名人故居、王府、美食和其他古迹与胡同。并以表格的形式呈现出来。

北京小吃历史悠久，品种繁多，用料讲究，制作精细，有口皆碑。北京小吃都在庙会或沿街集市上叫卖，人们无意中就会碰到，老北京形象地称之为"碰头食"，其中较著名的有老北京十三绝等。

2. 查阅文献资料，实地考察，补充四合院布局、故居变迁等方面知识。

四合院的大门一般开在东南角或西北角，院中的北房是正房，正房建在砖石砌成的台基上，比其他房屋的规模大，是院主人的住室。

院子的两边建有东西厢房，是晚辈们居住的地方。在正房和厢房之间建有走廊，可以供人行走和休息。四合院的围墙和临街的房屋一般不对外开窗，院中的环境封闭而幽静。

3. 观看北京的胡同专题纪录片，直观地了解老北京的胡同特点。

4. 汇总搜集来的各种图文资料，进行分类整理，通过网络上传到我们的"博客"中。

5. 关注"博客"留言，及时补充或调整"博客"内容。

6. 实地考察，获得直观经验。

考察南锣鼓巷的魏正如同学，多次走进这条街，发现它的点点滴滴，如：上面镌刻着"万庆当铺"这几个字的一座墙壁，后来查找资料了解到，这是 2006 年 8 月，重新整修这条胡同时露出的"万庆"二字，墙面上三处门洞为万庆当铺的店门，保存较好，但当铺的铁门如今仍旧密封在墙内。还

有一间叫"三棵树"的酒吧，他的名字是由门外的三棵树得来。还有"火柴语录""创可贴8"这些都给他留下了深刻的印象。最吸引他的还是，一家小店门外的一长队人，后来了解到那是一家奶酪店，因为它的味道独特吸引了很多人来品尝，为了能亲自感受一下它与众不同的味道，魏正如同学也加

入了这个队伍，品尝到了美味的奶酪。

与南锣鼓巷相连的有一条胡同叫帽儿胡同，邓欣然同学研究考察了这条胡同。她根据自己查找的资料，亲自当起了小导游，给大家讲解这里的冯国璋故居、可园、婉容故居等景点。并请同组的其他同学用摄像机记录下他精彩的解说。

024

饮食文化更是这组研究的一项重要内容，王一雷同学亲自考察了位于后海的"九门小吃"在那里做了声情并茂介绍，并请她的妈妈协助进行了拍摄。

7. 汇报我们组的研究成果——"博客"，与其他同学分享我们再研究过程中积累的经验和教训。

五、研究成果

通过搜集资料、实地考察、设计游览线路、模拟导游等一系列的实践活动我们得出了以下结论：

1."胡同游"用三轮车把王府、京戏、百姓人家串联起来，把北京人的生活介绍给想了解中国人的外国人。它吸引了很多人的目光，是很有意义的旅游项目。

2."胡同游"可以让来自世界各地的朋友们了解胡同里平民百姓的生活和传统。他们可以走进胡同居民家中参观、聊天或包饺子吃饭，亲眼看看或亲身体验北京胡同人家的生活。这样的游览方式更具有特色、有其自身的魅力。

3."胡同游"所包含的中国历史文化和北京历史文化是非常丰富的，要想发展好胡同旅游就一定深入挖掘这些因素，"胡同游"不能仅停留在表面，它的意义更多地在于挖掘其文化内涵。只有这样胡同游才有更广阔的实践价值。

六、研究成果展示形式

利用"博客"发布成果、组织导游团模拟导游。

胡同中的童年

一、课题的由来

我们组的同学生活在北京，都有着在胡同中生活的经历，但我们现在都搬进了楼房，对胡同中的生活很是留恋。我们和家长一起回忆了那里的生活，真是丰富多彩，于是我们决定专门研究胡同中的童年。

二、研究此课题的意义

我们现在大都生活在高楼大厦中，对胡同中的生活很是陌生。然而，我们长辈们的童年生活都在胡同度过，从他们对儿时在胡同中生活片段的追忆，我们能更好地了解到胡同中人们生活的情景。更好地了解胡同文化中的人文内涵。

三、研究组成员及分工

组长：冯雨青　　负责上网查找人们在胡同中的生活习惯
组员：逯金钰　　电脑操作员
　　　连　滢　　研究身边长辈们的童年生活
　　　张　欣　　研究更多人的童年生活
　　　李菲凡、关珩怡　　研究长辈们在胡同中最爱玩的游戏

四、研究过程及方法

1. 上网收集文字资料，整理资料，了解胡同中的童年。

2. 通过调查访谈我们了解到，长辈们在胡同中的童年生活是其乐融融的。

3. 向家长学习他们小时候最爱玩的游戏。

李菲凡同学向她妈妈请教了跳皮筋的玩法，并拍摄了妈妈教她的视频并上传到了博客中，和大家共同研究学习。

4. 利用课余时间研究各种游戏的玩法。

5. 将研究成果利用各种形式记录下来上传到博客中，大家学习交流。

五、研究成果

通过搜集资料、实地考察、访谈等一系列的实践活动我们得出了以下结论：

1. 长辈们在胡同中最爱玩的游戏有选冠军、坎包、抓羊拐、抽陀螺、跳房子、推铁环、抖空竹等，这些游戏玩法简单，需要空间小，很适宜在胡同中玩耍。

2. 我们了解到他们在胡同中的童年生活更突出了邻里之间的其乐融融。

3. 胡同孩子们的性格开朗、活泼。开放式的生活、集体性的活动，使孩子们增长了见识，开阔了眼界。

六、研究成果展示形式

利用博客发布成果，利用视频教大家游戏的玩法。

走进胡同

一、课题的由来

我们组的同学感到北京的胡同闻名中外，到底胡同的准确概念是什么呢？北京有多少胡同呢？这些问题虽然简单，但却是研究胡同最基本的，所以我们选择了走进它、了解它。

二、研究此课题的意义

胡同就在我们的身边，听起来并不陌生，但是要真正地了解它并不是件容易的事，我们该首先要明确什么叫胡同，胡同的起源、北京胡同的数量等基本知识，只有明确了这些，才能进一步了解它的故事。

三、研究组成员及分工

组长：冯伟遇　　胡同的概念
组员：石静怡　　胡同数量
　　　胡子豪　　胡同起源
　　　张心则　　胡同之最

四、研究过程及方法

1. 上网收集文字资料，整理资料。
2. 观看北京胡同纪录片，了解胡同之最。
3. 测量计算进一步了解最窄的胡同、设计模拟体验环节。在研究的过程中，我们为了更好地感受最窄的胡同到底有多窄，我们请两个同学按纪录片中说的距离站在两侧，再请另外两位同学从中穿过，这样大家很清楚地了解到这个胡同只能让一个人穿过。这样的设计更巧妙地让大家感受到"高揽胡同"不愧为最窄的胡同。

4. 汇总搜集来的各种图文资料，进行分类整理，通过网络上传到我们的"博客"中。

5. 关注"博客"留言，及时补充或调整"博客"内容。

五、研究成果

通过搜集资料、测量计算、观看影片等方式得出了以下结论：

1. 胡同，也叫"里弄"、"巷"。是指城镇或乡村里主要街道之间的、比较小的街道，一直通向居民区的内部。它是沟通当地交通不可或缺的一部分。

2. 胡同，是元朝的产物。蒙古人把元大都的街巷叫做胡同——据说在蒙古语里的意思是指"水井"。

3. 我们了解到，到1944年，北京共有三千二百条胡同。新中国成立之初统计有2550多条。后来合并了一些旧名，新命名了一些，至今北京有街巷名称的约4000多个。正像俗语所说的："著名的胡同三千六，没名的胡同赛牛毛"。

4. 胡同最长的要数东、西交民巷了。

最短的胡同：一尺大街（仅长25.2米）

最宽的胡同：灵境胡同，最宽处32.18米

最古老的胡同：砖塔胡同（在元朝已经存在）

最窄的胡同：高挑胡同

六、研究成果展示形式

利用"博客"发布成果，演示文稿展示。

有趣的胡同名

一、课题的由来

每条胡同在形成后，人们自然都会给它起个名。这个名称一旦被大多数人所接受，就确确实实地代表了这条胡同在整个城市中的方位，成为人们交往、通信、旅游等活动中不可缺少的标志。然而这些名字又是怎样得来的呢？他们跟花、鸟、虫、鱼等有什么关系呢？所以我们选择了有趣的胡同名来研究。

二、研究此课题的意义

北京是有着千年历史的古老城市，历史的沉淀不仅仅体现在古籍典章中，也体现在大街小巷的名称上。胡同名称不仅为人们提供了明确的地点

标识，还体现出了老北京居民所特有的通俗、幽默的语言特点。几乎每一个北京地名来历都有一段典故，一般都是根据当时的地形、地貌、居住的名人以及在此地发生的故事而命名的。了解胡同名字的历史以及变迁，就能更好地理解胡同文化的内涵。

三、研究组成员及分工

组长：李子慷

组员：高　瑛　　胡同名之最

　　　冯雨欣　　胡同名字的变迁

　　　杨润东、范梦翔　　胡同名字的分类原则

四、研究过程及方法

1. 上网收集文字资料，整理资料了解胡同名字的来历。

2. 进行实地考察，进一步获取资料。

我们亲自走进胡同，用手中的相机拍摄下很多有特色的胡同名字牌，回来后研究它们的分类。

3. 观看纪录片，了解影片中的分类原则。比如：有以吉祥话命名的、有以地名命名的等等，我们把这些内容整理成表格上传到"博客"中。

4. 制作胡同名字牌，实践分类。

我们组同学亲手制作了胡同名字牌，并按照我们了解到的分类原则进行分类。

5. 进行古今对比，了解胡同名字的演变。

6. 汇总搜集来的各种图文资料，进行分类整理，通过网络上传到我们的"博客"中。

7. 关注"博客"留言，及时补充或调整"博客"内容。

五、研究成果

通过搜集资料、实地考察、亲身实践等活动我们得出了以下结论：

1. 每个胡同名背后都有着自己的故事，这些故事有一些共性。我们把它们分类整理好就能更好地研究它们的共性，更好地了解北京胡同的历史。

2. 胡同的形成和发展，在其名称上也留下了历史的痕迹，并反映出社会风情。

3. 北京胡同多以衙署官方机构、宫坛寺庙、仓库作坊，桥梁、河道、集市贸易、商品器物、人物姓氏、景物民情等决定胡同、街巷的名。其中有许多一直沿用至今。

4.有的胡同名称从元朝一直叫到今天也没有什么变化，像"砖塔胡同"就是一例。有些胡同则改变了原有的名字，像"驴市胡同"改成了"礼士胡同"等，这些变化是为了更利于人们接受。

六、研究成果展示形式

利用"博客"发布成果。

春秋战国时期的思想家——孔子

设计教师：东城区史家胡同小学　吴丽梅
指导教师：东城区教师研修中心　黄　薇

教师指导学生活动的设计

社会大课堂社会实践基地——北京孔庙，位于北京市安定门内国子监街，是元、明、清三代祭祀孔子的地方。孔子曾被尊为"大成至圣先师"，故又称"先师庙"。始建于 1032 年（元大德六年），1036 年（大德十年）建成，初具规模。1530 年（嘉靖九年）建崇圣祠，用于供奉孔子五代先人。1906 年（光绪三十二年）扩建大成殿，孔庙始成今日的规模。整座孔庙分三进院落，占地约 22000 平方米，采用了主体建筑沿中轴线分布，左右对称的中国传统建筑布局。在 700 多年的漫长历史中，这里成为元、明、清三代统治者尊孔崇儒，宣扬教化，主兴文脉的圣地，也成为众多志在功名的读书人顶礼膜拜的殿堂。这组比故宫还年代久远的皇家古建筑浓缩了千年儒家文化精髓，凝固了一段数百年的漫漫科举之路。现北京孔庙作为国家级博物馆，馆内有关于孔子的展览有：生平事迹展、孔子的主要思想以及孔子对世界文化的影响展。

（一）整体活动简介

首师大版品德与社会五年级上册《春秋战国时期的思想家——孔子》一课教学目标希望学生了解孔子的生平、主要思想、社会贡献以及社会影响力。北京孔庙的规模和气派很好地展现了这一点，在孔庙内有根据孔子生平事迹和主要思想、著作开展的展览，学生在这样的环境下参观、学习能够更深刻的体会孔子在中国历史上的影响力以及孔子的教育思想。

因此，参观活动分为四个步骤完成：

1. 课前教师实地考察北京孔庙，对孔庙的具体位置和布局、展馆进行了解，通过孔庙呈现的内容为教学方案作准备。

2. 通过个别访谈了解学生对孔子的认识，进行学情分析，制定教学方案。

3. 组织学生实地参观和研究，以小组为单位展开搜集资料、讨论，完成调查表格和小组评价表格。

4. 展示调查结果。

(二)学生活动方案

1. 三维教学目标

(1)了解孔子是我国古代的思想家、教育家；了解孔子对古代教育的贡献以及他对中国传统文化的影响。

(2)培养学生在实际生活中发现事物、观察事物、提取有效信息的能力以及耐心、细致、合作的素质。

(3)感受孔子对中国社会的影响，从而对我国古代文化的辉煌成就产生民族自豪感。

2. 教学重点难点

教学重点：通过孔子的生平事迹以及主要著作言论了解孔子的主要教育思想。

教学难点：通过对孔子的了解以及被尊崇的程度感受孔子的历史地位和他对中国文化以及世界的影响。

3. 活动过程

活动流程	教师行为	学生活动	阶段目标
导入	提问：同学们，你们知道现在我们站在哪儿吗？ 提问：那么，你们身后的塑像是谁？ 过渡：我们都听说过孔子，孔庙和孔子有什么关系呢？今天，我们走出课堂，来到北京孔庙，一起进行一个探寻	回答：孔庙 回答：孔子	引入课题，介绍此行目的。
活动流程	分组、发表格：每个组按照参观路线进行参观，观察员将你们搜集的信息填入手中的表格，最后由记录员汇总，组长进行汇报，纪律检查员负责检查纪律 一、孔子生平事迹展馆 提示注意参观要点： 1. 孔子的理想是什么？ 2. 为了实现理想，他有什么遭遇？对于这些遭遇你有什么感想？ 3. 孔子最大的贡献是什么？这和今天的孔庙有什么关系？	学生进行参观和搜集信息进行记录	了解孔子对古代教育的贡献以及他对中国传统文化的影响

活动流程	教师行为	学生活动	阶段目标
活 动 流 程	二、孔子思想馆 提示参观要点： 孔子的主要思想是什么？是什么意思？有哪些是你听说过的？ 孔子的教育思想主要有什么？你赞同吗？你知道今天的教育思想有哪些和他的思想相似？ 三、世界传播馆 提示参观要点： 孔子的思想传播到哪些国家？体现在哪？ 四、小组汇总：根据表格调查的内容进行汇报 1. 孔子的生平事迹。 过渡：正如同学们搜集到的资料介绍的，历史对孔子的评价是一个伟大的思想家、教育家、儒家学派创始人，让我们走进他的世界，探寻其中的奥妙。 2. 孔子主要的教育思想有哪些？ 提问：这和今天我们的教育思想有许多相似，这说明了什么？你有什么感想？ 3. 根据我们参观和调查的结果，你能推断出人们为什么要修建孔庙吗？ 4. 你从什么地方看出孔子的古代地位的？ 过渡：同学们观察得很仔细，无论是历代帝王对孔子的封禅，还是孔庙的规模建制，我们都可以看出孔子在古代人们心目中特别是读书人的心目中的地位。 5. 请你用搜集到的信息举例孔子的思想对世界的影响？ 提问：看到这些信息，你有什么感受？	学生分组推荐代表进行回答。 回答问题，谈感受。	培养学生在实际生活中，发现事物、观察事物、提取有效信息的能力以及耐心、细致、合作的素质。 学生通过调查，对孔子、孔庙有更加深刻的认识。
小结	孔子作为一代圣贤，给我们留下了宝贵的思想财富，特别是他对教育的贡献，应该说是有着历史的重大意义的，作为一个中国人，我们为有着这样的祖先而自豪，除了自豪之外，你还有什么感想或者收获吗？	畅谈感想和收获。	

(三)主题实践活动内容的确定选择

1. 通过访谈进行学情分析

访谈提纲：

(1)你知道孔子吗？

(2)你是怎么知道的？

(3)谈谈你都知道他什么？（做什么的？有何贡献？）

(4)你能说出孔子的名言或小故事吗？

(5)知道北京孔庙吗？它是做什么用的？去过吗？

2. 分析

访谈学生 45 人，其中听说过孔子的 35 人，其中 20 人通过父母亲朋教师等途径得知孔子是古代的学者，有过很多贡献，15 人通过书刊以及影视的途径得知孔子对中国教育有着重要的贡献，他有弟子三千，但是具体贡献是什么，他代表了哪一个学派以及重要的历史影响等都无所知。3 人能说出有关孔子的名言警句以及孔子生平的小故事。1 人去过孔庙，其他都不知道北京孔庙。

结论：学生都听说过孔子，但是对他的事迹缺乏了解，对他的影响更无从感受，对学生而言，孔子是一个陌生的文化符号。校内上课，教师会成为课堂的传授者，至多通过 PPT 资料进行讲授式的介绍，学生大多被动接受。记忆仅限于课堂之上讨论的历史内容而缺乏深刻地感受，增加教学目标中"通过对孔子的了解以及被尊崇的程度感受孔子的历史地位和他对中国文化以及世界的影响"要求的实现难度。

而在北京孔庙因其在历史上的至高地位能够使学生具备历史感，深刻体会到孔子在历史上的影响力，通过孔子的学术思想在世界范围内的传播事实介绍而增强荣誉感的情感体验，这不是语言能够提供的感受。另外，孔庙有孔子生平及思想的展馆，学生可以自己主动探寻孔子的教育思想，比起教师单纯地讲授，更加能够激发学生的探究欲，有利于学生对知识点的接受和掌握。

此外，能力方面，五年级的学生，具备一定的理解与分析能力，但平时大多数是在教室里对资料、图片进行分析，这次外出，是对实物的探究，因此也是一次对学生的锻炼，培养学生在实际生活中，发现事物、观察事物、提取有效信息的能力以及耐心、细致、合作的素质。

认知和理解水平有限，停留在知道的层面，缺乏感受。

3. 根据课前访谈分析

教师给出学生调查表格以及小组自评表格如下：

孔庙参观记录表

小组成员：

组长： 记录员： 观察员：

项目	参观主要记录内容		
孔子生平	姓名	所在时期	评价
			＿＿＿家＿＿＿家，＿＿＿家，＿＿＿学派的创始人。
孔子主要的教育思想	1.	2.	3.
	4.	5.	6.
孔子在中国古代的地位（选答题）	1. 人们为什么修建孔庙？		
	2. 你从什么地方看出孔子在中国古代的地位？		
孔子在世界的影响	都有哪些国家受到过孔子思想的影响。		请你以参观中获得的证据举例。
	1.		
	2.		
	3.		
	4.		
	5.		
你的感受			

小组活动评价表

姓名	自评成绩	组内评价		

说明：1. 成绩分为：优、良、合格、再努力

2. 评价标准：优：能够按照分工完成任务，提供有价值的建议，团结同学，遵守活动纪律。

良：基本能够按照分工完成任务，提供有价值的建议，遵守活动纪律。

合格：未能完成自己的任务，但是提供了有价值的建议，需要多次提醒才能遵守纪律。

待合格：基本上对本次研究报告没有任何贡献，多次提醒但仍未能遵守纪律。

3. 个人最后成绩：以组内研究报告总成绩以及自我评价和组内评价单项过半数综合计算。

(四)学生分组、个体研究情况

学生以班级内自然组 6 人为一小组，组长、观察员、记录员自定。在展馆内教师指导完毕后，自行参观、搜集资料并进行分析、讨论、记录。

学生活动报告

本次活动以学生现场展示参观调查表以及回答问题为活动成果。

部分小组评价表格以及调查表格如下：

小组活动评价表

1. 成绩分为：优、良、合格、再努力
2. 评价标准：优：能够按照分工完成任务，提供有价值的建议，团结同学，遵守活动纪律。
   良：基本能够按照分工完成任务，提供有价值的建议，遵守活动纪律。
   合格：未能完成自己的任务，但是提供了有价值的建议，需要多次提醒才能遵守纪律。
   待合格：基本上对本次研究报告没有任何贡献，多次提醒但仍未能遵守纪律。
3. 个人最后成绩：以组内研究报告总成绩以及自我评价和组内评价单项过半数综合计算。

姓名	自评成绩	组内评价				
▓▓▓	优	优	优	优	优	优	优
▓▓▓	优	优	优	优	优	优	优
▓▓▓	优	优	优	优	优	优	优
▓▓	良	良	良	良	优	良	良
▓▓▓	优	优	优	优	优	优	优
▓▓▓	优	优	优	优	优	优	优

某小组活动评价表

孔庙参观记录表

小组成员：████ ██ ██ ██ 马██、██ ██、
组长：████ 记录员：████ ██ ██

项目	参观主要记录内容		
	姓名	所在时期	评价
孔子生平	孔子	春秋战国	教育家 思想家 哲学家，儒家学派的创始人。
孔子主要的教育思想以及对中华文化的贡献	1. 有教无类 解释：无论是贵族穷人人都有学习的权利。	2. 因材施教 解释：对第子提出的问题，根据他们的不同性格和不同的接受能力给予不同的回答。	3. 君子不器 解释：以培养包造性人才为宗旨。
	孔子除教育思想外，对中华文化的贡献有哪些方面：首创私学，传授"礼乐射御书数"，编春秋，改用人俑俑替殉葬。		
孔子在中国古代的地位（选答题）	1.人们为什么修建孔庙？ 答为了纪念孔子对中国做出的巨大贡献。		
	2.都有哪些帝王对孔子封禅，或者翻修孔庙？ 答唐下通日艺天、元武宗/元、明清。		
	3.孔庙的最高建制体现在哪个方面？说明了什么？ 答体现在其琉璃瓦上，说明了人们对孔子很尊敬。		
孔子在世界的影响	都有哪些国家受到过孔子思想的影响。	请你以参观中获得的证据举例。	
	1. 越南	河内 → 孔庙	
	2. 日本	举办官学讲授儒家	
	3. 美国	孔子学院、祭孔大典	
	4. 法国	法国大革命	
	5. 英国	公园 → 中式宝塔	
你的感受	我们国家以前历史中有这么伟大的影响世界的伟人，我很引以伟傲。		

学生参观记录表

039

小学篇

孔庙参观记录表

小组成员：

组长：

记录员：　　　　观察员：

项目	参观主要记录内容		
	姓名	所在时期	评价
孔子生平	孔丘	春秋战国	思想家，教育家，哲学家，儒家学派的创始人。
孔子主要的教育思想以及对中华文化的贡献	1．有教无类 解释：教育不分类别，不分贵贱。	2．君子不器 解释：要以培养创造性人才为宗旨	3．因材施教 解释：对弟子提出的不同问题，根据弟子不同的性格和他们的接受能力给予不同回答。
	孔子除教育思想外，对中华文化的贡献有哪些方面： 我好体现，加强知识 首创私学，传授礼"乐""射""御""书""数"，编《春秋》		
孔子在中国古代的地位（选答题）	1．人们为什么修建孔庙？ 祭祀孔子，对孔子的尊敬，记念孔子		
	2．都有哪些帝王对孔子封禅，或者翻修孔庙？ 元、明、清的很多帝王都对孔子封禅、翻修		
	3．孔庙的最高建制体现在哪个方面？说明了什么？ 体现在瓦板是用黄色琉璃瓦制作的，说明人们对孔子的尊敬。		
孔子在世界的影响	都有哪些国家受到过孔子思想的影响？	请你以参观中获得的证据举例。	
	1．韩国	祭祀孔子	
	2．美国	美国祭孔大典，美国孔子书院	
	3．日本	圣德太子制定的18条宪法《论语》	
	4．英国	西层孔子庙	
	5．德国	莱布尼兹21岁就研究孔子儒学	
你的感受	我感受到孔子的伟大，我感到很自豪，因为孔子世界各地都用孔子的思想，我觉的很了不起		

学生参观记录表

关于本土植物绿化屋顶实践活动的学生报告

设计教师：东城区史家胡同小学　　　张培华
指导教师：东城区教师研修中心　　　路虹剑

教师指导学生活动的设计

（一）整体活动简介

2009 年春，利用植树节的到来和学校屋顶绿化的资源优势，我组织学生开展了以"推广屋顶绿化、减缓气候变暖"为主题的环保教育活动。受到活动的启发，我校金雨晴同学提出了"关于推广野草绿化屋顶方法的建议"，并在北京市教委主办的北京市首届科学建议奖的评选活动中获得了第一名的好成绩。

在我的鼓励下，同学们并没有停止对本土植物（野草）绿化屋顶的实践研究，而是在学校、家长和教委的共同支持下，把研究活动开展得更加有声有色。2010 年 7 月，学校教学楼顶实施了 160 平方米的屋顶绿化，分为佛甲草区、本土植物区和自然生长区三个部分开展了有目的、有计划、有组织的研究实践活动。从暑假开始，同学们就分期、分批到学校楼顶开展观察、测量、实验等研究工作，同时，也承担起了一部分屋顶绿地的护理工作，体验了劳动的艰辛、科研的研究和团结的力量。在这个过程中，同学们形成了四个专题研究小组，每个专题小组重点研究一个课题。四个课题均在研究的过程中，并已接近形成成果阶段。

我们的活动引起了北京市屋顶绿化协会的关注。暑假里，谭会长分别带领屋顶绿化专业公司、园林局、绿化队的相关专家和领导到我校调研，并给予了我们高度的评价。他说："我们的工作相当超前，利用本土植物绿化屋顶在北京是头一份。"本土植物不仅资源消耗少、生命力强，而且对当地的生态环境具有更加积极的意义，并鼓励我们将活动坚持下去，为北京乃至全国的屋顶绿化探索新的途径。陈副会长更是五次来我校指导学生的研究并和同学们成了好朋友。

我们的研究已初见成效，但是真正的研究才刚刚开始。我们准备利用今后 2～3 年的时间，通过植物几个生命轮回的观察与实验掌握本土植物绿化屋顶的规律及优势，为生态校园的建设和城市的可持续发展贡献力量。

（二）学生活动方案

1. 研究目的

（1）挑选适宜屋顶种植的本土植物品种，探索本土植物绿化屋顶的基本规律。

（2）通过对比研究本土植物绿化屋顶与传统屋顶绿化的异同，并比较其优劣。

（3）宣传、推广研究成果，力求让我们的研究在社会推广中得到价值的体现。

2. 研究重点

（1）筛选适合屋顶种植的本土植物。

（2）研究本土植物绿化的必要性和可行性。

3. 研究方法

以实验法为主，结合观察、访谈和文献研究，实验法主要采取对比实验的方法。

4. 人员构成与分工

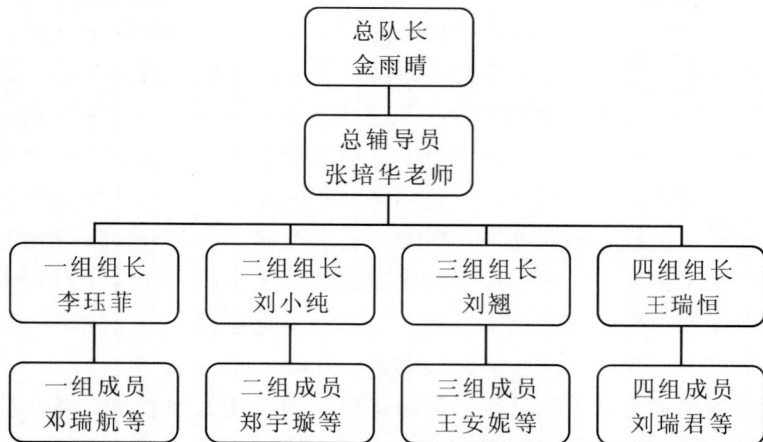

```
                    ┌──────────┐
                    │  总队长   │
                    │  金雨晴   │
                    └─────┬────┘
                    ┌─────┴──────┐
                    │  总辅导员   │
                    │ 张培华老师  │
                    └─────┬──────┘
     ┌──────────┬─────────┼─────────┬──────────┐
┌────┴────┐ ┌───┴────┐ ┌──┴─────┐ ┌──┴─────┐
│ 一组组长 │ │ 二组组长 │ │ 三组组长 │ │ 四组组长 │
│ 李珏菲  │ │ 刘小纯  │ │ 刘翘   │ │ 王瑞恒  │
└────┬────┘ └───┬────┘ └──┬─────┘ └──┬─────┘
┌────┴────┐ ┌───┴────┐ ┌──┴─────┐ ┌──┴─────┐
│ 一组成员 │ │ 二组成员 │ │ 三组成员 │ │ 四组成员 │
│ 邓瑞航等 │ │ 郑宇璇等 │ │ 王安妮等 │ │ 刘瑞君等 │
└─────────┘ └────────┘ └────────┘ └────────┘
```

5、研究步骤

（1）准备阶段：查阅资料、选择课题、开题论证、确定课题。

（2）实施阶段：实践研究、交流反馈、调整方法、积累材料。

（3）形成成果阶段：整理日志、分析数据、得出结论、撰写论文。

（4）成果推广阶段：联系媒体、广泛宣传、参加竞赛、谏言政府。

6. 预期成果

（1）四个课题组形成 4 篇研究报告。

（2）设计、研发专用容器获得成功。

（3）找到更好的屋顶绿化浇灌方法。

（三）主题实践活动内容的确定

1. 学生自主选题："适宜屋顶种植的本土植物品种的实践研究"

2. 师生共同选题："屋顶绿地浇灌方式的评价与研究"

3. 学生合作选题："本土植物绿化对于生物多样性积极影响的观察与研究"、"屋顶绿化专用容器的设计与制作的实践研究"

（四）学生分组、个体研究情况

以学生自愿为原则，自由组合形成研究小组，教师协助微调。

学生活动报告

（一）研究报告

适宜屋顶种植的本土植物的实践研究

金雨晴

一、前言

随着人类活动范围的不断扩展，全球性的环境问题日益增多。其中，全球性气候变暖便是众多环境问题中最令人头疼的一个。城市文明的确给人们带来了美好生活，然而在另一面，随着城市化的迅猛发展和迅速的扩容，高楼大厦鳞次栉比，绿地却不断减少，热源越来越多，除了各种人为热源以外，钢铁水泥等建筑物也在吸收着阳光的能量，并转化成热能辐射到大气中。而二氧化碳的增多又使得本身增加的热量很难辐射到宇宙空间中去，城市日益明显的温室效应加剧了气温的上升。需要指出的是绿地的减少是气温上升的主要原因之一，我们常说的"热岛效应"就是很好的证明。人们最终看到，城市文明带来了美好生活，而这种城市文明带来的拥挤、耗能、污染、过量的二氧化碳排放等等"城市病"，又将葬送人类文明，"高碳模式"已走到了尽头。

二、背景分析

要想缓解城市化造成的环境危机，减少碳排放，增加绿化面积势在必行。但是，城市的空间是有限的，更何况像北京这样正在不断地发展之中的大城市，每天都有很多高楼大厦拔地而起，很多地方昨天还是荒地或农田，今天就变成了小区和城镇，可植被的土地日益减少。然而，地面绿化面积似乎无法做到无限制地增加。但是，如果我们将建筑的屋顶绿化起来，就从根本上解决了地面绿化面积不足的问题。而且，它能够更有效地发挥给城市降温的作用，并且发挥更好的"美化"作用。屋顶绿化就是这种不与地面土壤连接，在建筑物特殊空间的一种绿化形式。它的价值不仅在于能为城市增添绿色，而且能减少屋顶建筑材料的辐射热，减弱城市的热岛效应，解决城市气候变暖、提高城市生活质量、扩大绿化面积，给人们带来绿草如茵视觉效果的好方法。如果能很好地利用和推广，形成城市的空中绿化花园，对城市环境的改善作用是不可估量的。可是，经过调查发现，实施屋顶绿化花费很大，成本高。日常生活的直觉发现，野草到此处都有，生命力强，又不花钱。借此，我在去年参加了"北京市中小学生科学建议奖活动"时，提出"建议北京市推广利用野草绿化屋顶的方法[1]"，得到与会专家的肯定，并获得本次活动的"优秀科学建议奖获"。学校、老师和同学们对野草绿化屋顶的方法十分重视，在学校的大力支持和老师的指导下，今年，我和学校节能减排优秀创新小队的伙伴们一起实施了这样的实验，并取得可喜的成果。

三、屋顶绿化的历史与功能

1. 屋顶绿化的历史

屋顶绿化在欧美日[2]等发达国家并不罕见。资料显示，日本屋顶绿化最早出现在 1910 年左右，是在屋顶上建设一些日式的庭院。法国早在1957 年就开展屋顶绿化，大多是简式屋顶草坪。1959 年美国设计出第一座空中花园，由此"屋顶绿化"观念从此诞生。目前屋顶绿化做得最好的国家是德国，德国的屋顶绿化率能达到 80％左右。早在 1982 年，德国立法强制推行屋顶绿化，现行的政策依然还规定了许多鼓励立体绿化的有效措施。

我国屋顶绿化发展历史可以推溯到 60 年起，发展是相对比较缓慢，早期因技术和成本费用等阻碍了屋顶绿化的发展。改革开放以后，为了改善城市生态环境，增加城镇的人均绿地面积等需要，屋顶花园、屋顶绿化、屋顶养花才真正进入城市的建设规划、设计和建造范围。目前，北京屋顶绿化处于起步发展阶段，上海[3]、天津[4]、重庆、深圳、杭州、长沙等国内各大城市，也自发地以各种形式展开。随着我国改革开放的进程，人居环境和生活质量将日益提高，环境绿化将不断提升，按照中国三星标准和美国 LEED 金奖双重控制执行建设的中国惟一一座大型"绿色低碳公共建筑"——上海世博中心，以及园区内德国馆、以色列馆、澳大利亚馆等 200余栋时尚的绿色建筑就是有力的佐证。

2. 屋顶绿化的功能

据美国环境保护机构与加利福尼亚州 Lawrence Berkeley 国家实验室的数据表明：在重要城市里，屋顶占了城市总面积的 15%～30%。因此，屋顶除了是城市绿化的一种有益的补充形式外，同时也要看到，屋顶还是在增加城市绿化量、美化城市景观、储蓄天然降水、缓解热岛效应、降低空气中可吸入颗粒物、节约能源和土地资源、改善城市生态功能、提高市民生活和工作环境等方面未被利用的巨大空间资源，特别是对城市热岛效应，产生重大影响的根源。归纳起来屋顶绿化的主要功能是：

➤ 降低城市热岛效应，能有效地防止屋顶温度升高，从而减少温差对屋顶的破坏。其防水隔热和节能效果也很明显，据测试表明，夏季有屋顶绿化的顶层室内温度比未绿化的要低 4℃～6℃左右，而冬季则能有效保温，节省空调 50% 的用电，城市上空二氧化硫含量将下降 80%，热岛效应会彻底消失；

➤ 可以降解沙尘、吸纳可吸入颗粒物、净化空气，经绿化的屋顶能够吸收空气中 30% 的粉尘，缓解大气浮尘，净化空气，防风滞尘，具有积极的作用；

➤ 保护建筑物顶部，延长屋顶建材使用寿命，屋顶绿化能避免屋顶出现极端温度，减少紫外线对屋顶的损害，绿化后的屋顶寿命比未绿化的长约 3～5 倍；

➤ 吸收并储蓄 6% 的雨水，有利于缓解城市雨涝；

➤ 削弱城市噪音，增加空气湿度等。

综上所述，屋顶绿化的功效强于普通的地面绿化。如果我们把楼顶的面积充分利用起来进行绿化，热岛效应会得到相应的缓解。

四、问题的确定

时至今日，我市的屋顶绿化率依然不高，特别是不断建成的新楼盘、新小区，也没有多少采取了屋顶绿化的设计。那么有意义的事情为什么没人愿意做呢？经过调查研究，我最初发现，最大的障碍是成本的问题。其次是技术方法。

屋顶绿化的成本比地面绿化高很多，仔细分析，成本的提高，来源于防水处理的成本、增加承重的成本、植物种植的成本和日常维护的成本。屋顶种植植物后，对防水的质量、建筑承重的能力都有更高的要求，对绿化品种的选择也有所限制，更重要的是，由于植物的生长环境不如地面，护理难度加大，工作量增加，这些都在屋顶绿化成本范围之内。但是，今天从城市化进程飞速发展的角度出发，我们应转变思想观念。据粗略统计，在北京市内建设 1 平方米绿地，其绿化改善生态环境的功能远大于在郊区建设 200 平方米绿地。所以，从建设低碳、宜居、绿色发展的大城市背景来看待这一问题，屋顶绿化成本并不算高了，而野草绿化屋顶，但就种植的成本而言，就具有更多的好处了。当然因此也提出了更多的挑战和难题。

怎样才能解决这些挑战和难题呢？当然是正确的栽培技术和方法。其中，我认为选对屋顶绿化植被的品种是解决问题的关键。这种绿化的植物就是野草，它生命力顽强，基本不需人们的照顾，长期不用更新换代，这样就会大大降低人工护理的成本；另外野草不需要更厚的土层就能生长，这样能降低对建筑物承重的要求；再者不需要很多水，这样就节省了水费的支出。

于是我们锁定了研究的目标，就是通过试验，要找到一些适合于屋顶绿化的野草品种。

五、研究过程

1. 收集信息调查分析

通过资料检索我们发现，北京地区土生土长的野草生命力顽强，或许能达到我们的要求。如：狗尾草、牛筋草、二月兰、千屈菜等等，它们耐寒、耐旱、耐瘠薄，易于繁殖，无需护理，因而经久不衰。

资料还显示，虽然还没有人提出用野草绿化屋顶的想法，但是利用野草进行绿化已经有很多人在不断呼吁了。另外从净化空气、降低气温的功效角度讲，野草并不比园林植物差，只是因为"出身"问题就被冷落了，甚至要被斩草除根，实在不公平。

2. 深入生活自然观察

"野火烧不尽，春风吹又生"，野草生命力的确顽强，几乎有土的地方就能够生存。平日，我观察那些老房子的屋

顶，仅仅瓦片缝隙中的一点点泥土和水分就能够让它们生长。如果在屋顶铺上土层，这些野草的生长应该不成问题。

我经常去北京欢乐谷玩，在欢乐谷东南有个地方正在修路。原来那里是一条破旧的马路，现在拓宽了，两侧和中间还有绿化带。由于路还没修完，绿化带没有种植植物，只是有一些凌乱的土和石子。但是当我再去的时候，尽管路还在修建，绿化带里却出现了零星的绿色，原来是长出的一些野草。又过了一个多月，当我再去的时候，这些野草长大了，长高了，有些地方还相当密集，连地面都看不到了。

生活给了我启迪，观察使我思路豁然开朗。这些野草没有人护理，下面的土层也并不深，在这里就能够正常生长，相信在屋顶上也一定能够茁壮生长。

3. 精心设计三次实验

（1）家中野草生长实验

今年五月，风和日丽，春意盎然，我家小区花园、路边、树坑中的花草都拱出地面，绿绿的好讨人喜欢。在奶奶的帮助下，我挖了一些二月兰、荠菜、堇菜、狗尾草等栽到花盆里，在阳台养起来。这些野草的生命力真强，花盆里的土都要干裂了，他们长的叶子依然绿绿的，挺挺的，非常健壮，不像一般观赏花那样娇贵。实验告诉我，这野花草生命力真强。

（2）楼顶专用容器实验

家中阳台上野草种植实验成功了，我和队员们一起，在学校教学楼屋顶实施了专用容器中的狗尾草种植实验。考虑到楼顶干燥的环境，我设计了屋顶种植的专用容器。容器被中间的隔板分为储水层、种植层两层，隔板上有小洞，小洞中有布条或海绵条。浇水时，多余的水会渗到储水层收集起来，当种植层的土壤干旱时，水会在毛细现象的作用下被"吸"到种植层底部，为植物的根部供水。

从春天开始，我一次性浇足了水，将容器放在了楼顶，并在旁边用其他容器种上了野草。一周后，种在普通容器中的野草掉了，而专用容器中的野草生长状态良好。

这个实验一直持续到六月底，专用容器中的狗尾草仅依靠天然降水的补充下依然正常生长。不过进入 7 月以后，连续的干旱和几次 40℃ 以上的高温让容器中的储水层都干了，狗尾草死掉了。

实验证明：

①楼顶环境的确恶劣，即便是生命力顽强的野草在屋顶也需要适时补充水分。

②我设计的专用容器能够有限地解决屋顶种植植物耗水多的问题，可以长时间不人工供水，但是在天气过于干燥的时候也需要补充水分。

③狗尾草的生命力并不像我想象的那么顽强，我们还需要寻找更加耐旱、生命力更加顽强的本土植物。

（3）大范围屋顶实验

①实验场地与配套建设要求

选择教学楼顶为实验场地，共铺设绿地 160 平方米。屋顶南侧为野草区，共种植 12 种野草，总计 80 平方米；北侧为佛甲草区，总计 80 平方米。屋顶东侧为自然生长区，不种草，观察是否有野草自然长出。

②实验材料及野草

用 60 厘米×40 厘米的大塑料盆做容器，装入 6 厘米厚的土层。佛甲草由屋顶绿化公司提供，野草从郊外移植，品种分别为垂盆草、青绿台草、马齿苋、萱草、蓖麻、狗尾草、野牛草、野牵牛、水稗草、八宝景天、三七景天、野山苣。

③实验过程

➤前期准备：制作自然生长区容器、铺设绿地、浇水。在此过程中，通过实验区位置的安排和浇水量的统一控制无关变量。

➤制订计划：在教师指导下制定研究计划

实践研究

➤前测：观察、测量实验组（本土植物区、自然生长区）和对照组（佛甲草区）植物的数量和生长状态。生长状态包括株高、茎粗、叶片数量三项指标。

➤观察实验：利用假期和中午的时间，不断观察、测量记录。与前测对比，通过数据分析实验效果。

➤阶段总结：本土植物区植物生长状态普遍不如佛甲草。野山苣完全枯死，除八宝景天和马齿苋外，其他野草均出现缺水状态。经深入分析，本土植物生长状态不良是"移植"所致。我们移植的野草均为野生状态下生长良好的植物，但由于他们根系很发达，移植时大多根系受损。而其我们的种植容器土层过浅，天气又热，野生植物的根部不少暴露于地上，出现问题在所难免。

我们也发现，自然生长区、本土植物区内出现了许多新生的野草，它们虽然矮小，但是长势良好。

我们认为，用移植过来的野草与绿化公司培养的佛甲草对比，没有说服力，应当用新生长出的佛甲草和本土植物进行对比。

➤ 调整实验：修正计划，调整观察对象，改变研究方法，进一步开展研究。

➤ 得出结论：新生野草在数量、种类上大大超出了新生佛甲草，说明它们即使与目前最佳屋顶绿化植物相比，也更适应屋顶的环境；从耐旱性、观赏性和易维护性上进行综合筛选，八宝景天在我们种植的植物中无疑是最佳品种。

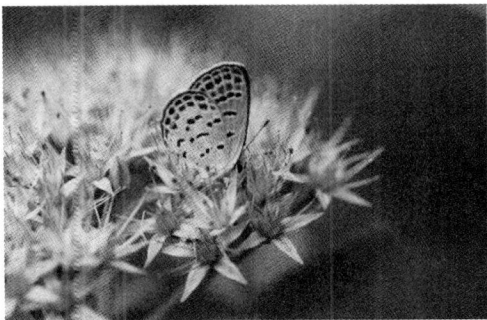

生机勃勃的八宝景天

4. 整体结论

野草是屋顶绿化的理想植物，利用野草推广屋顶绿化切实可行。八宝景天是非常适合屋顶种植的本土植物，相信还会有类似甚至更好的本二植物有待于我们去发现。希望通过政府部分推广这种方法，特别是要制定相关政策，并给予资金支持，加强监管，从新建小区开始，从政府机关开始，推广屋顶野草绿化，改善北京市的城市环境，减缓气温上升的趋势。

六、收获与展望

1. 试验收获

用野草绿化屋顶的试验成功了，"建议北京市推广利用野草绿化屋顶的方法"建言书付诸了实际，我们小分队的全体同学都为之高兴。回忆起陪护野草绿化屋顶试验的日日夜夜，至今还兴奋不已，我们为祖国环境绿化出了力，为人们低碳生活添了砖，加了瓦，这是多么荣耀的事呀！

2. 心得体会

兴奋激发灵感，兴奋之余不由得使我联想到：屋顶绿化，美化环境，低碳生活，利国利民。可是，这么好的事情，时至今日，我市的屋顶绿化率依然不高，特别是不断建成的新楼盘、新小区，也没有多少采取了屋顶绿化的设计。那么有意义的事情为什么没人愿意做呢？通过以上我们经历的"野草屋顶绿化试验"，以及深入思考调查研究，我发现，最大的障碍已不是成本和技术方法这两大难题，关键是支持，是政策和资金的支持，我们的学校做到了支持。由小及大，其他管理部门理应做到。

3. 不足与展望

由于我们的实验周期还不够长，本土植物的品种还不足够丰富，可能得到的结论还不十分完善。我们准备利用2～3年的时间，对此问题进行长时间的持续研究，找到更加适合屋顶种植的植物，为今后屋顶绿化工作的推广扫清一些障碍。

参考文献

[1]建议北京市推广利用野草绿化屋顶的方法　金雨晴　2009年

[2]欧美城市屋顶绿化政策研究及对深圳的启示　叶果　谢良生　谭一凡　雷江丽　史正军　国际立体绿化网　2008－08－07

[3]关于印发《上海市屋顶绿化技术规范（试行）》的通知　上海市绿化管理局　沪绿[2008]25号

[4]天津市屋顶绿化技术规程　天津市园林管理局　2004年4月

[5]关于进一步推进本市屋顶绿化工作的通知　北京市园林绿化局、北京市财政局文件北京市规划委员会　京绿地发[2006]8号

[6]DB 11/T 281—2005屋顶绿化规范　北京市质量技术监督局　（北京市地方标准）

[7]关于开展节约型园林绿化建设工作的意见（讨论稿）　北京市园林绿化局

[8]从绿地到森林：我国城市绿化观的转变　张锡象　中国绿色时报 2007－9－24

（二）学生的感受和体会

2010年7月28日，晴

今天上午，我按时来到了学校。金雨晴和李珏菲比我还早，而且金雨晴的妈妈也来了，我们在张老师的带领下来到了楼顶。

一推楼门，我们都被眼前的景象惊呆了！几天没来，这里已经变成了绿地！没想到前期我们做的零散的工作规整起来竟然有如此效果，真像铺

上了厚厚的绿地毯。

老师告诉我们，绿化公司的人来帮我们把各种植物摆放整齐，今天的任务一是认一认每个区域内的植物，二是给他们浇水，三是给自制容器填土。工作还没开始，我们已经汗流浃背了。要知道，这几天的气温非常高，楼顶的气温更是达到了惊人的46℃！不过比起前些日子在楼上的感觉，今天还是舒服多了，老师说这可能和屋顶绿化有关系。

第一项工作相对简单，很快，老师把12种植物的名称告诉了我们。第二项工作原本以为简单，不就是浇水吗，但是真正工作起来，才发现是那么困难。

起初，我们用矿泉水瓶浇水，结果发现一整瓶水倒在容器中很快就消失了，我们浇了半天，发现才让3个容器中的土壤湿润起来。我们又用水桶浇水，这回快多了，一桶水可以浇4盆植物。不过干了一会我们又发现了问题，好像进展还是不大。计算之后发现，照我们的方法需要浇160桶水！要知道，我们每提一桶水都要到五楼卫生间走一趟，光这来回来去的时间我们就耽误不起。估计照这样浇，一天就干不了别的了。

我们想用皮管子浇水，在老师的帮助下，我们接上了管子，然后把它拉到了楼上。平日，我们没觉得绿化工人浇水有多么辛苦，今天可体会到了，我们像拔河一样使足了力气才将皮管子拉上楼，像举重一样才把它抬到了楼顶绿地中。

虽然拉管子很辛苦，但是的确比用水桶方便多了，看着水管中的水源源不断地流出来，我们非常高兴，不过，由于绿地面积太大了，我们足足用了1个小时40分钟才完成了浇水的工作。此时，我们的衣服都湿透了！看看表，已经十一点多了，我们下楼吃饭，然后休息了一下，然后准备下午的工作。

自制容器的材料是废弃的展板，本以为放几袋土就可以将它填满，没想到和浇水的感觉一样，它像变成了无底洞一样，总也填不满。我们从楼下运来了三麻袋土，外加7大塑料袋的土才填了个差不多，眼看天晚了，我们只好收工。

虽然这一天很累，不过我也很开心。一方面是看到了我们屋顶绿化的想法得到了实现，另一方面是感受到了劳动的快乐。

（刘小纯）

（三）学生的论文

野草绿化屋顶促进生物多样性的研究

刘 翘

屋顶绿化能改善城市热环境、降低热岛效应、增强屋顶保温隔热、净化空气，改善城市环境……这些都是大家听得比较多也比较熟悉的屋顶绿化的好处，但是要说起屋顶绿化能促进生物多样性，知道的人可能就不那么多了。

都市的快速发展，林立的高楼，加速都市的破碎化，间接影响了生物的栖息环境，阻隔了生物移动的通道。对于一个建筑密集的城市，系统化的屋顶绿化可以偿还大自然有效的生态面积，能为动植物提供新的生活场所，通过绿地的多样化实现城市生态系统中生物的多样性，归还大自然有效的绿地面积，从根本上完善生态系统。瑞士科学家研究发现，设计得当的屋顶花园能为不同种类的鸟类和高达 254 种昆虫提供栖息地，所以说，屋顶绿化能促进和恢复城市中的生物多样性，那么用野草绿化的屋顶能不能达到同样的效果呢？我们对学校教学楼屋顶的野草"试验田"进行了观察和记录。

图1

首先，介绍一下我们"试验田"的基本情况。整个教学楼的屋顶，被我们一分为二，其中一半是学校请来的专业屋顶绿化公司为我们种植的佛甲草，另外一半就是我们自己亲手种植的各种野草，包括八宝景天、马齿苋、牵牛花等十几个不同品种，每个品种集中种在一起，各约20盆左右。（图1）

由于这些野草都是暑假的时候种植的，而我们的观察研究是从新学期开学以后开始的，经过一个月左右时间的生长，野草与佛甲草都不错，满目青翠，长势喜人。我们自己组织的这支屋顶绿化的"杂牌军"至少在表面上没有输给"正规军"。不过，在"杂牌军"内部，各品种野草的表现还是不尽相同的。牵牛花的抗旱能力明显弱于其他品种，同样数量的牵牛花经过这一段时间之后，已有过半发黄枯萎(图2)，而马齿苋(图3)和八宝景天的抗旱能力要强很多。

图2

图3

就在我们聚精会神地观察野草抗旱性能的比较时，一只飞来的蝴蝶吸引了我们的目光，也打开了我们的思路，大家追着蝴蝶玩了一会儿，就七嘴八舌地讨论起老师曾经给我们讲过的屋顶绿化可能带来生物多样性的好处，经过跟老师的进一步请教，我们决定将研究方向转向野草绿化屋顶的生物多样性这个问题上来。

一、动物多样性研究

既然吸引我们投入这个方向的是一只飞来的蝴蝶，我们就先来看我们对动物多样性的观察与研究。

观测记录(记录方式包括文字的科学日志和数码相片)

[记录1]

时间：2010年9月13日

地点：学校教学楼顶层

发现：今天看到的虫子特别多，有一只枯叶蝶(图4)，一只蜜蜂，还有一只不像蜜蜂像是马蜂，还有一只灰色的小虫子，飞得很快，我们看不出它是什么，也没能拍下来，只能给它起名叫"小灰"。

图 4

[记录 2]

时间：2010 年 9 月 18 日

地点：学校教学楼顶层

发现：今天除了看见了四只蝴蝶、两只蜜蜂，还看到了一条毛毛虫的尸体、一条蜈蚣的尸体和一条活蜈蚣（图 5）。

图 5

图 6

[记录 3]

时间：2010 年 9 月 28 日

地点：学校教学楼顶层

发现：今天看见了两条蜈蚣、一只蜜蜂（图 6）和好几只蝴蝶（图 7），还有一只不知名的小飞虫，背上有美丽的小圆点。（图 8）

图7   图8

初步结论：

第一，和专业屋顶绿化、屋顶花园的效果一样，野草绿化屋顶也三要吸引的是昆虫的栖息，尤其以蝴蝶和蜜蜂居多。

第二，通过现场观察和照片核对，我们发现在各种野草和佛甲草中，最"招蜂惹蝶"的是八宝景天，我们分析认为，应该是八宝景天的小花颜色艳丽，花香阵阵，因此吸引了多种昆虫流连。

二、植物多样性研究

植物多样性可不像动物多样性那么明显，它需要我们特别细心和耐心，准确地记录每天的数据，只有积累了数据，才能更好地看到多样性的变化。

观测记录（记录方式包括文字的科学日志和数码相片）

[记录1]

时间：2010年9月13日

地点：教学楼顶层

观测对象：1号盆（佛甲草）、2号盆（马齿苋）、3号盆（八宝景天）

观测数据：

1号盆：原生植物（即佛甲草）16株   后生植物（其他杂草）5株

2号盆：原生植物（即马齿苋）9株   后生植物（其他杂草）3株

3号盆：原生植物（即八宝景天）12株   后生植物（其他杂草）5株

观测描述：野草和佛甲草长得都挺好的，三种草的盆里或多或少都长出其他一些不知名的野草，佛甲草和马齿苋因为本身长的比较低矮，后生其中的狗尾草就比较明显（图9），而八宝景天因为本身比较高，所以后生的杂草不太引人注目，夹在八宝景天的枝蔓里。

图9

［记录2］

时间：2010 年 9 月 18 日

地点：教学楼顶层

观测对象：1 号盆（佛甲草）、2 号盆（马齿苋）、3 号盆（八宝景天）

观测数据：

1 号盆：原生植物（即佛甲草）16 株　后生植物（其他杂草）5 株

2 号盆：原生植物（即马齿苋）9 株　后生植物（其他杂草）4 株

3 号盆：原生植物（即八宝景天）12 株　后生植物（其他杂草）9 株

观测描述：各盆中后生杂草除了八宝景天的，数量有了较大的增加外，其他两盆主要苗高变化比较大，原生和后生的各种草都长了不少个。八宝景天小花的颜色有了明显的变化，一共有五种颜色——桃红色、淡粉色、浅绿色、白色和棕色，其中白色最少，淡粉色最多，还有的小花一半白一半粉的。有意思的是，盆里另外一株后生的植物，不仅长出了长长的枝蔓，还开出了小黄花（图 10）。

图 10

［记录3］

时间：2010 年 9 月 28 日

地点：教学楼顶层

观测对象：1 号盆（佛甲草）、2 号盆（马齿苋）、3 号盆（八宝景天）

观测数据：

1 号盆：原生植物（即佛甲草）16 株　后生植物（其他杂草）3 株

2 号盆：原生植物（即马齿苋）9 株　后生植物（其他杂草）3 株

3 号盆：原生植物（即八宝景天）12 株　后生植物（其他杂草）12 株

观测描述：八宝景天里的杂草除了那根长藤之外，还是那么不起眼，但是数量却在悄悄上升，而佛甲草和马齿苋中的杂草却逐渐发黄，在低矮的原生植物中，几株零星的后生植物显得很孤单。（图 11）

初步结论：

第一，野草和专业屋顶绿化植物一样，也能带来植物的多样性，其他的野草和杂草也能与其共生。

第二，截止到目前阶段的试验表明，八宝景天在植物多样性的效果相对佛甲草和马齿苋来说，更加突出一些，后生植物在其盆中生存时间更长，生长状态也更佳。

观测说明：

关于植物多样性的观测，数据的每日变化比较小，所以上面只是选取了几个时间点的数据，同时也忽略了变化不明显的苗高等数据。

图 11

三、结论与建议

通过我们实地观测掌握的数据和现象，可以进一步证明，与专业屋顶绿化植物一样，利用野草绿化屋顶除了大家通常说到缓解热岛效应的功能外，也同样具有促进、恢复和保护生物多样性的好处。

在此基础之上，我们在试验中还发现，在我们选种的几种野草以及专业屋顶绿化常用的佛甲草中，八宝景天在生物多样性方面的优势比较突出，它更具有包容性和吸引力，不仅能带来更多的后生植物，而且能吸引大批的昆虫，比如蝴蝶和蜜蜂。对于逐渐被钢筋水泥淹没的城市来说，它们的出现，意味着生物多样性的回归和恢复。

鉴于八宝景天的上述优势，我们建议，今后在北京市的屋顶绿化植物中，应大力推广八宝景天。

图 12

来自现代农业科技示范园学生的报告

设计教师：东城区西中街小学　　张东红
指导教师：东城区教师研修中心　　张　磊

教师指导学生活动的设计

（一）整体活动简介

这次活动是学生在北京小汤山现代农业科技示范园探究温室技术和无土栽培技术。这部分内容与首师大版教材小学科学六年级下册第四单元《科技探索》教学内容联系紧密。学生们在书本上学习了解了一些无土栽培技术、温室技术等相关内容，为走进现代农业科技示范园实地探究做了一些知识上的铺垫，但是没能给学生提供获取知识的过程和技能。科学课程标准指出"科学探究能力的形成依赖于学生的探究活动，通过动脑动手、亲自实践，在感知、体验的基础上，内化形成，而不能简单地通过讲授教给学生。它强调第一手经验，调查、设计、解决问题，以及明晰事理的能力"。于是，我想到借助大课堂资源促进、拓展、延伸课堂的学习。实地上课让孩子们摆脱了教室的限制，激发了学生高昂的探究兴趣。学生在现场做调查、进行访问、拍照、记录，真正高高兴兴地研究。在小组合作中寻找答案，寻找快乐，主动获取，感受搞科学研究的乐趣和实用价值。

这次实践活动主要分三个阶段。第一阶段：校内学习。主要是学习教材内容，自主搜集材料，初步了解温室技术和无土栽培技术。这一阶段主要是在初步了解的基础上，学生能够提出自己想要研究的问题，制定"实践活动任务单"。第二阶段：基地实践。先参观兰花馆，在观察兰花的同时，完成《实践任务单（一）》。接着到"地子体验馆"观察温室植物和所用土壤的特点，学生完成《实践任务单（二）》，同时可以对任务单（一）进行补充，教师组织全体学生针对观察与调查的结果进行交流、汇报。然后，教师在掌握了学生的实践情况后，继续让学生提出实践过程中发现的新问题，自由成组，开展进一步的研究。最后，指导学生汇报小组研究的结果。此后，学生亲身体验无土栽培技术。第三阶段：校内总结。教师指导学生撰写研究报告、小论文，组织学生总结、交流实践体会。

（二）学生活动方案

　　学生在校内课堂学习中，通过观察教材里的图片知道温室的作用和无土栽培这项先进的农业技术。因为教材中提供的内容较少，学生的求知欲望又很高，所以提出了许多问题。这样，学生带着自己感兴趣的问题走进了小汤山现代农业科技示范园开展实践活动，寻找问题的答案。

　　学生首先参观兰花馆，留心观察温室房的特点；再到"地子体验馆"温室房，感受先进的无土栽培技术，并完成实践任务；回到学校进行实践后的总结，并完成后续的研究。通过这次实践活动，学生走出课堂，在参观中获得感性认识，激发研究兴趣；通过观察、调查、动手操作等实践性学习活动收集整理信息，得出结论，与同伴、教师的交流探讨中逐步形成理性认识，在实际操作中学习、使用研究方法，可谓一举多得。具体活动方案如下：

地　点	用时	学生活动	教师指导
校内	2课时	1. 学习教材内容，自主搜集材料，习步了解温室技术和无土栽培技术 2. 启发学生提问	1. 激发学生的探究欲望 2. 集中汇总共性问题，编制学生活动任务单（一）、（二）。（详见下）
实践基地	4课时	1. 在工作人员的带领下，首先参观兰花馆，仔细观察温室房的特点．每位学生完成实践任务单（一）．再到"地子体验馆"观察温室植物和所用土壤的特点，每个学生完成实践任务单（二） 2. 集中汇报任务单（一）（二） 3. 提出新问题 4. 自由成组，进行研究。小组共同完成自己感兴趣的新问题 5. 汇报小组的研究情况 6. 进行无土栽培体验	1. 帮助、指导、辅助、巡视 2. 掌握学生的实践学习情况，他们用什么方法完成了调查任务 3. 汇总调查中出现的新问题 4. 选择自己喜欢的、感兴趣专题，以组为单位完成研究报告 5. 指导学生汇报研究结果。在现场解决的问题 6. 巡视、指导

小学篇

地　点	用时	学生活动	教师指导
校内	2课时	1. 整理活动任务单(一)(二)，撰写小组研究报告单 2. 总结实践活动的收获与体会 3. 完成小论文等后续研究	1. 指导学生完善未写完的内容 2. 辅导小论文 3. 组织交流体会

附：学生活动任务单

学生活动任务记录单(一)

年级：　　　　　　　　姓名：

冬季和夏季，温室给植物创设了怎样的适宜生长的环境条件？
温室中的植物与露天的植物相比有什么特点？

学生活动任务记录单(二)

班级：　　　　　　　　姓名：

这些蔬菜、水果、花卉是用(　　　　　　)技术栽培的。
栽培这些植物时，是用什么材料代替天然土壤的。在你认为正确的括号下打"√" 水(　) 　砂(　) 　蛭石(　) 　锯屑(　) 　塑料(　)
栽培这些植物时，是怎样给这些植物施肥的呢？

(三)主题实践活动内容的确定选择

1. 师生共同选题：先进的温室技术、奇妙的无土栽培

2. 学生合作选题：(全班学生共同感兴趣的问题)

(1)冬季和夏季，温室给植物创设了怎样的适宜生长的环境条件？

(2)温室中的植物与露天的植物相比有什么特点？

(3)温室这些蔬菜、水果、花卉是用什么技术栽培的？

(4)栽培这些植物时，是用什么材料代替天然土壤的？你认为水、砂、蛭石、锯屑、塑料等材料可以替代土壤吗？

(5)栽培这些植物时，是怎样给这些植物施肥的呢？

3. 学生自主选题：

(1)温室技术与传统农业技术相比有哪些优势？

(2)温室的可调控环境有哪些？

(3)什么是无土栽培技术？

(4)无土栽培技术的优势有哪些？

(5)哪些植物适合无土栽培？

(四)学生个体研究、分组研究的情况

学生个体研究的问题是全班同学感兴趣的问题，也就是经过老师梳理后的问题，即学生活动任务记录单(一)(二)的内容，问题设计的比较浅显。学生完成起来相对比较容易。通过对两个场馆的参观、采访和其他调查方法的运用，学生对温室技术、无土栽培技术有了超出书本知识的新的了解，产生了新问题。如：(1)学生在"冬季和夏季，温室给植物创设了怎样的适宜生长的环境条件？"这一问题基础上，生成的新问题"温室的可调控环境有哪些？"(2)通过实地观察无土栽培的土壤，学生知道无土栽培不是先前自己理解的"水音"，究竟什么是无土栽培呢？吸引着同学们去探究。(3)通过观察同学们觉得温室的植物的共同特点是颜色漂亮、鲜嫩可口、病虫害少。于是产生新的研究问题"温室技术与传统农业技术相比有哪些优势？"而不是只比较"温室中的植物与露天的植物相比有什么特点？"同学们运用各种方法观察记录、拍照、访问工作人员、请教老师等等来完成小组的研究专题，很积极，很认真。

学生活动报告

在基地实践过程中，每位学生不仅要完成《学生活动任务记录单(一)

（二）》，每名学生还要以组为单位，选择自己感兴趣的内容开展课题研究，完成一份研究报告。研究活动后期，全体学生撰写收获与体会，部分学生继续进行后续研究，以小论文的形式呈现研究结果。下面我列举一部分学生的研究成果。如下：

（一）学生实践活动记录

活动任务记录单（一）

班级：六（1）班　　　　　　姓名：金载昊

冬季和夏季，温室给植物创设了怎样的适宜生长的环境条件？
植物生长需要适宜的环境。阳光、空气、水适宜的温度。温室保温，采用保温措施可以有效地减少温室的热的损失，提高温室的温度，节约能源；在寒冷的冬季需要给温室加温；高温夏季常用通风、遮阳和蒸发来降温
温室中的植物与露天的植物相比有什么特点？
(1)颜色漂亮、鲜嫩可口、产量大、节水、病虫害少、种植范围广 (2)产量高、品质好，无土栽培能充分发挥作物的生产潜力，与土壤栽培相比，产量可以成倍或几十倍地提高； (3)节约水分和养分，无土栽培可以避免养分、水分的流失，充分被作物吸收和利用； (4)省力省工、易于管理，无土栽培不需中耕、翻地、锄草等作业，省力省工； (5)不受地区限制、充分利用空间； (6)产品清洁卫生，有利于实现农业现代化。

学生活动任务记录单（二）

班级：六（1）班　　　　　　姓名：倪雨荻

这些蔬菜、水果、花卉是用（无土栽培）技术栽培的。
栽培这些植物时，是用什么材料代替天然土壤的。在你认为正确的括号下打"√"。 　　水（　√）砂（√　）蛭石（√　）锯屑（√　）塑料（√　）
栽培这些植物时，是怎样给这些植物施肥的呢？ 不用土壤，直接用营养液来栽培植物。放入管道中滴灌。无土栽培所用的培养液可以循环使用。且成分易于控制

(二)学生专题研究报告

第一小组专题研究报告

班级：六(1)班 　　　　　　　　　　　　　　日期：2010 年 4 月 16 日

学生姓名：李傲　组　　袁子轩、李伯伦、祝恩泽、刘璇、周汀鹭

温室的可调控环境有哪些？
调查前推测：温度、水

我的活动方案：（可以文配图说明）

观察记录、拍照、访问工作人员

　　来到兰花温室，我们认真观察很快找到温室房的特点，并拍照。我们向工作人员请教黑色管道的用途，他们讲解得很详细。

屋顶和墙壁

遮阳网

活动屋顶和二氧化碳输送管道

暖气管道和喷水雾管道

排风扇

调查后的结论：

温室的可调控环境因素主要有光照、温度、湿度、土壤环境、和气体环境

其他发现：

利用温室环境的可控性，还可以实现作物的反季栽培以及品种改良。在温室中，安装有补光灯，可调节光照的时间和强弱等。此外，植物的上方还有一条粗粗的带空的管道，通过管道可以控制二氧化碳气体地喷出及排放。植物在露天的自然环境中生长，经常会遇到各种气象灾害，如冻害、高温、大风等。这些极端的天气会给农作物生长带来极大的危害。采用温室则可以避免极端的天气危害，创造小气候，保护农作物生长

温室的光照：

温室的光照条件来源于自然光。自然光照一年四季是有变化的。自然光线不足时要人工补光调节；强光高温时，遮光调节

温室的温度：

温室保温，采用保温措施可以有效地减少温室的热的损失，提高温室的温度，节约能源；在寒冷的冬季需要给温室加温；高温夏季常用通风、遮阳和蒸发来降温

温室的湿度：

一般是为了降低室内空气的相对湿度，减少植物叶面的结露。主要采用：通风、加热、吸湿、改进灌溉。需要加湿时，一般采用细雾加湿从而提高空气湿度

温室的空气：

温室通风换气是改善室内环境的最有效的方法。其次，提高室内二氧化碳的浓度，能提高植物光合作用，进而提高产品的产量和质量。再有，远离污染源选址也很重要

研究中的疑问：

调查过程中还有许多不明白的地方。如：二氧化碳是怎样使植物生长更有利？

此次研究做得好的地方是什么？还有那些需要改进的地方？

我们组的同学一起研讨，共同寻找答案。袁子轩、李伯伦向工作人员请教。很快找到答案

知识储备不足，很多地方题的讲解似懂非懂。还需要上网查些资料

想一想自己的研究为什么没有成功？是哪出了问题？

第二小组专题研究报告

班级：六(1)班　　　　　　　　　　　　　日期：2010 年 4 月 16 日

学生姓名：高云晖(组长)　　　韩溪、苗雅涵、周千杰、陆天瑗

什么是无土栽培技术?

调查前推测：

没有土壤的种植(放到水中种植)

我的活动方案：(可以文配图说明)

(1)在"地子馆体验"温室内观察植物生长情况。(2)请工作人员说明哪些是无土栽培的植物。(3)拍照记录。

采访记录：无土栽培

无土栽培不用土壤，直接用营养液来栽培植物。为了固定植物，增加空气含量，大多数采用砾、沙、泥炭、蛭石、珍珠岩、岩棉、锯木屑等作为固定基质。其优点可以有效地控制花卉在生长发育过程中对温度、水分、光照、养分和空气的最佳要求。由于无土栽培花卉不用土壤，可扩大种植范围，加速花卉生长，提高花卉质量，节省肥水，节省人工操作，节省劳力和费用。缺点是，一次性投资较大，需要增添设备，如果营养源受到污染，容易蔓延，营养液配制需要技术，适宜水培的叶菜品种。

调查后的结论：

无土栽培不用土壤，用其他东西培养植物的方法，包括水培、雾(气)培、基质栽培。无土栽培中用人工配制的培养液，供给植物矿物营养的需要。为使植株得以竖立，可用石英砂、蛭石、泥炭、锯屑、塑料等作为支持介质，并可保持根系的通气。

其他发现：

多年的实践证明，无土栽培的产量都比土壤栽培的高。无土栽培所用的培养液可以循环使用。且成分易于控制。而且可以随时调节，在光照、温度适宜而没有土壤的地方，如沙漠、海滩、荒岛，只要有一定量的淡水供应，便可进行。大都市的近郊和家庭也可用无土栽培种蔬菜花卉

无土栽培技术的出现，使人类有对作物生长全部环境条件进行精密控制的能力，从而使得农业生产有可能彻底摆脱自然条件的制约，完全按照人的愿望，向着自动化、机械化和工厂化的生产方式发展。这将会使农作物的产量得以几倍、几十倍甚至成百倍地增长

无土栽培可以将许多不可耕地加以开发利用，所以使得不能再生的耕地资源得到了扩展和补充，这对于缓和及解决地球上日益严重的耕地问题，有着深远的意义

无土栽培，避免了水分大量的渗漏和流失，使得难以再生的水资源得到补偿。它必将成为节水型农业、旱区农业的必由之路

我会辨认南瓜花的雄花和雌花了。有小南瓜的是雌花。花里有一个金黄色花粉柱的是雄花

温室技术、无土栽培技术很好。先期的投入很大。

研究中的疑问：
不知道自己种的无土栽培植物是否能成活？

（如果研究成功则填此栏）
此次研究做得好的地方是什么？
工作人员现场讲解得很明白，我懂得了很多知识。
还有哪些需要改进的地方？
调查时间长，动手实践时间短。应该多参加实际种植，体验种植过程的快乐。

（如果研究不成功则填此栏）
想一想自己的研究为什么没有成功？是哪出了问题？

（三）学生的收获与体会

同学们对这次实践活动流连忘返。他们为有这么先进农业的技术而惊奇，为自己能在这次活动中既学到知识，又得到锻炼而欣喜。请听听同学们的感受和体会：

袁子轩：现在我们来到的是"地子体验馆"。我们在基地老师的带领下对这个基地进行了参观，总体感觉是新鲜，环境不错，但有待完善，因为这里也是才成立不久呀。这里大部分的体验项目都是在一个类似厂房改建

装修的透明大厅里进行的，透明的屋顶、透明的墙壁，其实是透明的温室。体验项目与温室种植都在这个大厅里。热带水果都长得比较奇怪，火龙果的茎、叶居然是仙人掌那样的形状，香蕉树的巨大花朵怎么看都象外星植物。这些热带水果在我们北方也能生长得这么好，真了不起！先进的无土栽培技术真了不起！

柯瑜萱：基地的老师给我们准备的第一项体验项目是无土栽培。我没有见过什么农作物，更别说种植了。见都没见过，心里既急切又有些紧张。每个同学要亲手种植一个小苗。不一会儿我们就把自己的小花盆里装满了营养土，用手挖了一个小洞，然后每个学生都亲自挑选了一个自己喜欢的小苗，郑重其事地种在自己的花盆里，完成了。还要做个小记号，不然会和别的同学弄混的。我要让它结出果实，是我劳动的果实。在学校学习的只是书本知识，感觉离我的生活很远，现在我也会无土栽培植物了。这次实践活动我真开心！

李嘉雯：这次实践活动，老师让我们自己研究自己喜欢的专题。为我们提供可以自己进行研究的场所，用自己喜欢的方式方法，自由成组进行研究。我们的积极性都很高。大家喜欢社会实践活动课，既掌握了知识，又提高了能力。

石增仪：一天的实践活动结束了，我们都依依不舍地离开了让我们留恋的乐园。我们学到了很多温室技术、无土栽培的知识。但我也觉得这里值得看和体会的东西还很多，就把遗憾留给下次吧。

(四)科学小论文

实践活动结束了，后续的研究工作不应结束。如何把学到的知识和技术应用到生活中，更好地为生活服务呢？让学生真正理解科学就在我们身边，我们的身边处处有科学呢？我让学生利用学到的无土栽培技术研究自己喜欢的植物专题。下面两篇小论文《幼苗生长的秘密》《关于蒜黄的研究》是学生的研究成果。

幼苗生长的秘密

西中街小学　六(4)班　张　瞳

小汤山农业科技示范园的实践活动课结束了，但我们的研究还没有结束。张老师让我们利用学到的无土栽培技术研究自己喜欢的植物专题。我想利用它既清洁又能美化环境的特点，来观察阳光与幼苗的生长之间的关系。我认真的进行了种植，并详细记录了观察笔记：

5月14日

今天，我将 12 颗绿豆用水浸泡，上面盖了一张湿纸。

5 月 15 日

我发现绿豆裂开了小缝，里面是奶白色的。

5 月 16 日

绿豆长出了大约 1 毫米长的小芽，于是，我把它们分别种在 3 个有蛭石土的小盆里。

5 月 17 日

种在盆子里的绿豆，都快出土了，拱出了一个个小包。于是，我将这三盆标出 A、B、C。A 盆用完全不透光的纸盒将它罩住。B 盆，用一个有直径 2.5 厘米小孔的纸盒罩住。C 盆，我还让它在窗台上生长，不进行任何改变。

5 月 18 日

A 盆长得最高，茎约有 1 厘米长，又细又直，白白的。顶部的两片小叶子黄白黄白。B 盆茎约有 0.5 厘米长，顶部的小叶子还没有展开，是浅浅的绿色。C 盆只长出约 0.1 厘米的小白芽，叶子还在子叶和种皮中包着。我奇怪：为什么 A 盆长得最好呢？我知道万物生长离不开阳光，植物有光，才能更好地生长，应该是 C 盆长得最快、最好呀！我带着这个疑问继续观察下去。

5 月 19 日

A 盆今天的叶子有小拇指指甲盖的一半大小了，叶子黄黄的，茎白白的，嫩嫩的，细细的，直直的，约有 4 厘米长。B 盆的叶子也有小拇指指甲盖的一半大小了，叶子嫩绿但是微黄，茎是嫩绿的，带着白色，比 A 盆的茎粗些。出土后的茎到子叶部分的茎略微有些紫色，茎叶都朝向小孔。C 盆最矮，最粗壮，茎的直径 0.2 厘米粗，约有 1 厘米高，茎叶绿色，朝向窗户。

5 月 20 日

A 盆的豆苗直径约 0.1 厘米，有 9 厘米高，又直又细，若不是纸盒壁支撑，肯定会倒下来，长得很快，叶子金黄。B 盆所有的茎叶都集中向了小孔，有一只长得快的从孔中伸出，伸出的豆苗比在盒中的要绿，其他的绿中泛黄，出土部分到子叶处的茎紫色加重，子叶上部的茎为嫩绿，茎约有 8 厘米长。C 盆豆苗的茎约为 4.5 厘米高，直径约为 0.25 厘米，又矮又壮，墨绿墨绿的，茎叶都朝向窗户。

5 月 21 日

A 盆白白的茎太细了，身高太长了，足有 18 厘米长。已经支撑不住长出的小黄叶子了。有 2 根茎已经折了，我发现白白的茎内是空心的。B

盆比 A 盆稍粗些，叶子嫩绿，茎、叶朝向小孔，约 10 厘米。C 盆茎约 5 厘米长，直径约 0.25 厘米，出土到子叶部分的茎是紫色的，很粗壮，叶子有中指盖大小，绿绿的。

……

通过观察，我明白了：

1. 豆苗的茎叶有向光性的特点。

2. 豆苗没有阳光也能生长，只是长得水嫩，不能茁壮成长。

3. 豆苗经过阳光的照射才能够长得茁壮，明白了"万物生长靠太阳"的真正意义。

为期一周多的观察试验结束了，我的操作成绩是优秀。但是萦绕在我脑海里的一个问题始终没有解决。为什么避光状态下的 A 盆豆苗长得比稍微着光的 B 盆、完全着光的 C 盆成长得快？而且长得高那么多？是什么原因使它长得那么快呢？是避光时水分多，温暖？我重新做试验。方法稍微进行改变：我给 B 盆、C 盆多浇些水，又给他们在外边罩了个大塑料袋，来保温。但是一个星期下来还是没有长过 A 盆。我问爸爸、妈妈，问老师都没有得到满意的答案。还是自己解决吧。通过查阅大量书籍我明白了：在植物体内有一种叫生长素的物质，它具有两个特点：(1)背光。即一遇到光线照射就会跑到背光的一面去。如：太阳东升，向日葵的生长素就跑到背光的花盘里去了。植物的幼苗总是向太阳"鞠躬"即向阳光的方向弯曲也是由于植物生长素的作用引起的。(2)能够刺激细胞分裂，加快生长繁殖。全避光的情况下，植物的生长素不断地刺激植物细胞分裂、生长，所以 A 盆会比 B 盆、C 盆长得快得多。

我找出了避光情况下植物生长得快的秘密，领略到了自然界植物的无限奇妙，体验到了生命科学研究的无限乐趣。

参考文献：林崇德主编：《中国少年儿童百科全书》，杭州：浙江教育出版社，1998

069

关于蒜黄的研究

西中街小学　六(3)班　辛宇轩

小汤山现代农业园的社会实践活动让我既掌握了知识又提高了能力。我利用课上所学的无土栽培技术进行了一次真正的科学研究。

"五一"劳动节到了，妈妈买的蒜黄，还没来得及吃，我们全家就外出游玩了。

"妈妈，白白的蒜黄杆，金黄金黄的条形叶子，为什么变成了黄绿色了呢？"我好奇地问。

小学篇

"老了，蔫了呗!"妈妈看了看，漫不经心地顺嘴说着。

我很奇怪："变老变黄也应该是土黄或枯萎的黄色呀! 怎么会变成这么新鲜的黄绿色呢?"

妈妈回答不上来了。我查了许多资料，可也没查到。

开学了，科学课上老师让我们观察《幼苗与阳光》的实验。我问老师这个问题，老师没告诉我答案，只是说按实验要求观察后就知道了。这跟蒜黄有什么关系呢? 因为我急切地想知道原因，所以我认认真真地按老师要求种植，结果是这样的:

A盒用纸盒罩住，完全避光:绿豆苗长得又细又高，茎白白的，叶子金黄金黄的，嫩嫩的，弱不禁风。

B盒在纸盒右面挖了一个直径为 3cm 的小孔(孔朝窗户):豆苗的叶子又嫩又绿，茎和叶都朝向孔生长，比 A 矮些，茎叶比 A 稍粗大些。

C盒完全露出，无遮光物:叶子长得绿绿的，矮矮的，又粗又壮，茎和叶都朝向窗户生长。

过了几天，好朋友韩嘉伦来到我家，揭开了罩住 A 盒的纸盒。

他惊奇道:"呀! 辛宇轩，你种的不像豆苗，像蒜黄呀! 怎么这个颜色呀? 哈哈……"

"我按照老师要求做的……"

一句话提醒了我，"蒜黄?"对了! 着光的豆苗叶是绿色的，避光的是黄色的。推理得出，着光长出的是绿色蒜苗，避光长出是黄色蒜苗。怪不得蒜黄会变绿! 我根据自己的猜想去试验:

A盒蒜放入盘中，盘底放水，用纸盒罩住，完全避光:蒜苗又细又高，叶子金黄金黄的，杆儿白白的，是我们吃的蒜黄。

B盒蒜放入盘中，盘底放水，完全露出，无遮光物:蒜苗又粗又壮，叶绿色的，是我们吃的蒜苗。(相对于 A 盆的茎叶)

我会种蒜黄和蒜苗了! 知道蒜黄是大蒜在避光的环境下生长出来的。如果着了光，叶子就会变成黄绿色。蒜苗是大蒜在着光的环境下生长的。

为什么会这样呢? 其中有什么科学道理呢? 通过大量查找资料，我知道了绿色植物中含有大量的叶绿素。叶绿素不是地地道道的绿色。平常，大自然里的叶绿素不是个单纯的化合物，而是有两种不同的叶绿素——叶绿素 A 和叶绿素 B 混合组成的。正像你画画时把蓝色与黄色的颜料混在一起就成了绿色。叶绿素 A 和叶绿素 B 相混变成了地地道道的绿色了。在着光的环境下，叶子的叶绿素就逐渐变多啦。如果你仔细观察，就会发现:叶上面的颜色比叶下面要深，就是因为叶上表皮比叶下表皮着光多，叶绿素多的缘故。新生的叶子里叶绿素很少，甚至像窗户纸一样苍白。在叶子里除了含有叶绿素外，还含有黄色的叶黄素。平时，因为叶子的叶绿素非常浓，把叶黄素的黄色遮住了，所以叶子是绿色的。秋天到了，温度降低，叶绿素渐渐被破坏，叶黄素崭露头角，叶子也由绿变黄了。部分叶子里含有花青素，所以是红色的。

您看，我是不是成为一个小科学家了呢？

参考文献：林崇德主编：《中国少年儿童百科全书》，杭州：浙江教育出版社，1998

记孔庙中的"十三经刻石"

设计教师：东城区史家胡同小学分校　刘鹤雯
指导教师：东城区教师研修中心　张雪梅

教师指导学生活动的设计

（一）整体活动简介

1. 教学背景分析

中国书法历史悠久，博大精深，是中华民族特有的艺术形式，以往的书法教学只是在课堂中进行，书法经验都是间接的，在我们身边的许多书法教育资源被我们忽视。本次专题研究就是把学习的场景设置在北京孔庙中，以孔庙中的"十三经碑林"为学习资源，组织和指导学生对孔庙中189块石碑进行深入研究。

2. 指导思想与理论依据

在"研究性学习"实施指南中指出：研究性学习是学生在教师指导下，从自然、社会和生活中选择和确定专题进行研究，并在研究过程中主动地获取知识、应用知识和解决问题的学习活动。

本着这个原则，我们将书法课中的研究性学习与专题研究相结合。我们想通过专题研究的汇报形式体现学生在研究活动中的综合能力。我把本次研究分为三个环节：实地考察后提出研究问题——收集信息解决问题——整理信息汇报交流。

我们在这个地方做专题研究，前后研究了一个多月。我们曾7次进入碑林实地考察，在孔庙周边对游客做随机采访，对调查研究进行科学分析，我们也在网上、图书馆查阅大量资料，写出了大量的研究日记，撰写研究报告，编写《十三经》小报，设计书签。做了大量的研究性学习工作。为本节汇报课，做了充分的准备。

3. 本课在这次研究性学习中的位置和作用

这节专题研究课，属于"专研课"中汇报交流部分。本节课是建立在学生课前通过多种形式进行资料收集，分组探究的基础上，最后通过撰写结题报告开展的汇报交流活动，既有对孔庙中《十三经》进一步探究主题的总结又有信息交流的内容。通过本次汇报交流体现出学生们能够主动进行探究活动，孩子们各方面综合能力得到体现，养成会思考的习惯，培养各种综合能力。通过深入的研究学习，我们专题小组，对碑林有了自己的感悟，这堂课就是一节对于我们研究成果的汇报课。

(二)学生活动方案

第一组："刻石的文化内涵以及历史价值"研究小组

1. 大家呈弧形围着事先贴好的展版，介绍研究内容

(1)展示研究过程中的照片(顺序：封面、研究日记、资料、照片、调查问卷、统计图、小报)

(2)参观次数

(3)调查问卷、统计图

(4)自己制作的小报

学生总结：我们通过上网、图书馆查阅资料这两个途径搜集了一些资料。通过这些资料我们了解到《十三经》包括《易》、《诗》、《书》、《礼》、《春秋》、《左传》、《公羊传》、《谷梁传》、《礼记》、《孝经》、《论语》、《孟子》、《尔雅》十三部古代经典。我们在研究过程中得知，"十三经刻石"是翰林学士们精心校验的，此石刻后来定名为《乾隆石经》。全部石经共刻石碑189块，加上"御制"碑文一块，一共是190块石碑，共63万多字。它规模宏大，令世人惊叹，为中国历史之最，是祖国文化艺术宝库中的瑰宝。

现在我们组邀请大家一起跟我们进去，再次亲身感受这石经的魅力。

2. 学生：(导游式)请大家先往左边看，这块石碑是乾隆御笔亲书的字，叫大决碑。前面的189块石碑刻的是《十三经》内容。

石碑上都有编号，呈S形排列。

1～10块是《孟子》，15～19块是《论语》，43～102块是《左传》，103～130块是《礼记》，163～175块是《诗经》，176～188块是《尚书》。

第二组："蒋衡与十三经"研究小组(在蒋衡像前)

师：走完这悠长的石碑道，看完这些石碑，我们有什么感受？这是中

国历史之最，是祖国文化艺术宝库中的瑰宝。它最让世人叹为观止的是这里的 63 万字底稿都是一人写的，你知道是谁吗？

生：是清代著名书法家蒋衡一人手书。

师：咱们班有一个小组专门研究"蒋衡与十三经"，下面请他们组给大家讲讲。

生：介绍小组成员、研究方法。

生：蒋衡是清代著名书法家，他自小刻苦练习书法，临摹碑帖 300 多种。当他在西安观赏碑林时，发现唐代《开成石经》工匠雕刻的字迹有大有小，混乱不齐，于是决心重写《十三经》。雍正四年，乾隆授予他英山教谕。他为书写成《十三经》，不去赴任，专心写书，蒋衡花费 12 年，共写楷书 63 多万字，终于大功告成。读到这段资料，我们不由得被他持之以恒，为了经典和书法艺术流传下去的执着精神感动。因此，我们组排演了一个短剧，请大家欣赏！我先介绍一下演员：蒋衡由陈钰鑫饰演，乾隆由刘家伟饰演，高斌由梁昭逸饰演，传令官由刘鑫达饰演。

生：展演历史小话剧：《蒋衡与十三经》(身穿历史人物的服装)

生总结：因为古代科技水平不发达，不可能像我们现在这样用数码相机把创作在纸上的书画作品拍摄下来长久地保存，但是古人又十分希望这些经典能够流传千古，于是就想到将经典著作篆刻在万古不化的石碑上的方法。

第三组："蒋衡的书法艺术风格"研究小组（进入碑林）

(1)研究小组汇报

生：我们也想把《十三经》作为学习的范本，但在书店，图书馆都找不到相关的拓片，我们就效仿古人的做法，站在碑前学习。我们曾多次来到这里亲身体会蒋衡书法艺术的风格。

生：(导游式)刚才我们观看蒋衡手书底稿刻在石碑上的文字，你们是否感受到这 63 万字端庄、秀美，清秀典雅，取法传统、运笔精到有着独特的艺术风格呢？

生：现在我们组邀请大家跟我们一起再次亲身感受一下这些文字的艺术特点。请大家走进碑林，仔细欣赏这些文字。

(2)师生现场书写

生：我们带着崇敬的心情再次走过这些碑刻，感受蒋衡的书法。我们研究小组的同学们曾十几次站在碑前，观察学习，有了自己的一些体会，今天我们现场就写给大家看。

1)展示学生临写的碑林内容。

2)书写《论语》中相关的语句。

①学而不厌，诲人不倦；②温故知新；③言而有信；④不耻下问；⑤见贤思齐；⑥里仁为美；⑦笃信好学。

3）在实际生活物品上书写作品。

4）赠送小礼物。

（3）总结

师：同学们，身处碑林之间，我们既收获了知识，也获得了情感的熏陶。我想通过这一段时间的学习与研究，我们真切地感受到古圣先贤的智慧，他们对于书法的热爱和为艺术献身的精神，这些让我们备受感动。

师：蒋衡书法的艺术风格现在还没有人做系统的研究，我想这正是我们的职责。我们这些同学长大后，一定有人做这方面的专门研究，整理出详实的资料，留给我们的后代子孙。我们有责任尽我们的所能把我国优秀的文化，一代代传承下去，这是我们肩负的历史重任。

（三）主题实践活动内容的确定选择（师生共同选题）

本课把学习的场景设置在北京孔庙中，以北京孔庙中丰富的"十三经刻石"资源为题，组织和指导学生对北京孔庙中189块石碑作为研究的对象。

研究之初，我校研究小组来到了孔庙，实地考察孔庙的资源，构思着如何确定书法拓展课讲授的内容。实地走完孔庙的每一处建筑，我和学生们一下子就被大成殿中众多帝王书写的匾额所吸引，兴奋之余，决定把大成殿中的匾额作为我们这次调研的课题，来研究十三位帝王的手书和匾额背后的历史。经过3天师生共同的深入研究多方查找资料，我们吃惊的发现研究帝王书法目前仍是空白，而学生在研究中，也收集不到资料。怎么办？我带领学生再次去孔庙，重新定位，在很紧的时间里，又转移了研究方向，改为孔庙中的"十三经刻石"。经过一个星期的收集资料，大家感到已经可以进入深入研究的阶段，在研究的过程中学生根据自己的特点，分了三个小组，进行专门的深入研究。

此次研究历时三周，在研究过程中，我与学生一起，多次去孔庙。做采访，进行问卷调查，观看碑林，记每块石碑的经文内容，欣赏书法艺术风格……由于多次的进出，以致孔庙里的工作人员都对我们很熟了，每次都亲切地与我们打招呼给予我们需要的帮助。我们也确实从她们热情的讲解中，学到很多东西，学习了很多实地研究的好方法。我们在碑林里一次次地穿行，每一次，都有不同的收获，不同的体会。

在这多次的研究过程中，师生共同的教案设计的内容也渐渐清晰明确了。我们把此次社会大课堂的报告确定为三部分：

第一部分是调研汇报。汇报我们学习研究的成果，并发给来宾小报，小报的内容是学生们经过深入研究后自己设计出了关于《十三经》的知识。

第二部分是学生根据研究资料，合作写出了剧本《蒋衡与十三经》，自己制作道具，准备服装，编排历史剧，准备展演。

第三部分学生现场展示条幅，内容是《论语》中经典的语句，送给来宾，并展示学生书写的文化衫，同时还送给来宾，学生们自制的书签。

(四)学生分组、个体研究情况

1. 小组成员及具体分工

[第一小组]

组长：许家栋　小组其他成员：许燕宁梅、邓程扬、方子今、赵怡雯

主要负责填写课题活动记录，进行资料夹的整理和存档，查找资料，活动主持。

[第二小组]

组长：钟天　小组其他成员：王留林、舒欣、周东禹、高林、宣文

主要负责召集组员活动，协助组长收集研究资料，查找资料，编排历史剧本《蒋衡与十三经》。

[第三小组]

组长：齐易衡　小组其他成员：张含宇、程功、陆彤、王蔓、张子燕

主要负责摄像、照相，查找资料，活动策划。

2. 小组研究内容

(1)进一步了解"十三经刻石"的相关知识；了解"十三经刻石"的历史地位；

(2)深入理解"十三经刻石"的内容，深入了解清朝著名书法家蒋衡以及书法的艺术价值；

(3)研究"十三经刻石"的艺术风格；

(4)临摹《十三经》的碑文内容，创作书写《论语》中相关的语句，在实际生活物品上书写作品。

3. 呈现方式

(1)研究全过程的文字资料夹和影像资料；

(2)以研究小组为单位，通过展示研究资料、进入碑林体会、讲解、展演历史小话剧、现场书写等活动形式汇报展示研究成果。

学生活动报告

(一)研究报告

一、研究背景

中国书法历史悠久，博大精深，不仅是我国民族文化遗产中一颗灿烂的明珠，也是世界艺苑中一朵独放异彩的奇葩，在世界艺术之林中占有独特地位。

以往的书法学习只是在课堂中进行，书法经验都是间接的。在我们身边有许多书法教育资源被我们忽视，此次我们十三经刻石专题研究小组，就是利用身边的资源进行学习，与老师们共同研究。此次研究的"十三经刻石"在孔庙西侧的夹道中，1956 年修缮国子监时转移到北京孔庙国子监之间夹道内，现完善保存于此。1988 年北京孔庙和《乾隆石经》被列为国家重点保护文物后又对《一三经》碑林进行了大规模的修缮整理，并新建了一座《十三经》碑林总说明卧碑。碑文刻石是经翰林学士们依照善本经书精心校验，此石刻碑成名后定名《乾隆石经》。全部石经共刻石碑 189 块，加上"御制"文碑一块，一共是 190 块石碑。石碑刻成以后立于北京国子监作为监生们标准范本，又颁行各省。蒋衡底书"十三经刻石"规模宏大，书法公正，堪称书坛一绝，令世人惊叹，为中国历史之最，是祖国文化艺术宝库中的瑰宝。我们正是看到了这部刻石的历史与艺术的价值，进行研究活动。在碑林中学习，面对古圣先贤的优秀文化遗产，零距离的感受书法的魅力。我们有些兴奋。

二、书法学科学习的现状

我们平时上的书法课只是停留在课堂上，看资料，看光盘，看书籍，这些都是间接的。在我们身边有许多书法教育资源，没有开发和利用。我们感觉很可惜，这次在孔庙中实地学习，我们感到很生动。

三、开展书法实践活动的具体做法

研究之初，我们在老师的带领下，来到了孔庙，实地考察孔庙的资源。实地走完孔庙的每一处建筑，我们和老师一下子就被大成殿中众多帝王书写的匾额所吸引，兴奋之余，决定把大成殿中的匾额作为我们这次调研的课题，来研究十三位帝王的手书和匾额背后的历史。经过 3 天师生共同的深入研究多方查找资料，我们吃惊的发现研究帝王书法目前仍属于一项空白，而我们在研究中，也收集不到资料。怎么办？老师和我们再次去孔庙，重新定位，并与其他三位老师商量后，在很紧的时间里，又转移了研究方向，改为孔庙中的"十三经刻石"。经过一个星期的收集资料，大家感到已经可以进入深入研究的阶段，在研究的过程中我们根据自己的特点，分了三个小组，进行深入研究：

一组：主要负责填写课题活动记录，进究资料夹的整理和存档，查找资料，活动主持。

二组：主要负责召集组员活动，协助组长收集研究资料，查找资料。

三组：主要负责摄像、照相，查找资料，活动策划。主要负责协助整理、收集影像资料，查找资料。

在研究的过程中，我们多次去孔庙，做采访，问卷调查，看碑林，记每块石碑的经文内容，欣赏书艺术风格……由于多次的进出，孔庙里的工作人员都我们很熟了，每次都亲切地与我们打招呼。我们也确实从她们热情的讲解中，学到很多东西，学习了很多实地研究的好方法。我们在碑林里一次次地穿行，每一次，都有不同的收获，不同的体会。

在这多次的研究过程中，我们确定我们的汇报为三部分：

第一部分是调研汇报。汇报我们学习研究的成果，并发给来宾小报，小报的内容是学生们经过深入研究后自己设计出了关于《十三经》的知识。

第二部分是自己根据研究资料，写出了剧本《蒋衡与十三经》，准备展演一个小话剧。

第三部分是我们现场展示条幅，内容是论语中经典的语句，送给来宾，并展示我们书写的文化衫，同时还送给来宾我们自制的书签。

经过一段时间的学习，我们通过自己的研究，写出了研究日记、整理出了详实的资料、拍了大量的照片、设计了调查问卷、做出了科学的统计图、还制作了关于《十三经刻石》的小报。

从实践的过程中可以看出：我们平时对于观察范字并不陌生，但是在学校里进行是碑帖的学习，很少有机会能够进行实地的考察，所以真实的科学考察对于我们来说是模糊的，没有形成完整体验。从我们自己学习感受来看，从没有头绪的进入碑林，到理性深入地观察，体验，感受学习，认识研究文字，有了很大的提高。

四、开展书法学科实践活动的成果

通过这次综合实践课程的开发，我们真实地感到：

1. 获得亲身参与研究的体验

我们通过参与"十三经刻石"内容、来历、特点、书写风格的研究学习活动，获得亲身体验，逐步形成关于质疑、乐于探究、勤于动手、努力求知的积极态度，产生积极情感，激发他们探索、创新的欲望。我们平时的书法学习总是看资料上的碑帖，当我们站在碑林中间，真实的感受碑帖的博大与精深，我们都被震撼了。

2. 培养发现问题和解决问题的能力

我们通常围绕一个"十三经刻石"的内涵、历史价值、与书法艺术价值这一个中心问题展开，在学习的过程中，我们自主地发现和提出问题，设计解决问题的方案，收集和分析资料，调查研究，得出结论并进行成果交流活动，学习和掌握一些科学的研究方法。

3. 培养收集、分析和利用信息的能力

在书法学科综合实践活动中，我们学会利用多种有效的手段、通过多种有效途径获取信息，学会整理与归纳信息，并恰当地利用信息，以培养收集、分析和利用信息的能力。

4. 学会合作

在书法学科综合实践活动中，我们的合作意识和能力，研究性学习的开展创设有利于人际沟通与合作的教育环境，我们学会交流和分离研究的信息、创意及成果，发展乐于合作的团队精神。

5. 培养科学研究的态度

在书法学科综合实践活动中，我们学会了认真、踏实地探究，实事求是地获得结论，尊重他人想法和成果，养成严谨、求实的科学态度和不断追求的进取精神，磨练不怕吃苦、克服困难的意志品质。

我们觉得，最大的收获是感受到了什么是书法研究，我们能效仿古人的观碑学字，真正地做到了实处，真正的学会了读古人的文字，感受古文字的信息。

我们还学会了调查研究的方法，学会了写小剧本，排演课本剧，还尝试了趴在地上写毛笔字，感受在文化衫上书写，还会自己制作小书签。我们都没有意识到自己还有这么大的潜力，为此兴奋了好长时间。

（二）调查报告

关于"十三经刻石"的调查报告

小组成员　许　燕　宁　梅　邓程扬　方子今　赵怡雯

　　　　王留林　舒　欣　周东禹　钟　天

指导老师：刘鹤雯

一、问题背景

北京孔庙中的"十三经刻石"对于我们在北京生活的人来说并不陌生，但我们真正了解它吗？他的历史价值，他的艺术价值，它背后不为人知的感人故事都有待我们去探究。我们研究性学习小组将围绕"十三经刻石"这一主题，作一次调查。

二、研究目的

1. 通过这一课题研究，使大家加深对孔庙中的"十三经刻石"的了解。

2. 提高小组成员的动手能力，以团结、协作、共同努力的精神来完成每个分工任务。

3. 让小组成员体会到用劳动所灌溉的果实的甜美。

三、研究过程

1. 设计调查问卷表，进行打印，全组成员发放来孔庙参观的游人进行调查，最后回收问卷。

2. 上网或去图书馆查阅相关资料，进行有关资料查找，记下重点资料内容，整理成文。

3. 采访一些同学，谈对孔庙中的"十三经刻石"看法等。

4. 总结成果，写出论文。

四、调查问卷内容

"十三经刻石"小组调查问卷

一、《十三经》是谁写的？

A. 高斌（ ） B. 乾隆（ ） C. 蒋衡（ ） D. 孔子（ ）

二、请写出《十三经》中的三个《经》。

_____ _____ _____

三、《十三经》大约有多少字？

A. 72 万（ ） B. 60 万（ ） C. 68 万（ ） D. 63 万（ ）

四、《十三经》大理石碑林共多少块碑？

A. 190 块（ ） B. 200 块（ ） C. 195 块（ ）

D. 186 块（ ） E. 189 块（ ） F. 192 块（ ）

五、《十三经》作者用几年完成了《十三经》？

A. 8 年（ ） B. 10 年（ ） C. 12 年（ ） D. 15 年（ ）

五、调查结果分析

一、正确答案：蒋衡。

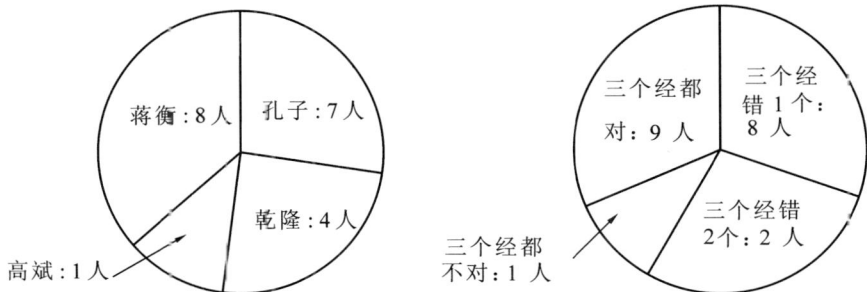

二、正确答案：《易》、《书》、《诗》、《周礼》、《仪礼》、《礼记》、《春秋左传》、《春秋公羊传》、《春秋谷梁传》、《论语》、《孝经》、《尔雅》、《孟子》。

三、正确答案：63 万

68万：8人　72万：7人
63万：4人
60万：2人

200块：1人
195块：1人
189块：3人
190块：11人
192块：2人
186块：2人

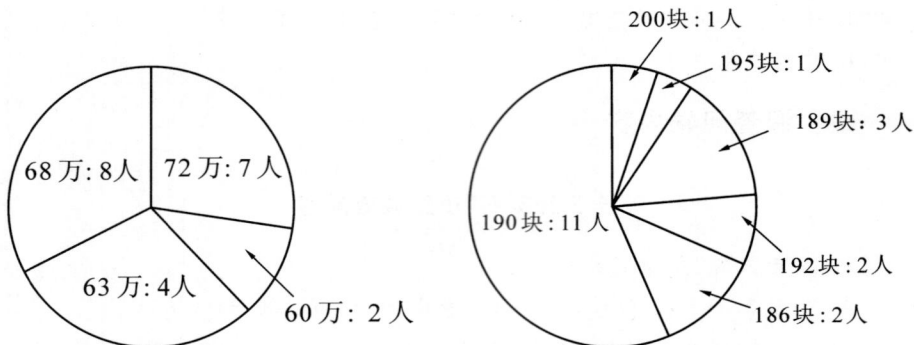

四、正确答案：190块。

五、正确答案：12年。

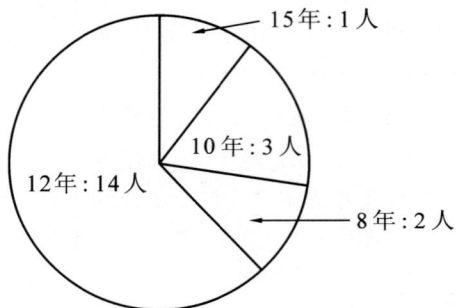

15年：1人
10年：3人
12年：14人
8年：2人

六、总结

综上所述，从参观随机采访的人群中，我们感到了解"十三经刻石"的人并不是很多，大家仍然需要多多的看，多去听讲解，这样才能更好地掌握一些历史知识，了解《十三经》背后，不为人知的一些故事。这样能更深刻地读懂《十三经》，读懂蒋衡这个伟大的书法家，更好地理解他的书法艺术。这也正是我们这次调查的真正目的。

七、体会

终于完成调查报告了，可以说是苦尽甘来，这一个个的汉字，是大家的心血，是大家劳动的结晶。看着大家辛辛苦苦完成的调查报告，心中的喜悦与激动难以平复。

在这次研究活动中，大家团结协作，共同努力完成了一个个分工任务，虽然遇到不少的困难，但最终我们还是一一克服，完成了报告。我们的毅力得到了锻炼，这次活动令我们受益匪浅，感悟良多。

(三)学生的感受和体会

通过这次综合实践课程的开发，利用社会资源能更好地开发出学生们的各项潜能，学生们的各种综合能力在研究活动中得到了提高。学生们有了自己的体会，在课后总结中写下了自己的感受。

许家栋：这次活动我收获特别的多，我特别高兴参加了这次活动，我没想到，书法有这么大的魅力，感受到了中国文化的博大与精深，我要好好地学习这一传统艺术。

钟天：这次活动使我的能力得到了提高，这次综合实践课还增长了我的知识，敢于在别人面前讲话。

齐易衡：我们《十三经》书法艺术风格研究小组，开始设想把"十三经刻石"作为学习的范本，我们在书店，图书馆都找不到相关的拓片，同学们就效仿古人的做法，站在碑前学习。我们也曾多次来到这里亲身体会蒋衡书法艺术的风格。我看到蒋衡的艺术风格到现在还没有人做专门的研究，还是个空白，我想，这正是我们肩负的责任。我想以后我来做这方面的专门的研究，整理出详实的资料，留给我们的后代子孙。

(四)其他(手抄报、小论文等)

十三经产生年代的概述

以前的书籍没有流传下来，到了春秋时期，孔子开始将一些古代书籍拿来教授学生，于是古代书籍开始流传。孔子当时教授的书籍主要是距今三千年前的周朝到孔子那个时代流传了几百年的著作。

孔子以前的书籍流传到今天的只有四部，这四部书加上孔子自己编写的《春秋》在汉代设立了学馆开始教授学生，称"五经"。这四部书是中国最古的书，时间可以追溯到距今三千年前的周朝。这四部书原名《诗》、《书》、《礼》、《易》。现在如果你去图书馆找会发现它们已经改名为《诗经》、《尚书》、《仪礼》和《周易》。

孔子教学生又流传到今天的我们可以看见的四本当年孔子的学生用过的课本是：

1.《尚书》：现存中国最早的历史文献集。

2.《周易》：现存中国最早的一部哲学著作，相传为周文王在监狱所作。

3.《诗经》：现存中国最早的一部诗集，感谢孔子，给我们留下了最早的一部文学作品集。

4.《仪礼》：研究中国古代礼仪的著作。

（注：孔子教学生的课本本来有六本，到了今天失传了两本，《乐》据说是被秦始皇焚书时焚没了，有人认为《礼记》中第 19 篇的《乐记》可能是《乐》中的部分残稿，《春秋》在汉朝时还是学院里的课本，但现在也失传了，其文字则散见于《左传》《公羊传》《谷梁传》这三部书中。）

宋朝时加入了孔子之后到西汉的另外九部书籍，合称《十三经》，新增加的九部书籍有：

1.《论语》：春秋时孔子弟子对孔子的语录笔记。

2.《孝经》：西汉在孔壁中发现的藏书，可能为春秋时孔子或其弟子曾子所作。

3.《孟子》：战国时儒家学者孟子的著作。

4.《左传》：可能是春秋末左丘明所作，但也有人认为是战国初的作品。

5.《公羊传》：作者旧题是战国时齐人公羊高，他受学于孔子弟子子夏，后来成为传《春秋》的三大家之一。

6.《谷梁传》：其作者相传是子夏的弟子，战国时鲁人谷梁赤。起初也为口头传授，至西汉时才成书传。

7.《周礼》：该书原名《周官》，西汉时在民间发现，创作年代大多数学者认为可能在战国时期。

8.《礼记》：西汉的两位学者礼学家戴德和他的侄子戴圣编辑的战国至秦汉年间儒家学者解释说明经书《仪礼》的文章选集。

9.《尔雅》：战国到西汉的学者编写的一本可以用来学习儒家经典的词典，《尔雅》全书收词语 4300 多个。

（注：十三经中没有《春秋》这部书。现在的《春秋》已经失传了，其文字则散见于《左传》《公羊传》《谷梁传》这三部书中。该书最初原文仅 18000 多字，现存版本则只有 16000 多字。）

传承中华文化——《十三经》

《十三经》是儒家文化的基本著作，就传统观念而言，《易》《诗》《书》《礼》《春秋》谓之"经"，《左传》《公羊传》《谷梁传》属于《春秋经》之"传"，《礼记》《孝经》《论语》《孟子》均为"记"，《尔雅》则是汉代经师的训诂之作。这十三种文献，当以"经"的地位最高，"传""记"次之，《尔雅》又次之。

十三种儒家文献取得"经"的地位，经过了一个相当长的时期。在汉代，以《易》《诗》《书》《礼》《春秋》为"五经"，官方颇为重视，立于学官。唐代有"九经"，也立于学官，并用以取士。所谓"九经"，《孟子》首次跻入诸经之列。南宋硕儒朱熹以《礼记》中的《大学》《中庸》与《论语》《孟子》并列，形成了今天人们所熟知的"四书"，并为官方所认可，《孟子》正式成为"经"。至此，儒家的十三部文献确立了它的经典地位。清乾隆时期，镌刻《十三经》经文于石，阮元又合刻《十三经注疏》，从此，"十三经"之称及其在儒学典籍中的尊崇地位更加深入人心。《十三经》的内容极为宽博，《周易》是占卜之书，其外层神秘，而内蕴的哲理至深至弘。《尚书》是上古历史文件汇编，主要内容为君王的文告和君臣谈话记录。《诗经》是西周初至春秋中期的诗歌集，内分"风"、"雅"、"颂"三部分，"风"为土风歌谣，"雅"为西周王畿的正声雅乐。"颂"为上层社会宗庙祭祀的舞曲歌辞。《周礼》主要汇集周王室官制和战国时期各国制度。《仪礼》主要记载春秋战国时代的礼制。《礼记》是秦汉以前有关各种礼仪的论著汇编。《春秋》三传是围绕《春秋》经形成的著作，《左传》重在史事的陈述，《公羊传》《谷梁传》重在论议。《论语》是孔子及其门徒的言行录。《孝经》为论述封建孝道的专著。《孟子》专载孟子的言论、思想和行迹。《尔雅》训解词义，诠释名物，经学家多据以解经。

儒家文化在封建时代居于主导地位，《十三经》作为儒家文化的经典，其地位之尊崇，影响之深广，是其他任何典籍所无法比拟的。最高统治者不但从中寻找治国平天下的方针大计，而且对臣民思想的规范、伦理道德的确立、民风民俗的导向，无一不依从儒家经典。儒家经典施于社会的影响无时不在，无处不在。了解和研究中国封建社会的方方面面，不能不阅读《十三经》。

自来水与我们的生活

设计教师：北京景山学校　张　娜
指导教师：东城区教师研修中心　张　磊

教师指导学生活动的设计

086

（一）整体活动简介

综合实践活动强调学生从自身生活和社会生活中发现问题，学习运用问题解决的科学方法，经历多样的活动方式和实践过程。

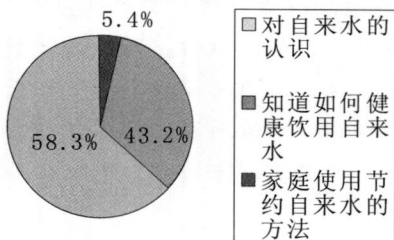

图表：
- 5.4%
- 58.3%
- 43.2%
- 对自来水的认识
- 知道如何健康饮用自来水
- 家庭使用节约自来水的方法

2010 年 3 月，在全校学生拿出自己平时积攒下来的零用钱，积极为南方五省市遭遇旱灾捐款，为我国水资源严重缺乏而心急如焚的同时，学校却接到了2009 年因为用水量超标，被罚款几千元的罚款单。这两种现象的前后出现，引起了同学们的热烈讨论，通过问卷调查我发现，学生虽然对自来水历史性、知识性等方面的问题，知道的很少，但是感兴趣的内容、想研究课题很多，如：什么时候有的自来水？没有自来水以前，老百姓是怎么取水的？我们为什么不能拧开水龙头直接喝自来水呢？生活中有哪些节约自来水的小窍门等等。就这样，综合实践活动"自来水与我们的生活"分为三个阶段开始了。

第一个阶段为校内研究性学习，同学们们根据自己感兴趣的、相近的研究内容，自由组成了三个研究小组，分别是自来水小博士组、自来水小护士组、自来水小卫士组。在组长的带领下，以小组为单位，利用相关书籍，如《北京之水》、《节水教育读本》一书，还有到计算机教室进行网络学习，搜

集、整理、保存相关的课题资料，学生储备了一定的关于自来水方面的知识。

第二个阶段校外社会实践，学生们分别来到了北京自来水博物馆和北京节水展馆两个社会大课堂资源单位开展社会实践活动。各小组带着自己的研究课题，或是在第一阶段研究时遇到的问题，在亲身实践体验的过程中去解决问题。

第三个阶段汇报交流，学生们以小组为单位分别以不同的形式，进行了汇报交流，展示了第一阶段和第二阶段的学习研究成果。

(二)学生活动方案

阶段	时间	活动地点	活动方式	主要活动内容	指导者
第一阶段	一周	校内	研究性学习 问卷调查 网络学习 综合实践课展示汇报	1. 填写自来水的调查问卷； 2. 根据感兴趣的内容成立研究小组，明确分工，制定活动方案	学校教师
第二阶段	四周	自来水博物馆	社会大课堂资源单位社会实践：参观、听讲解员介绍、记录学习资料	了解自来水的百年发展历程	自来水博物馆工作人员 学校教师
		北京节水展馆	社会大课堂资源单位社会实践：参观、听讲解员介绍、咨询节水专家、记录学习资料、提问	知道生活中如何节约使用自来水	北京节水展馆工作人员 学校教师
		学校卫生室、科学实验室	以采访的形式，调查访问卫生教师和科学教师	掌握每天如何健康饮用自来水	卫生教师 科学教师

阶段	时间	活动地点	活动方式	主要活动内容	指导者
第三阶段	一周	校内	学生通过运用视频、图片、实验、数据对比的方法，进一步认识自来水与我们生活的密切联系	以小组汇报交流的形式，展示第三阶段的研究成果	学校教师

（三）主题实践活动内容的确定选择

1. 学生们提出自己感兴趣的问题

2. 教师指导学生梳理提出的问题

3. 确定课题研究组及明确研究课题

学生对自来水感兴趣的问题	成立课题小组
1. 什么时候有的自来水？ 2. 自来水是怎么进入到千家万户的？ 3. 今天自来水和过去相比有什么不同？ 4. 自来水生产过程是什么样的？ 5. 自来水为什么不能直接饮用？ 6. 自来水为什么不自来？	第一组：自来水小博士 研究自来水的百年发展历程 第二组：自来水小卫士 研究生活中的节约使用自来水的方式。 第三组：自来水小护士 研究如何健康饮用自来水。

（四）课题研究小组社会实践活动计划书

计划书一：

研究小组	自来水小博士	研究课题	自来水的百年发展历程
社会实践的场馆	北京市自来水博物馆		
社会实践的目的	通过参观北京自来水博物馆，真实的体验在书中和网络中学习到的知识和技能。		
社会实践的方法	参观，听讲解员介绍、记录资料。		
预设遇到的困难	1. 参观的安全问题 2. 参观过程中都有自己的课题研究，谁来照相？	解决困难的方法	邀请辅导教师共同参加社会实践活动，并帮助照相、摄像留资料。

课题成员	调查研究的问题	分工
石心怡（组长）	为什么会有自来水？什么时间有的自来水？背后发生了什么故事？	查找资料
胡慧泽		记录资料
李雨恬	没有自来水之前，老百姓是怎样取水的？	记录资料
盛安琪		采访讲解员
李苗苗	今天的自来水和过去相比发生了哪些变化？	查找资料
许 杰		采访讲解员
徐子寅		记录资料
沈 阳	自来水的生产过程是什么样的？	查找资料
黄洛森		记录资料
指导教师评语	参观的目的明确，调查研究的问题清楚，小组实践活动既有分工又有合作，整体计划详细可行。	

计划书二：

研究小组	自来水小卫士	研究课题	生活中节约使用自来水
社会实践的场馆	北京节水展馆		
社会实践的目的	在参观北京节水展馆的过程中体验多种节水方式，掌握生活中的节水小窍门，请专家指导小组设计的节水设计图。		
社会实践的方法	参观，听讲解员介绍、记录资料、提问，向专家咨询。		
预设遇到的困难	1. 北京节水展馆位于海淀区，离学校较远，路途安全问题。 2. 如何请到专家点评节水设计图和模型？	解决困难的方法	（1）让组内有车的家长开车前往。 （2）请指导教师从学校的角度帮助联系北京节水展馆的专家。
课题成员	调查研究的问题	分工	
霍文韬（组长）	生活中有哪些节水小窍门？	记录资料	
王心宇		记录资料	
李希文		记录资料	

曹　璐	带着节水设计图和模型制作请节水展馆的专家点评指导	听取专家点评意见
梁正炜		记录并修改
王晓迪		记录并修改
盛安琪		记录并修改
江　柠	日常生活中洗澡、洗手、冲厕所、做饭、洗衣服等一天要用多少自来水？	记录资料
尹玉峰		记录资料
宋　洋		照相
指导教师评语	能够带着问题、带着第一阶段的研究成果，到社会大课堂中学习实践，计划书目标明确，并能将遇到的问题，集思广益选择最佳的解决方法	

计划书三：

研究小组	自来水小护士	研究课题	健康饮用自来水
调查访问的地点	卫生室、科学教室		
调查访问的目的	通过采访卫生老师和科学老师，了解自来水中对人体有害的物质，掌握正确饮用自来水的方法		
调查访问的方法	采访卫生老师、科学老师，记录采访内容和实验报告		
预设遇到的困难	教师不接受采访	解决困难的方法	1. 在卫生课上提出问题 2. 提前将采访提纲给老师参考
课题成员	调查研究的问题		分　工
于梦希（组长）	自来水中的什么物质对人体有危害？我们怎样才能远离自来水中的有害物质？		负责联系卫生老师和科学老师
马泽湄			负责联系卫生老师和科学老师
王欣铭			负责撰写采访提纲

梁珊	用什么方法能测试出自来水中的有害物质？生活中我们应该怎么解决？一天中我们怎样饮用水才是健康的？	负责撰写采访提纲
何玮		负责采访时提问
王子君		负责采访时提问
林冰清		负责采访时提问
王寅圣		负责照相
指导教师评语	小护士组采访的内容准备比较充分，并且明确了每位组员的任务，希望除了访问的形式，还能够采取其他形式参与实践体验	

学生活动报告

（一）"自来水小博士"研究小组撰写的研究报告

研究小组	自来水小博士	
研究的课题	自来水的百年发展历程	
社会实践的目的	通过带着问题参观北京自来水博物馆，了解自来水的百年发展历程，懂得珍惜今天每一滴自来水的重要性	
社会实践的方法	参观，听讲解员介绍、记录	
时间	2010 年 4 月 14 日下午	
校内辅导教师	张老师	校外辅导教师	自来水博物馆工作人员、副组长李雨恬的姥爷
课题组长	石心怡	副组长	李雨恬
组员	胡慧泽、盛安琪、李苗苗、许杰、徐子寅、沈阳、黄浍森	
研究内容	研究成果	
为什么会有自来水？什么时间有的自来水？背后发生了什么故事？	因火得水。光绪三十四年(1908)，清政府成立了"京师自来水股份有限公司"，筹建了京城第一座水厂——东直门水厂。一百年前，由于清政府资金有限，于是就采取了集资入股的方式，这也成为了我国最早的股份制企业之一	

没有自来水之前，老百姓是怎样取水的？	水夫送水上门，他们包揽了整条街的商户和各家的生活用水，非常辛苦。他们售水方法很简单，有的按月计账，结算，或是买水牌子，送水人每送一担，就从各家收回一个水牌子
今天的自来水和过去相比发生了哪些变化？	今天，我们可以足不出户，拧开龙头就能流出自来水。北京自来水集团还成立了为"供水服务热线"，只要你拨通"66189955"供水服务热线电话，你所反映的自来水供水方面的问题，都能得到满意地答复

时间	水厂数量	供水管线长度
1908 年至 1949 年	北京仅有东直门 1 座水厂	364 公里
1949 年至 1999 年	北京有水厂 14 座	6042 公里
1999 年至今	北京有水厂 18 座	7065 公里

自来水的生产过程是什么样的？	基本原理：原水 —→ 加明矾 —→ 沉淀 —→ 过滤 —→ 加氯气
指导教师的评语	在自来水博物馆参观的过程中，小博士组的同学们很认真地听讲解员叔叔介绍，记录下子课题需要的内容，讲解结束后，能主动对不清楚的问题与讲解员进行交流，体现了较好的社会交往能力，受到了自来水工作人员的好评。

（二）"自来水小卫士"研究小组撰写的研究报告

研究小组	自来水小卫士
研究的课题	生活中节约使用自来水
社会实践的目的	在北京节水展馆体验多种节水方式，掌握生活中的节水小窍门，与专家面对面交流，现场点评指导小组的节水设计图
社会实践的方法	参观，听讲解员介绍、咨询节水专家、记录学习资料
时间	2010 年 4 月 23 日下午

校内辅导教师	张老师	校外辅导教师	北京节水展馆工作人员
课题组长	霍文韬	副组长	王心宇
组员	李希文、曹　璐、梁正炜、王晓迪、盛安琪、江　柠、尹玉峰、宋　洋		
研究内容	研究成果		
日常生活中洗澡、洗手、冲厕所、做饭、洗衣服等一天要用多少自来水？	<table><tr><td>项目</td><td>1.25升水瓶数量</td></tr><tr><td>做饭</td><td>36瓶</td></tr><tr><td>洗衣服</td><td>122瓶</td></tr><tr><td>洗澡</td><td>164瓶</td></tr><tr><td>总数</td><td>322瓶</td></tr></table>		
家庭节水小窍门	1. 用清洁碗筷的水冲厕所 2. 收集洗衣服的水擦地 3. 用脸盆接水洗手、洗脸		
校园节水设计图	两幅手绘设计图见后文"学生社会大课堂学习实践成果"		
指导教师的评语	学生能主动带着自己的节水设计图到节水展馆找相关的工作人员进行修改，说明参观前的准备工作做得非常充分。实践中，积极参与体验展馆中每一项节水活动，主动提出自己的问题，活动结束时，还将设计好的评价表让工作人员填写，表现出了同学们活动有始有终的好习惯		

（三）"自来水小护士"研究小组撰写的调查报告

研究小组	自来水小护士
研究的课题	健康饮用自来水
调查访问的目的	通过采访，进一步了解自来水，让我们的身体和水成为好朋友，能够健康成长
调查访问的方法	采访、学习自来水小实验
时间、地点	卫生课、科学课及其他在校学习期间

校内辅导教师	张老师	校外辅导教师	卫生凌老师 科学张老师
课题组长	于梦希	副组长	马泽湄
组员	王欣铭、梁珊、何玮、王子君、林冰清、王寅圣		
研究内容	研究成果		
自来水对人体有哪些危害？	在采访科学教师过程中学习的小实验：将测氯试剂滴入玻璃杯中，用勺子均匀搅拌，水变黄了，说明自来水中含有氯。氯的优点就是能帮助自来水消毒灭菌，控制自来水中的微生物，缺点就是对我们的身体是有危害的。晾水的好处能有效地把自来水中的氯挥发掉，这样就能够安全的使用了		
怎样饮用自来水或者水，才是健康的？	人体含水量占人体重量的65%。 健康饮水时间表 6：30起床后，先喝一杯（250mL）的水，补充水分的最佳时机，让人神清气爽。 8：45第一节课后，喝一杯（250mL）的水 10：30课间操结束后喝一杯（250mL）的水 13：00午餐半小时后，喝一杯（250mL）水，加强消化功能。 14：20下第五节课后，喝一杯（250mL）的水 15：40下第六节课后，放学回家前，喝一杯（250mL）的水 22：00睡前半小时预先补充水分，让身体维持平衡的状态。		
指导教师的评语	虽然没到社会大课堂中实践，反而让这一小组的同学们有了充足的访问、座谈的机会，只要有不清楚的问题，随时到卫生室和科学实验室采访老师，并能够在指导教师的建议下，在采访形式的基础上，加入科学实验进一步体验，使课题研究的内容不断深入，知识更加丰富		

（四）学生的感受和体会

综合实践活动"自来水与我们的生活"，引领学生在社会大课堂——北京自来水博物馆和北京节水展馆中实践体验，巩固、延伸了课内所学知识，强化了学生合作学习意识，锻炼了学生人际交往、解决困难的社会实践能力。此次活动改变了以往的教育形式，首次把社会教育资源引入到对学生进行的教育教学的课堂中来，充分体现学生作为"社会人"这一理念。自来水与我们的生活综合实践活动结束后，学生纷纷写了感受和收获，以下是其中三名学生的活动体会：

通过参观自来水博物馆，我知道了自来水百年发展的艰辛历程，也感受到了自来水从昨天的无到今天的有真的不容易，我要珍惜这来之不易的自来水！我还想知道自来水明天会发展成什么样子？

——尹玉峰

跟科学教师学会了测试自来水的小试验，非常有意思！回家后我将学到告诉了奶奶和妈妈，让他们每天洗菜、淘米之前，先把自来水晾一会，这样有益于人的身体健康。我还想学习更多的测试自来水的小实验。

——宋　阳

性格内向的我，第一次承担了小记者采访的任务，心里很紧张，也很兴奋，做了充足的准备工作，能用自己实践到的知识，给同学们送上一份每日健康饮水小贴士，帮助大家健康饮水，我感到非常的高兴！

——林冰清

(五)学生社会大课堂学习实践成果

1. 学生在参观北京自来水博物馆后设计的节水设计图和节水模型

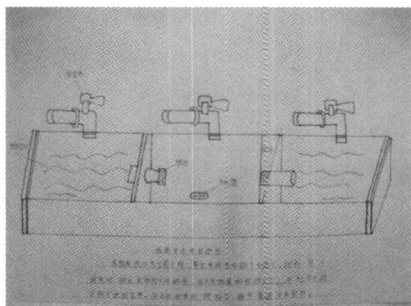

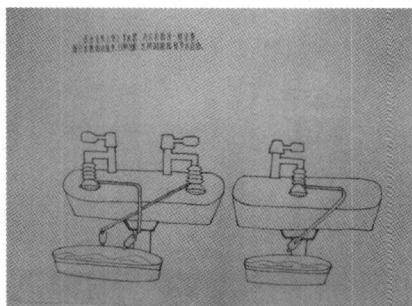

节水设计图

学生设计并讲解节水创意

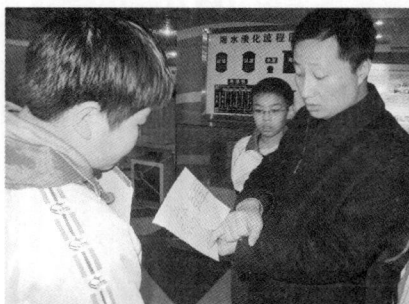

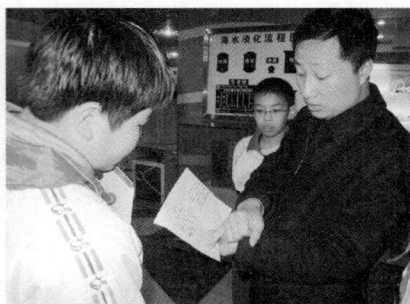

节水展馆专家给学生进行设计图的指导

学生制作的家庭节水模型

2. 学生设计的节水记录表，在家中自觉开展节约使用自来水的实践活动

我的家庭节水记录表

时间	家庭人口	周用水量 （立方米）	水费 （元）	数据变化	节水方法
家庭节水活动反馈					
学生节水活动反思					
家长节水活动反思					

备注：

数据变化对比人均月用水量

对比标准	人均月用水量（立方米）	人均周用水量（立方米）
楼　　房	3.5	0.88
平　　房	3	0.75

3. 节约用水宣传小报

邮票与我们的生活

——中国邮政邮票博物馆实践体验活动

设计教师：东城区丁香胡同小学　郭　梅　魏　妍　李秋妹
指导教师：东城区教师研修中心　黄　薇

教师指导学生活动的设计

（一）整体活动简介

　　中国邮政邮票博物馆矗立于北京市东长安街黄金地段——建国门贡院六号，建于2007年8月，是收藏和利用邮政、邮票文物进行学术研究与交流的国家级专业博物馆。馆内拥有4500平方米的展览大厅、1000平方米的文物库房和近万件的邮政文物、数亿枚的中外邮资票品等馆藏品。

　　馆内共设有原始通信、古代邮驿、近代邮政、当代邮政、邮票展厅、特展区和珍宝馆等7个展区，通过现代科技展陈手段，全面、系统、权威、形象地再现了我国3000多年的邮驿邮政历史变迁和发展风貌，立体地再现了一部中国邮政从古至今的历史云烟。展示了各种专题邮票、特种邮票以及邮票的制作过程等。丰富的、极富观赏性的邮票，为人们认识邮票、了解邮票提供了很多便利条件。中国邮政邮票博物馆是一部中国邮政历史发展的教科书，再现了中国邮政翻天覆地的变化，反映了中国崛起、综合国力不断增强的伟大成就。作为国家级的行业龙头博物馆，中国邮政邮票博物馆以丰富的馆藏文物、独特的藏品、较高的展览设计水平以及高科技的库存环境，填补了北京博物馆业的空白。学生在这样的文化教育场所中，在五彩缤纷的方寸之地，能够学习交流、获取知识、接受教育。

　　四年级品德与社会学科"通信连万家"这一单元的教学内容，涵盖了从

古代通信到现代通信方式的全部内容，单靠老师课堂上老师的讲解是不能让学生对通信有深入全面的了解的，于是我们想到了学校附近的中国邮政邮票博物馆。由品德与社会老师组织学生们到博物馆进行了第一次的参观活动，活动后当我们了解学生的收获时发现，虽然有讲解员阿姨的耐心细致讲解，但学生理解起来困难，他们记住的只是一些故事和看到的一些实物，收获不大，认识浅显，看来学生被动的参观显然收效不大。

要想让学生主动学习、自主探究，就得从学生的兴趣点出发，才能真正满足学生的需求。经过调查，我们发现学生最感兴趣的是展厅中展示的一张张邮票，他们对邮票的设计、收藏、欣赏和发展历史等方面都有很高的兴趣点，而这些内容，单靠品德与社会一门学科是不能满足学生需求的。为此，我们联合美术学科共同进行教学，再一次带学生走进邮政邮票博物馆，并确定了"邮票与我们的生活"大主题，根据学生的兴趣点，将学生分为"邮票的来历、小小讲解员、小小设计家、小小集邮家"四个组，由品德与社会老师与博物馆讲解员共同把邮票的历史、发展资源开发为教学资源；美术老师与学生共同对邮票的设计与欣赏开展实践设计活动；自家长中的集邮专家对学生进行集邮方面的导学，家长中的爱好者把珍藏的集邮册拿给孩子们共同分享。

综合实践活动课——"蓝天博览课程"(研究性学习)项目书

姓名		班级		上课地点	
与哪门课结合				指导教师	
我研究的主题或内容是					
我在学科课程中了解或知道了什么？					
参观实践前，我还通过_____途径，了解或知道了_____？ 1.①网络　②书籍　③以前参观过　④访问家人知道的　⑤其他(请写出) 2. 我还想知道哪些相关知识或内容：_____					
参观实践时，我对哪方面内容感兴趣？					

参观实践后，我的感想、体会或收获得什么？	
我还想继续研究哪方面的内容？	

（二）学生分析

　　小学四年级的学生，好奇心强，表现欲强，而此次活动可以充分利用学生的好奇心与表现欲，加强学生的语言表达能力，与人沟通的能力，提高学生的综合素质，同时也是学生接触社会，认识社会的一个很好的途径。基于此，我们开展此项活动，目的是在开阔学生视野的同时，激励学生走出学校，走进社会，了解社会，让学生们又多了一条获得知识的新渠道，多一份展示自我、展示才华的机会。在学习社会大课堂知识的同时，培养自己的综合素质、培养锻炼自己各方面的能力，同时还加强了与同学、与老师、与家长的交流与沟通。

（三）活动目标

1. 学习内容的重点、难点

本次教学分为四部分，各部分的重点和难点不同。

第一部分：邮票的历史

了解邮票产生的过程；尝试邮寄一封信。

第二部分：小小讲解员

敢于当众大声、流利地为他人进行邮票相关知识的介绍。

第三部分：小小设计师

了解邮票的构成和种类；设计一张体现学校文化特色的邮票。

第四部分：小小集邮家

知道集邮各种相关知识；了解邮票背后的故事或文化。

2. 三维教学目标分析

（1）情感态度价值观

①通过学习邮票的发展简史使学生感受到社会的发展与进步。

②通过学习邮票知识使学生对艺术的表现形式有一定的感知，懂得欣赏艺术的美。

③对欣赏邮票、集邮以及研究邮票或其背后蕴含的文化产生兴趣。

（2）过程与方法

学生通过现场的参观学习、听专家、教师的讲授，营造和谐、自主、合作、探究的学习氛围，直接参与邮票的设计、讲解、表演、交流，初步学会设计邮票、进行讲解和集邮的方法。

（3）知识与技能

①通过参观使学生初步了解邮票的发展简史，知道邮票在邮政通信中的重要作用；尝试使用邮票邮寄一封信。

②知道邮票设计相关知识；尝试设计一枚或一套邮票。

③在各种活动中培养学生自主学习、合作学习的能力；与人交往的能力和语言表达能力等多方面的综合素质。

④初步了解一些集邮方面的常识，感受邮票与我们生活的密切关系。

在中国邮政邮票博物馆的第一次参观学习、第二次将课堂直接搬到博物馆进行情境教学，利用邮票馆的资源，利用鲜活、立体的环境，营建出一个课堂情境，通过表演、担任小小讲解员、设计邮票等多种形式的主动学习，让学生成为实实在在的课堂主体，成为真正的受益者，从而实现上述三维目标。

（四）活动过程

1. 活动前的准备

（1）教师：

①已经讲解完《品德与社会》四年级上册《通信连万家》单元的教学内容；

②带领学生到中国邮政邮票博物馆进行第一次参观；

③收集学生参观后的收获和体会，并根据学生的兴趣进行分组；

④聘请学校美术教师、学生家长和邮政邮票博物馆的工作人员共同开发教学资源。

（2）学生：学生将自己参观后的收获记录下来。

（3）环境准备：与博物馆协商，备好学生上课用的电脑、准备好学生活动的场地、集邮的基本工具等。

（4）活动用具准备：

教师：用于扎邮票齿孔的大头针、几个典型邮票的复印件；关于如何集邮的展板、制作和设计邮票的纸张等。

学生：自带水彩笔、自己搜集到的与邮票相关资料。

2. 活动过程

情景导入：经过我们的参观、学习，我们了解到了中国邮政方面的发展，还知道了邮票就像一个"小型百科全书"，在它那狭小的天地里能反映广阔的世界，记载漫长的历史，叙述很多的事情，小小的邮票就是我们认识世界的窗口。同学们还想了解哪些知识呢？

学生发表见解。根据学生的兴趣进行分类。

教师：今天我们就在这里分组进行相关内容的学习。带着你的问题，我们一起在活动中探寻你想了解的知识。

[第一组]　学习内容：邮票的历史

[教学准备]　教师和学生要事先了解一些关于邮票的知识、参观邮票展室。主要知道罗兰·希尔的故事，邮票齿孔的故事，邮票的种类，邮票所反映的小故事等。

[教学流程]　讲解员讲解邮票来历→学生表演汇报→动手参与了解邮票齿孔→邮票的种类→讲一讲邮票所反映的故事。

[教学过程]

1. 邮票的来历

①老师带领同学现场进行参观，结束后请同学们说说邮票的来历。

②学生表演情景剧《第一枚邮票的诞生》

③讲解员介绍"黑便士邮票"。（教师配合进行课件演示）

（讲解员：同学们表演得非常好。1840年1月10日英国政府决定采取罗兰·希尔的建议，实施新邮政法。信函基价规定为每半盎司（相当于14克）收费1便士。所谓"1便士邮政"就此开始。1840年5月1日，在罗兰·希尔的

罗兰·希尔

提议和促进下，世界上第一枚邮票正式发行，5月6日开始使用。邮票的图案为英国维多利亚女王侧面浮雕像、黑色、面值1便士，人们称为"黑便士邮票"。）

2. 邮票齿孔的来历

提问：我们现在看到的邮票是单张的，而邮票在发行时却是整版的，人们用时根据需要撕下就可以了。但是最初的邮票是没有齿孔的。邮票是从什么时候有了齿孔的呢？

①学生以表演的形式来介绍邮票齿孔产生的故事。

②学生动手用大头针模拟邮票齿孔的诞生过程。

③讲解员来详细介绍量齿器。

（讲解员：齿孔是按度数区分的，计算方法是在邮票边上用量齿器测量，看2厘米的长度内有几个齿孔，如一枚邮票在2厘米长度内有14个齿孔，就叫做14度；如果有11个齿和12个孔，那么这枚邮票的齿孔就是11.5度。测量齿孔度数是研究邮票的一项内容，也是鉴别邮票真伪和区分不同版次的重要依据。我国的邮票齿孔大多数为11度、11.5度、12.5度和14度等。）

学生汇报邮票的种类

3．邮票的种类

提问：邮票有很多种，你在刚才的参观中了解到了哪些？

①学生汇报。

②教师小结：按照一般的划分，邮票主要有普通邮票、纪念邮票、特种邮票、专用邮票、特殊邮票。有些同学刚才提到的就属于专用邮票或特殊邮票。

4．邮寄一封信

邮票在过去一个时期的生活中所起的作用可不小。你们愿不愿也尝试着在这里给自己和家人、朋友寄一封信呢？这将更有意义，我们一齐动手吧！

学生贴邮票尝试邮寄一封信。（教师指导邮寄时的注意事项）

[第二组]　学习内容：我是小小解说员

[教学准备]　学生之前要深入了解我国不同时期邮票史上的第一，分组事先查找相应的资料，自己画出所要介绍的邮票，找到文字资料加以提炼，方便为过往参观的人们讲解。

[教学流程]　听讲解员介绍世界第一枚邮票的历史→参观展品观看中国邮票史上的第一→每组根据参观后的感受制作小展板→向来宾展示介绍本组的内容→带来宾参观展品。

[教学过程]

1．邮票史上的第一

听讲解员介绍我国的第一枚邮票。

讲解员：介绍世界邮票史上的第一，有选择的重点介绍中国邮票史上的第一。

2．分组学习，完成展板

老师：我们所处的展位，展示了我国不同时期的邮票，也有我国的第一枚邮票。下面我们分成小组，每个组根据自己的研究内容找到相应的展品，进一步了解。然后完成本小组的小展板制作。（学生的小展板上有问题提出，每组内容不同。）

①学生按小组现场参观展品。

②完成本组小展板的制作内容。

3. 展示汇报

①学生制作好小展板后，与来宾及参观者互动。介绍时，每个人各有分工。

②学生分组向游人介绍本组展板上不同时期的内容。

③教师再进行补充：此外，还有

学生设计的邮票介绍模板

我国的首套纪念邮票、首套改值邮票、首套欠资邮票、民国时期的首套"临时中立"邮票、革命战争时期的邮票、我国首套奥运邮票等。同学们可以再次参观了解，也可以回家继续搜集相关的资料。

学生向来宾介绍邮票

[第三组] 学习内容：小小设计师

[教学准备] 参观邮票设计专题展室，学生事先搜集了解一些关于邮票设计的知识。准备好画纸、画笔等。

[教学流程] 让学生欣赏邮票→介绍邮票种类及涉及项目→产生设计冲动→设计→展示

[教学过程]

1. 欣赏并观察

①讲解导入：刚才我们在参观中了解到小小的邮票设计精美，色彩艳丽，具有很高的艺术价值。知道了 1840 年英国发行了世界上最早的邮票。中国于 1878 年第一次发行邮票，票面印有龙的图案花纹，故称"龙头"，又称邮花，现在人称"大龙票"。你知道吗，邮票的设计还有更多的学问呢！邮票是国家的"名片"，是邮资凭证。它是一个国家的政治、经济、文化、科学、历史、地理的小型"百科全书"。它记载了漫长的历史，反映了广阔的世界，它所包括的知识和美感是浩瀚无边的。所以邮票除了具有实用价值外，还有很高的收藏价值。小小的邮票像一个广阔的知识世界，可以在这狭小的天地里叙述很多的事情。你们想不想也设计一枚邮票呢？

提问：请你们在这个展厅中再次欣赏展出的邮票，注意观察，找一找邮票上都有什么？邮票有哪些种类？你知道邮票上有哪些标记吗？

②学生欣赏邮票，了解邮票的构成、种类。

2. 设计方法介绍

①教师讲解、示范：一张小小的邮票，要在狭小的天地里叙述很多事情，应精心构思，主题要突出，要别具创意，邮票的内容包罗万象，宇宙间的万物都可以记载在小小的邮票上，如人物、动物、景物、事物、重大历史事件、故事传说等；造型方面，邮票也是多种多样的，有的写实，有的变形。

起稿：要关注票形、图案、面值、发行时间、发行地区（师边讲边出示相关的范例）

着色：邮票的颜色是根据邮票纹样、内容决定的。可以运用对比色使画面色彩强烈，明快，鲜艳，也可以用淡雅的颜色，使画面和谐、柔和。

邮票的表现形式：以绘画方法表现邮票的内容最常见。也可用剪纸、拓印等方法来表现。

3. 学生现场设计、绘制邮票

①请同学当一名邮票设计师，发挥自己的想象力和创造力，运用各种手段设计一枚或一套体现学校特色的邮票。

②教师巡回指导。

4. 作品展示（将邮票组成长卷展示）

相互欣赏，你最喜欢谁设计的邮票？为什么？请邮票设计者说说自己的设计想法。

学生设计邮票并展示

[第四组] 学习内容：小小集邮家

[教学准备] 喜欢集邮的同学带着自己的小集邮册；事先了解一些有关集邮的知识。

[教学流程] 让学生欣赏集邮册→介绍集邮的相关知识→了解集邮方式→展示自己的集邮册→讲一讲自己集邮的小故事

[教学过程]

导入：小小邮票，方寸之间却能反映多姿多彩的大千世界，许多人都非常喜爱邮票，因此而收藏这小小的邮票。今天我们就来了解有关集邮的小知识。

1. 欣赏集邮册

请大家看看老师都收集了哪些邮票，你发现了什么？（按时间分、按类别分）

2. 介绍集邮的相关知识

请××同学的家长为我们讲一讲集邮方面的相关知识。

家长重点讲"什么是集邮"、"我国的集邮发展情况"、"集邮的方式"、"集邮常备器具"等（家长边讲边出示相应工具，同时学生可以动手看看、试一试）。

3. 学生介绍、展示、欣赏自己的集邮册

请带集邮册的学生展示自己的集邮册，同时讲讲自己集邮的小故事。

学生活动报告

（一）情景剧

第一枚邮票的诞生

——罗兰·希尔的故事

主要人物：

罗兰·希尔——男，英国教育家，被称为"邮票之父"。

爱丽丝——女，伦敦郊外农家女。

邮递员——男，伦敦郊外某邮局邮递员。

时间：1836 年的夏天

地点：伦敦郊外的一个村庄

人物：罗兰·希尔、爱丽丝、邮递员

[幕启。罗兰·希尔正在乡村小路上散步并观赏着伦敦郊外的风景。]

旁白：1836 年的夏天，英国教育家罗兰·希尔正在伦敦郊外的一个村庄避暑。一件偶然发生的事情成为了后来邮票的发行原因。

罗兰·希尔：啊！还是乡村的空气清新呀！

[邮递员做骑马状上场，从罗兰·希尔身边走过，在一所简陋的农舍前停下并高声喊。]

邮递员：请问爱丽丝小姐在家吗？有您的信。

爱丽丝：（开门）有我的信，啊，谢谢您！

邮递员：爱丽丝小姐，请您付五先令邮费。

爱丽丝：（接过信仔细看了信封一眼又还给邮递员）对不起，先生，我没钱付邮费，这信我不能收，请您把信退回去吧。

邮递员：这可不行，国家规定，信件必须由收信人付邮费。信我已经送到了，您怎么能不付邮费呢？

爱丽丝：可我家里很穷，实在没钱，怎么办？

邮递员：您不付邮费，我怎么向邮局说呢？

［两人争执起来。罗兰•希尔此时来到，询问情况。］

罗兰•希尔：发生了什么事情吗？

邮递员：有这位小姐的一封远方来信，需要付五先令邮费，但是她既不付邮费，也不要信了，让我拿走，这可怎么办啊？

罗兰•希尔：（从衣兜中拿出钱递给邮递员拿过信）我来付这位小姐这封信的邮费吧！

邮递员：谢谢您！再见。

罗兰•希尔：（把信递给爱丽丝）小姐，现在你可以看信了。

爱丽丝：（并没有拿信）谢谢您！先生，我已经知道信的内容了。

罗兰•希尔：（惊讶）你连信都没拆开，怎么知道里面的内容？

爱丽丝：哦，先生，是这么回事，信封里一个字也没有，因为我实在是付不起邮费，于是和我的哥哥约好，如果他在外面一切平安，便在信封上画一个圆圈，我只要看一眼信封便知道了。刚才我已经看到了信封上的圆圈，知道了哥哥很好，就不需要这封信了。

罗兰•希尔：那这封信也请你拿去吧，但是你这可是欺骗行为呀，你为什么要这样做呢？

爱丽丝：因为我们家很穷，实在没办法才这么做的，谢谢您。

罗兰•希尔：（深深地叹了口气，摇摇头默默地走了）是这样啊！

旁白：当时，寄一封信的邮费需要五先令，相当于当时一个工人辛辛苦苦劳动一天的工资，因此有很多人都付不起邮费，导致邮政部门负担很大而面临无法维持的状况。罗兰•希尔向政府建议，发行一种价格便宜的邮资凭证，由寄信人购买后，贴在信封上，这样就不用收信人付邮费了。后来罗兰•希尔亲自动手设计。他以威廉•韦恩精刻的1837年维多利亚女王登基时的侧面肖像纪念章作原图，画了两幅邮票图稿。这就是世界上最早的邮票"黑便士"。由于罗兰•希尔对邮政改革的贡献，英国女王赐给他伯爵称号，国际集邮协会还尊称他为"邮票之父"。

［幕落。］

（二）其他作品

1. "小小解说员"——我的解说展板（略）
2. "小小设计师"——我设计的邮票（略）
3. "小小集邮家"——我的集邮册（略）

（三）学生活动感言

参观邮政博物馆

　　前几天，我们和美术老师一起去了中国邮政博物馆，我们一路上有说有笑，到了那里我们更是兴奋了，我们在这里面看到了许许多多各种名贵的邮票，有的是五十六个民族，大家在一起，团结着，高兴着，有的是几只漂亮的花蝴蝶围绕在花中间，还有的是一只可爱的北极熊，这还不算什么，更有趣还算是我们，我们在一个大展厅里，和大家一起剪贴，粘贴成一副完成美妙生动的画面，题目是："庆祝60周年"。我们每个人有自己做自己的，每幅画面都栩栩如生，有的粘贴了一个大大的六十，底下有天安门和五星红旗，有的贴了宇宙飞船和小朋友们笑着跳着欢度国庆，……他们的画面有许多建筑，有花有草，美丽极了！而我却贴了五十六个民族的人们手拉着手，心连心，过了一会儿，领导们来了，他们看着我们美妙的画，我的心里别提多自豪了，很激动。通过这次活动，我不仅了解了更多关于邮票的知识，又与祖国共同度过了这个历史性的时刻，最后我想说："祖国，我爱你！"

四年级（1）班　沈雨菲

参观邮政博物馆

今天我们和老师去了邮政博物馆，在去的路上，我又高兴又激动。

到了邮政博物馆我们从老师手里拿出了自己早已准备好的自己未完成的作品，这是一张我亲自设计的邮票，不是用画画的形式画的，而是用剪贴的形式做的，难度更大了，为了这个活动我精心准备了很久，当老师刚一布置给我这个任务的时候，我就觉得能为祖国妈妈设计邮票是一件十分光荣的事情，并暗自努力一定把它做的更好，从定主题，找素材，到把找到的素材拼成一幅很漂亮画，每一步都下了很多的功夫，当老师拿着我的画给别人做示范画时，心理开心极了。

在活动现场我把自己的作品做了收尾工作，并得到了很多叔叔阿姨的赞赏，我们高兴地把自己的作品放在胸前，老师为我们照相留影。

通过这次我们邮政博物馆之行，让我发现了许许多多种类的邮票，了解了更多关于邮票的知识。

我爱邮政博物馆，我爱邮票！

四年级（1）班　徐陶陶

邮政博物馆画邮票活动体会

10 月 20 日，我们大家去邮政博物馆参加了剪贴邮票活动。

在路上，我盼着急切的心情来到了博物馆。我们来到了特展厅，坐下来，开始了我们的剪贴活动。我们各自从老师那里拿出了自己的作品，剪贴了起来。我拿出了事先准备好了的祥云，又从老师那里拿出了胶棒，没想到我一用力就把祥云的一部分毁了。我非常着急，

最后，我想到了一个办法，就是把那一部分先粘在纸上。然后在对着那一部分粘上去就行了。

想到这里，那些介绍邮票的同学出来了。他们开始介绍他们的邮票，有四（1）班介绍的动物邮票，有四（2）班介绍的军事邮票……等介绍邮票的同学介绍完，领导来了，领导看了我们剪贴好了的邮票，和我们说了我们做的很好，我听了很高兴，因为我们几天的辛苦创作得到了大家的肯定，最后我们举着自己完成的漂亮作品，我的眼睛一眨不眨的。叔叔阿姨们"咔嚓，咔嚓"为我们留下了很多精彩的瞬间的相片。

时间过的很快，我们已经排队，开始回学校了。回到学校，王主任还发给我们邮票作为小奖励，这让我更加兴奋了。

四年级 4 班　张海玲

"方寸之间画祖国"邮票活动体会

今天，杨老师让我和徐陶陶参加邮政博物馆的剪贴画比赛，我们非常高兴，回到家我便急匆匆的跑到爷爷存旧报纸的盒子里翻找我想要的图片，费了老半天的力气，我找到了一些 60 年的解放军的图片，漂亮的中国城市的照片，北京新面貌的照片，奥运会的比赛的图片等等好多种类的图片，这下可难到我了，不知道应该选那类图片使用了，虽然我年龄小，但是我也想用我自己的作品表达对祖国母亲的热爱之情，所以在老师的帮助下我选定了以少先队员给祖国敬礼为主题制作这张特殊的"邮票"了，看这就是我设计的邮票，很漂亮吧

(四)学生自制展板

学生自制展板 1

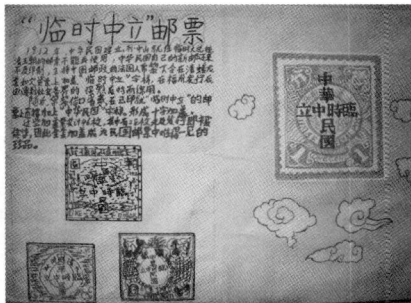

学生自制展板 2

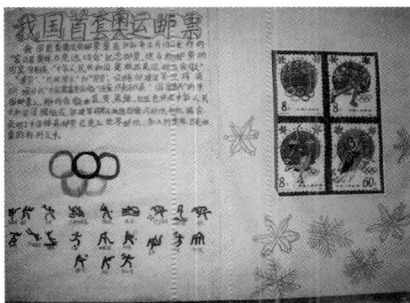

学生自制展板 3

学生自制展板 4

学生自制展板 5

学生自制展板 6

走进孔庙　考察古树

设计教师：东城区史家小学分校　纪　宏
指导教师：东城区教师研修中心　张　磊

教师指导学生活动的设计

（一）整体活动方案

把"博物馆"当教室、把"蓝天"当课堂。北京孔庙位于东城区国子监街内，我们发现北京孔庙的教育资源相当丰富，而且孔庙是东城区蓝天工程的资源单位，同时在东城区地方课程《走进东城》中也有所涉及。孔庙也属于北京"社会大课堂"资源单位，不仅无偿面向学生开放，而且为学生的探究活动提供了很多帮助，最主要的是距离我们学校只有十余分钟的行程，方便学生在那里开展实践活动。

孔庙里承载着几千年的文化古韵，这些都是学生在教材里很难找到的学习内容，这么丰富的资源正是我们开展研究性学习的重要基地。所以我们决定利用这个社会资源，让学生走入孔庙，到社会课堂中学习课本上学不到的知识，让学生体会科学探究的过程，体会科学探究的精神。

这次科学研究活动分为三个阶段。第一阶段：课前走访孔庙，确定研究主题。第二阶段：实地考察，收集信息，解决问题。第三阶段：撰写结题报告。研究方案确定后，学生自由结组，分成三个研究小组开展调查研究，活动方案如下：

阶段	1组	2组	3组
第一阶段	走访孔庙 确定主题	走访孔庙 确定主题	走访孔庙 确定主题
第二阶段	收集孔庙古树的传奇故事；实地考察，访问并收集资料；解决问题。	收集孔庙古树数量方面的资料；实地考察；记录并统计数据；解决问题。	收集孔庙古树位置方面的资料；实地考察，记录数据；解决问题。

阶段	1组	2组	3组
第三阶段	撰写结题报告；总结、交流研究过程。	撰写结题报告；总结、交流研究过程。	撰写结题报告总结、交流研究过程。

(二)学生活动方案

1. 主题实践活动内容的确定选择

在师生多次走访孔庙进行实地考察时，发现每一棵古树的树身上都镶嵌着一块仅标注着其古老级别的铁皮，像是古树的"身份证"，但是其中包含的信息单一，于是学生们想到要给这里的每一棵古树制作一张内容详实的"身份证"，让游人能够充分地了解古树，从而保护古树。但是，这张"身份证"中应该有哪些数据，如何准确地获取这些数据，成为了学生们需要解决的具体问题，于是，学生们确定了研究主题——孔庙古树的鉴定。

研究主题确定之后，我和学生分别走进孔庙，坐在孔庙的石阶上，望着每一棵古树，就好像倾听到古树在向我们倾诉着它们悠久的历史。孩子们更是迫切地想知道古树的故事，于是开始着手设计研究方案。首先做了前期的调查，走访了孔庙里的工作人员、游客等，通过调查，整理出的信息显示：大多数人只是看到孔庙中的参天古树，但是对这些古树的来历、作用、意义，以及古树在孔庙中的位置、布局等都不太了解。因此我们针对出现的问题重新组成了三个研究小组：古树传奇故事组，古树布局组，古树数量种类组。

2. 学生分组、个体研究情况

大主题确定后，学生根据自己的兴趣走进孔庙，考察古树后，学生自由结组，确定研究内容。古树传奇故事组，古树位置布局组，古树数量种类组，三个组围绕所研究的主题开始了具有针对性的研究工作。

[古树传奇故事组] 他们首先上网找到北京市所有具有传奇故事的古树，然后筛选出东城区最有代表性的古树，再筛选出以孔庙为代表的以及我校周边的有代表性的古树。经过层层筛选，他们找到锄奸柏、罗锅槐、复苏槐、凤凰国槐、槐柏合抱等，然后对这些古树的来历进行了考证。他们走访孔庙，请孔庙工作人员讲解有关的信息，又查阅相关资料了解这些古树奇特现象的由来。在他们的努力下，整理出孔庙传奇古树故事用展板的形式向大家进行汇报。

[古树数量统计组] 他们组则是从调查入手开始了解，首先他们走访孔庙里的工作人员，对古树现状提出问题，然后他们在对古树进行观察记

录时发现，孔庙中的古树都已挂牌，可是牌子上没有详细地记录下古树生长情况的信息，于是他们提出对古树数量种类的统计。他们的想法很好，可是怎么样统计出古树的数量呢？他们想到了在科学课上学过的统计表的形式，于是自己设计出了古树数量调查表，他们把一进院、二进院的古树资料进行了详细的分类整理。

[古树位置布局组]　他们也是首先走访孔庙工作人员，同时也发现古树的牌子上只有等级没有详细的信息，这样他们也提出要了解古树在孔庙中具体位置及分布情况的问题。可是如何能用最简单的方法了解清楚孔庙中古树的位置呢？在经过多次的交流梳理信息之后，老师出了一个主意：用标志图把孔庙中古树的位置标注出来，这个主意一下子就得到了孩子们的认可，于是他们自己绘制了标志图，带着标志图再次走进孔庙，从一进院开始一棵一棵的标注着一级古树和二级古树，经过他们的努力终于把一进院和二进院的古树位置标注出来，但是在整理信息的过程中，他们又发现一张张地翻看很麻烦，这时孔庙的平面图启发了他们，要是能够把分解的标注图合成一张完整的孔庙古树位置图那看起来不是又清楚又明了了吗？孩子们马上动手找来一张美术纸，按照孔庙平面图的样子把主要建筑画出来，然后对照标注图一点一点地把一进院和二进院的古树位置标注上，画好后成功的笑脸挂上孩子们的双颊。以上这些都是孩子们在不同的研究方面努力得出的成果。

各小组不仅独立进行研究，回到学校后还相互交换意见。在交流的过程中，学生们发现古树的信息太少了，他们说我们都有身份证，为什么不能给古树也做一个身份证呢？这个身份证里可以包括古树的名字、等级、树高、胸径、树冠的大小等等详细的信息，孩子们的提议非常好，这说明他们能够通过研究活动再次发现问题，并且能够把这些问题提出来。

因此我和学生再次来到孔庙，并对孔庙中的古柏进行实地考察，在考察的过程中，学生们发现没有阳光就没有树影，在这样的情景下无法测量到古柏的高度，围绕这一难题他们马上向相关专家请教，专家对他们提出的问题进行了具体指导，专家的讲解使孩子们感受到科学求真的态度。事后孩子在小结中写道："通过向专家请教这个环节，让我学到了我在课本中学不到的本领，这真是开阔了我的眼界，让我感到科学学习的乐趣。"

在对孔庙古树的"身份"考察活动后，孩子们又提出一些新的问题：孔庙中古柏的水源是什么？天然水源与人工水源之间的比例是多少？严重缺水时怎样进行浇灌？孔庙中的古树会不会遇到虫害？这些虫害会不会影响到古建筑中的建筑材料呢？如果有虫害要采用什么办法救治？作为小学生，我们应该如何保护北京各地区的古树呢？再次涌现的新问题可以看出学生们已经不满足一堂科学考察课的需求，社会责任感油然而生，他们最后提出的问题已经由课堂知识的掌握向课外知识、能力的延伸。今后如何更好地利用孔庙资源单位来完成对古柏的深入研究，鼓励学生利用社会资源继续开展更广泛的探究活动。

学生在走进孔庙后，并对孔庙中古树的考察就好像是体操运动员在进行自由体操的表演，永远是一个跳跃接着一个跳跃，问题在不断地被发现，不断地提出来，提出的问题被不断地解决，直到最后完成整个研究过程。

学生活动报告

三个组经过一个学期的研究，都各自展示了本组的研究成果，下面呈现的是其中一个组的研究报告以及其他两个组同学在活动后撰写的体会。

（一）古树位置布局组的研究报告

古树布局位置组结题报告

执笔人：赵　楠

一、研究目的与意义

走进孔庙，进入我们眼帘的是巍峨的殿堂和参天的古树，好多树都应该有百岁之上了，虽然有些古树已枯死，但这些古树承载着久远的文明、历史的古韵。这些都是我们在日常生活中很难见到的，也是从教材里很难学到的知识。正因为如此，我们几个同学决定选择古树作为这次研究性学习的主题。

在这次研究活动中，我们想实现两个目标：准确地掌握每一棵古树在孔庙中的具体位置；为孔庙中古树补充些信息，帮助游人更多地了解这里的古树。再有我们相信通过这次研究活动不仅能增长科学方面的知识。而且可以让我们研究问题、解决实际问题的能力得到提高。

二、研究人员及分工

研究组成员：赵楠、孟庆怡、龙思琦、魏新员，组长是赵楠。具体分工和计划如下：

组员（为组长）	分 工
★赵楠	查找资料；撰写开题报告；制作调查问卷，访问专家，实地考察；撰写结题报告及心得体会
孟庆怡	查找资料；制作调查问卷，分发调查问卷；访问专家；摄影，制作演示文稿；撰写心得体会
龙思琦	查找资料；分发调查问卷；访问专家；实地考察；撰写心得体会
魏新员	查找资料；分发调查问卷；访问专家；实地考察；撰写心得体会

三、研究步骤：分三个阶段实施

阶段	任务（研究方法）	阶段目标	负责人
一	走访孔庙，用小组讨论法结组，确定选题	完成开题报告	赵楠
二	实地考察收集孔庙内古树的位置信息；访问专家	获取并记录信息	龙思琦
三	收集整理获得的信息后得出结论，撰写结题报告	完成结题报告	赵楠

四、研究方法

主要采用信息收集法和实地考察的方法。首先走进孔庙，初步认识孔庙中的古树；然后针对我们组研究的内容开展调查取证；最后通过实地考察得出结论。

五、研究过程

确定研究主题后，我们收集了大量的关于古树方面的资料，并在老师的带领下十多次反复地走入孔庙，对孔庙中的古树进行实地考察，还访问了管理人员，了解了古柏的生长情况，经过反复的考察之后，确定了我们组研究内容即：孔庙古树的位置布局。在调查的过程中，我们发现孔庙内一进院和二进院的古树分布不一样，究竟有哪些差异呢？为了准确地找到答案，我们设计了"古树位置标志图"，然后带着问题再次走进孔庙，同学们分头把孔庙一进院和二进院的一、二级古树的具体位置标注在了"古树位置标志图"中。

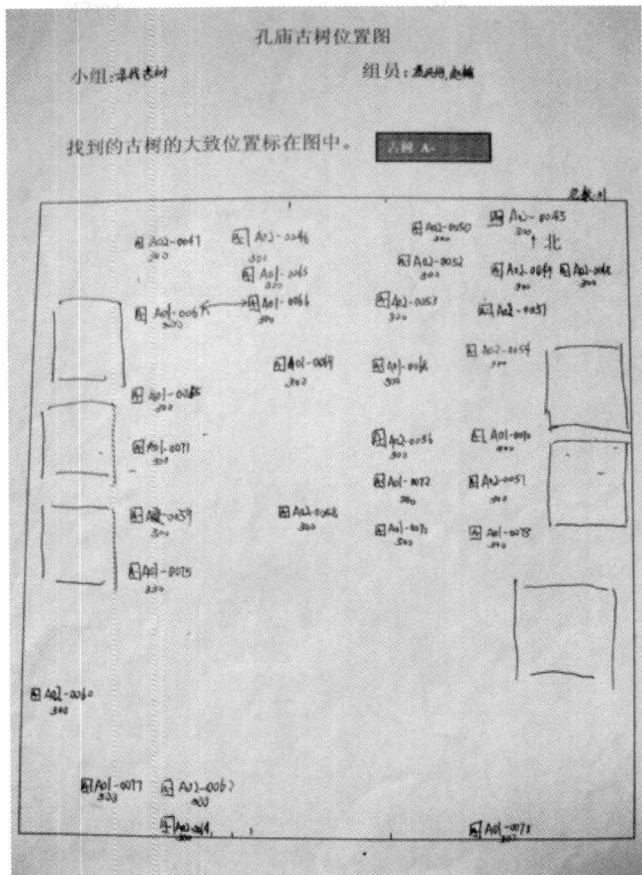

北京孔庙古树位置图

　　回到学校后，我们把这些数据进行了整理。在整理过程中，我们发现一张张的看图，很不方便，看了前面忘了后面。后来老师给我们出了一个点子，让我们画一张一、二进院的平面位置示意图来整体呈现古树在孔庙的分布。于是，我们找来张大纸，由我们组的"才女"赵楠把我们分头整理出的数据根据位置图，画了张完整的古树布局位置图。

　　在这张示意图中，我们特意用深绿和浅绿来分别代表一级古树和二级古树的位置，通过图例，我们清楚看到孔庙中一、二级古树的分布情况。我们发现二进院一级古树布局合理，符合四合院建筑的特点——对称，大成殿两边对称分布着37棵古树。这37棵古树生长态势如何呢？有没有枯死现象呢？这些问题图例中是看不出来的。

　　带着新发现的问题，我们对孔庙中的古树开始了考察。首先我们对二进院的一些古树的生长态势进行了考察，由于时间的原因当时我们只对二进院的4棵古树进行了考察，考察的结果是被考察的4棵古树长势很好，

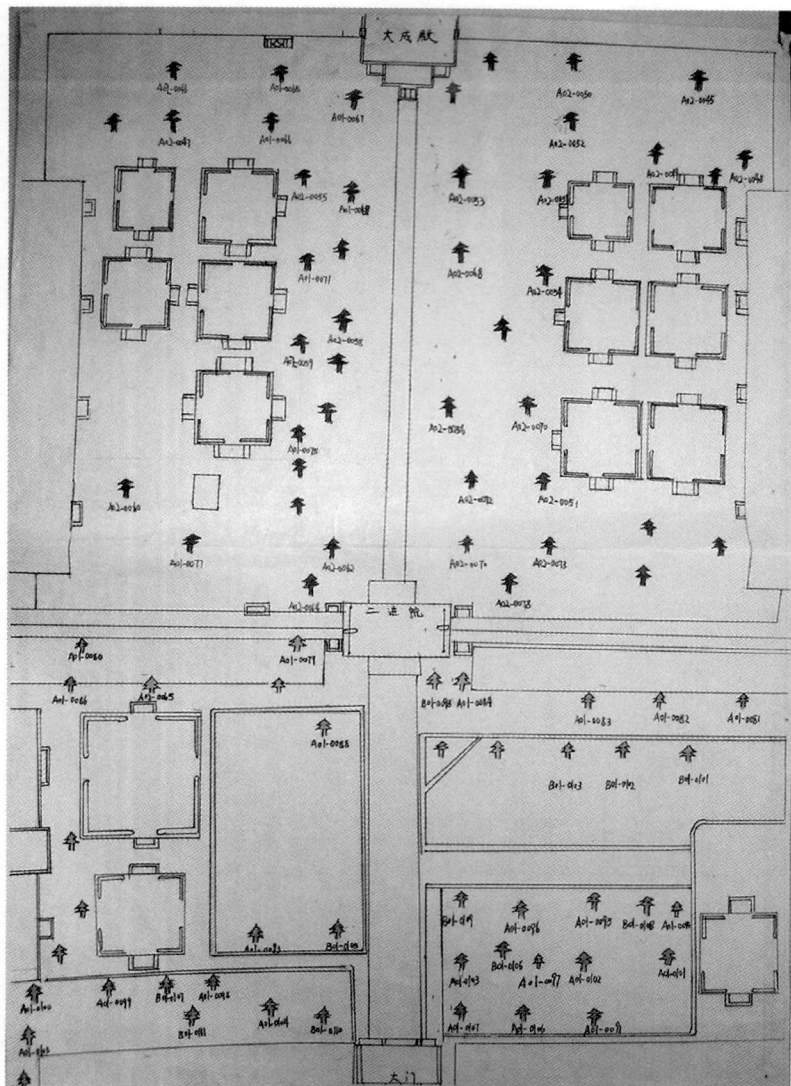

北京孔庙古树位置平面示意图

制图人：古树布局位置组　制图日期：2008 年 5 月 21 日

但是也发现一些古柏身上有些虫子，这样时间长了会给古树的生长带来危害，因此，我们又产生了两个要研究的问题：如何保护孔庙内的古树；以及孔庙中青石铺路对古树的生长是否有影响。

古树生长情况调查表

这张照片记录了调查后发现的
新问题：古柏身上出现了虫子

六、研究结果

经过我们的考察以及前期的调查，我们发现孔庙里共有 75 棵古树：A级古树，有 62 棵；B 级古树，有 13 棵。从生长势头来看孔庙内的古树长势是良好的。在这些古树中，最有名的一棵便是大成殿下的"除奸柏"，距今有一千多年的历史。孔庙中古树以侧柏居多其原因是：侧柏本身喜光，它适应性强，耐瘠薄、干旱、盐碱，还能适应干冷、暖湿的气候。生长缓慢，寿命较长。而且孔庙是皇家园林，是明清两代皇帝祭祀孔子的地方，自然需要庄严肃穆的气氛，而古柏正好能烘托出，而且当时游人很少，对古树的人为破坏十分轻微，因而种植较多，现存也较多。

七、收获与体会

走出学校，把课堂搬到北京孔庙，让我们觉得新鲜而兴奋，这次的学习活动对于我们来说是个全新的体验。我们有很大的收获。在考察古树的过程中，我们用到了课堂所学的科学知识，感受到了运用知识获得新的知识的乐趣。不仅如此，我们的表达能力也得到了锻炼，让我们更自信了，敢于在陌生人面前汇报自己的考察结果，大方地进行采访。在参与研究的过程中我们热情高涨，能很快地找到所研究的点，围绕这个主题制订计划开展研究。在这次的主题活动中，从查找资料到实地调查，我们组每一个同学都付出了很大的努力。整个研究过程中，我们互相帮助，团结协作，尽可能地发挥出自己的优势，为我们的团队服务。如：赵楠在心得体会中写到："在此次研究活动中我们都获得了不少经验以及技能，我们知道了在研究过程中应该团结协作，遇到困难大家要共同解决。同时在社会大课课上，不仅让我们的综合实践的能力得到提高，还增加了我们在校内科学课上所没有学到的知识。我觉得这样的学习方式非常好，希望学校以后多开展这样的活动。"

八、我们的建议

通过一系列的研究活动，我们已经不满足于只是掌握知识了，针对孔庙中的古柏生长情况我们向孔庙提出了新的建议：（1）建议补充一级、二级古柏的详细资料。（2）建议对已枯萎的古柏继续保留下来，枯萎的柏树保留了孔庙中那种沧桑，优雅的韵味。（3）

建议在孔庙中的古柏上饲养一些七星瓢虫，让这些七星瓢虫吃虫卵，再在古柏树上放置一些鸟巢，让鸟吃虫子，这样可以减少虫害的产生，保护古柏。最后我们还把这次研究活动中收集和自己绘制的古柏位置图等送给孔庙博物馆。同时我们要感谢孔庙资源单位，这里的叔叔、阿姨都给了我们很大的无偿帮助，我们衷心地向他们表示感谢！

总之，通过这次走进孔庙，对孔庙里的古树进行考察活动，我们明白了科学考察讲究的是"求真务实"，明白了知识与实践的结合与应用。同时让我们建立出一种积极的、生动的合作式的学习方式。

（二）其他组学生撰写的体会

今天，同学们一起来到孔庙，上了一节综合实践课。我们分为三个组：古树位置组、古树数量统计组和古树故事组。我们组是古树数量统计组，之前已经来过孔庙很多次了，通过记录和统计绘制了一个大统计图。

今天有许多老师来听课，刚开始，老师先让三个组的同学进行前期研究的汇报交流。我们组的姚烨负责主要的汇报，段延麟来说我们在研究过程中遇到的问题及解决的办法。接下来，我们两人一组，对古树的生长情况进行鉴定。我和姚烨一小组，邀请了到场的一位老

学生制作的古树身份证

师和我们一起观测，通过我们的实地考察。我代表我们组向大家汇报我们鉴定的古树情况。我当时非常紧张，虽然我在学校里上台的次数不少，但是面对这么多老师，还是第一次。我们还给古树做了"身份证"，并且亲自给古树的身份进行了挂牌。

这次综合实践活动课，让我的能力得到了提高，敢于在众多人面前大声的讲话，敢于把我的想法和他人进行交流。再有这次综合实践课还增长了我的课外知识，叫我学会了怎样鉴定、观测古树，丰富了我的视野，让我知道了原来古树中也有这么多有趣的、闻所未闻的东西。我希望以后继续走进孔庙继续研究奇妙的古树。

——石尚

5月20日这天我们随科学老师再次走进孔庙。孔庙有两个进院，都长有许多古树，我们这次的主要任务是观察二进院中的古树。我们小组是古树故事组，我们前期了解了许多古树故事，在收集信息的过程中，我增长了许多古树方面的知识，这些是我们平时在课堂上所不知道的。

这次在孔庙上课，给我留下深刻印象的是专家梁老师，在我们对古柏进行测量的过程中，我们遇到了一些困难，本来我们想用正比例的方法，量学生实地测量影长，测树高，可是当天没有太阳，没有太阳就没有影子，当太阳出来的时候，树影却都上墙了，这些情况让我们无法测量。怎么办呢？正当我们对这个问题冥思苦想时，梁老师为我们讲解如何测量古树树高，她教我们用一个三点一线的方法进行测量，很简单，很快就能测量出树的高度。开始我还不太相信后来用梁老师的方法试过，真是非常容易，而且得出的高度也很精确。

通过这次学习，我受益匪浅。这次学习，让我们懂得如何把课本上的知识转化到实践中，懂得了学习上遇到任何困难要敢于提问，请求他人给与帮助来解决问题。在这次综合实践中还让我感觉到，只要大家团结协作，就能干成大事，同时，也让我明白，其实最好的方法就在我们身边，要善于观察。

——吴嘉莉

5月20日，我们和老师再一次走进孔庙，这回我们是要去这个拥有着

千年文化的古建筑上一节科学课。在教室外，我们能学习到那些课堂上、课本上学不到的知识呢！我们怀着好奇心去上课。

在孔庙里上课，在孔庙里听课、在孔庙里回答问题、在孔庙里研究、在孔庙里调查等，无不让我感到新鲜，老师生动的语言，久久在这里回荡。

与古时候的孔夫子一起学习，在幽静的孔庙中领略知识的乐趣。我觉得书本上的东西一下子变成可看、可触、可调查的"真材实料"了，我觉得科学课一下子变得更有趣了！

这是一节和学校内不一样的课，让我流连忘返，我真想让时间走慢些，让我在这里再多待一会儿。我很喜欢户外的课，不但有意思，还能学会知识。我喜欢这样的大课堂！

——段延麟

寻访古人类文化的遗迹

——走进"王府井古人类文化博物馆"学生研究成果报告

设计教师：东城区丁香胡同小学　倪彦鹏
指导教师：东城区教师研修中心　张　磊

教师指导学生活动的设计

（一）整体活动简介

在四年级品德与社会《悠悠一古城》一课展示了北京周口店猿人的生活场景和北京王府井古人类文化遗址博物馆的图片，简要地介绍了"北京人"的生活年代、地点及生活状况。北京人头盖骨发现者贾兰坡是我校校友，因此学生对"北京人"产生了浓厚的研究兴趣。学生通过品德与社会课上的学习，进行自主分组，找到自己想研究的问题并搜集材料；然后走进"王府井古人类文化遗址博物馆"进行参观学习和活动体验；最后回到学校进行总结交流，完成研究报告，进而汇集成集体报告。

学生在寻访"北京猿人"的实践活动中，能够更加深刻的了解人类起源的悠久历史，对人类祖先的活动形成初步的认识。同时，学生还能够了解到生活在北京的最早的居民的情况，知道北京是古人类最早的生活繁衍地区。学生在经历研究性学习的基本程序的同时学习基本的研究方法。本次研究活动不仅有效地借助校外教育资源拓展、延伸了课堂教学的广度和深度，而且切实激发了学生自主探究的求知欲，提高了学生主动获取知识、运用所学解决问题的能力。

（二）学生活动方案

1. 活动准备

（1）教师准备

①在课堂教学中完成品德与社会《悠悠一古城》一课的教学内容。

②实地考察，与博物馆工作人员共同研究制定学生实践活动内容；撰写教学活动设计。

（2）学生准备

①根据课堂所学提出自己感兴趣的问题。

②在对问题进行归类整理的基础上，自由结组，确定各组的研究主题。

③组内分工，设计具体的研究方案。

④查找博物馆的布展资料；整理出《王府井古人类博物馆简要介绍》；填写完成"课前学习任务单"。

⑤查找贾兰坡对人类历史研究的贡献和意义。

2. 活动实施

①全体学生聆听工作人员介绍博物馆基本的陈列。

②全体学生按照路线参观展品、聆听讲解并做记录。

③学生分组活动，根据各自研究内容进行二次参观、采访工作人员或在操作平台上进行现场操作等途径搜集资料。

3. 总结汇报

学生整理资料，完成本组的研究报告。回顾整个活动过程，指导学生进行自评和组评。汇集各组研究报告，完成活动实践报告书。

（三）主题实践活动内容的确定选择

学生在课堂对教材内容学习的基础上进行讨论，提出自己还想深入研究的内容；教师帮助学生进行问题归类，学生根据自己感兴趣的问题进行分组，并推选出组长。

序	学生确定的研究选题	此次活动研究的课题	
		重点研究	课后延伸
1	人类起源的传说		√
2	"北京人"的一天	√	
3	"北京人"与现代人的区别	√	
4	"北京人"时期有哪些古动物		√
5	北京人的石器	√	
6	王府井古人类博物馆是怎么建成的	√	
7	到王府井古人类博物馆参观的人多不多	√	
8	"王府井古人类博物馆"和"周口店北京猿人遗址博物馆"的异与同	√	
9	中国境内的古人类遗址的分布	√	

学生共提出了 9 个感兴趣的问题，教师根据学生的年龄特征和认知水平，引导学生重点研究其中的 7 个问题。此外，由于 6 和 7 两个问题相关度高，因此建议学生将两个问题合并，确定研究主题为"研究人们对王府井古人类文化博物馆的关注情况"。

(四)学生分组研究情况

[第一组] 研究主题："北京人"一天的生活是怎样的

学生在研究方案中写道：通过观看遗址中的展品和听现场讲解员的讲解两个途径来找寻问题的答案。学生认真地倾听并记录下了重要的内容，还向讲解员提出问题，如："古人类"和"北京人"有什么区别吗？"这些古人类在哪里居住？"……他们请讲解员进行了具体的解答。他们还仔细参观了"古人类"生活场景展厅的陈列，提出不明白的问题，如：一个学生问："古人类的生活中，什么人去打猎？他们怎么分配食物呢？"讲解员都结合展品进行了耐心细致地讲解。

这个组的问题比较多，提出的问题也非常详细，具有针对性，因而这个小组研究出的资料很详细。不过内容呈现得比较杂乱，因而教师建议他们用情景剧的形式来呈现，这样能够完善的表达出本组研究出的全部内容。

[第二组] 研究主题："王府井古人类博物馆"和"周口店北京猿人遗址博物馆"的异与同

这个小组制定的研究途径为参观"王府井古人类博物馆"和网上查找"周口店北京猿人遗址"的资料。学生当天只在"王府井古人类文化博物馆"开展活动，因而，他们的研究报告当天并没有呈现出来。因此，教师建议学生提前搜集好"周口店北京猿人遗址"的资料，带着资料现场与自己看到的展板、展品内容作对比，这样就能够解决要研究的问题了。

[第三组] 研究主题："北京人"使用的石器

这个小组最想了解的是北京人的石器什么样？各有什么功能？如何使用？学生想通过网上资料的查找和观察实物的方式来解决。学生都是通过绘画的方式呈现自己的研究成果，形式单一，教师建议他们要打开思路，要尝试运用不同的方式来展示研究成果，在教师的启发下，学生想到了制作实物模型的方式。

[第四组] 研究主题："北京人"与现代人的区别

这个小组研究方案中，将通过实际参观、网上资料搜集来了解"北京人"，再与自己的身体各项体征进行对比得出结论。在这里，"自己"只是一个个体，而学生却把"自己"替代成了"现代人"这一群体，研究不够科学。教师建议学生从网站、书籍中再搜集更加科学的"现代人"资料与"北京人"进行对比，从而得出科学的结论。

[第五组]　研究主题：百姓对"王府井古人类博物馆"的关注度

这个问题具有一定的现实意义。学生在研究方案中设计的是听讲解员讲解以及现场统计参观人数。不过，学生也想到了"如果当天因为王府井地区开展一些商业活动，人会非常多或是因此人员都被吸引走了，会不会影响到我们的统计呢？这样也就直接影响我们的研究结果"。于是教师建议统计人数可以通过询问工作人员获知平时每天大概的参观人数，还可以设计一些问题，现场采访一些路过的人，了解人们是否愿意来参观的心态。因此，该小组提前设计了采访提纲，并通过调查报告的形式来呈现调查的结果。

[第六组]　研究主题：中国境内的古人类遗址的分布情况

该小组打算通过书本知识的学习、资料的搜集和整理以及当天的参观来完成研究内容。在参观活动中，他们有些问题并不能够完全搞清楚，而组内个别同学在老师的指导下，通过采访博物馆工作人员获得了更多的资料。

学生活动报告

(一)分组活动报告

学生最终研究成果汇报的形式主要有：报告单、图画、情景剧表演等。下面是学生各组的成果展现。

[第一组]　"北京人"一天的生活是怎样的？

这个小组是通过情景剧的方式来表演呈现的，这是学生编写的情景剧本《北京人的一天》(节选)。

这是 2.5 万年前的一天。清晨，健壮的男人们就外出打猎了，他们用石头来捕杀猎物；家中的老人来带孩子，教小孩儿怎样磨制石器；女人们采摘各种各样的野果。男人们打猎回来，会把好吃的嫩肉分给老人和孩子……晚上，他们也会用石器相互打磨，摩擦出火花来生火，这样，及防寒取暖，又不会担心有猛兽的袭击。他们就是这样在这片土地上无忧无虑的生活的……

[第二组] "王府井古人类博物馆"和"周口店北京猿人遗址博物馆"的异与同

内容	周口店北京猿人遗址	王府井古人类文化博物馆
地点	北京市房山区周口店龙骨山（山洞）	北京东城区王府井商业街东方新天地地下（平原）
发现时间	1929 年	1996 年 12 月
发现者	中国古生物学家裴文中 中国旧石器考古学家贾兰坡	岳升阳，北京大学环境学院历史地理研究中心副教授
历史	距今约 69 万年	距今约 2.4 万—2.5 万年
所属时代	旧石器时代（早期）	旧石器时代（晚期）
发现对历史、对人类研究的意义	因 1929 年发现了第一具北京人头盖骨，从而为北京人的存在提供了坚实的基础，成为古人类研究史上的里程碑。到目前为止，出土的人类化石包括 6 件头盖骨、15 件下颌骨、157 枚牙齿及大量骨骼碎块，代表约 40 个北京猿人个体。北京人头盖骨的发现，为研究人类早期的生物学演化及早期文化的发展提供了实物依据，是中国科学家为世界考古史做出的伟大贡献。北京人及其文化的发现与研究，解决了 19 世纪爪哇人发现以来的关于"直立人"是猿还是人的争论。山顶洞人化石和文化遗物的发现，更充分表明了北京人的发展和延续。北京人的发现，为中国古人类及其文化的研究奠定了基础，是当之无愧的人类远古文化宝库	它的发现，说明了皇城根下王府井地区覆盖着人类的足迹，与山顶洞人差不多属同一时期 它的发现首次证实：人类在大约 2 万多年以前就已从洞穴来到了平原
简单介绍	周口店北京人遗址位于北京市房山区周口店龙骨山。距北京城约 50 公里。1929 年中国古生物学家裴文中、贾兰坡在此发现原始人类牙齿、骨骼和一块完整的头盖骨。并找到了"北京人"生活、狩猎及使用火的遗迹，证实 50 万年以	根据发掘考证，在 2.5 万年前今天的北京王府井地区还是一片河谷，北京地区的古人类就在此生息、繁衍。 为了妥善保护这一珍贵的遗址和出土文物，展示北京先民们的生活情景及首都北京灿烂的远

前北京地区已有人类活动。考古学家开始在这里发掘，发现了距今约60万年前的一个完整的猿人头盖骨，定名为北京猿人。以后陆续在龙骨山上发现一些猿人使用的石器和用火遗址。这一发现和研究，奠定了这一遗址在全世界古人类学研究中特殊的不可替代的地位。周口店遗址是世界上迄今为止人类化石材料最丰富、最生动、植物化石门类最齐全、研究最深入的古人类遗址	古文化，东城区人民政府与李嘉诚先生共同投资、兴建了这座独具特色的专题博物馆。博物馆展厅以取自原地层的遗址块为中心，陈列原址发掘出土的石制品、骨制品、用火遗迹、动物化石等文物，并配以图表、照片，采用大型壁画、雕塑、电脑触摸屏等形式，向参观者系统而生动地介绍了遗址的原貌、古人类的生产和生活景况以及考古发掘过程，使参观者在此感触原始人类的生活，对两万多年前先祖的家园进行一次回访

［第三组］ "北京人"使用的石器研究情况

专题名称	研究结果
"北京人"使用的石器	人和动物的根本区别就是会不会制造工具 北京人制造的生产工具就是打制"石器" 北京人把石块敲打成粗糙的石器，使用这种打制石器的时代，叫做旧石器时代 北京人制造的石器有砍砸器，"北京人"主要用它来打猎，通过他砍伤、砸伤猎物，获取食物。当年，北京人就是用这些石器把树枝砍成木棒，作为狩猎和采集的工具，还用它采集植物的根、茎和果实 刮削器：这些主要是古人类用它来剥割动物的皮和肉

［第四组］ "北京人"与现代人的区别研究情况

专题名称	研究结果
北京人与现代人的区别	北京人比我们现在的人矮小，他们身材粗短，腿短臂长，但基本与现代人相似；能够直立迈步行走了。男性身高大约156厘米，女性身高大约144厘米 北京人的面部特征：北京人前额很低，颧骨较高，眉骨粗大，鼻子扁平，嘴巴突出，头部微微前倾，很短的下颌，还残留某些猿类的特征 北京人的脑量平均仅1000多毫升，大约是现代人的三分之二

［第五组］ 百姓对"王府井古人类博物馆"的关注度

专题名称	研究结果
百姓对"王府井古人类博物馆"的关注度	**建成时间**：1996 年 12 月发现遗址，5 年后即 2001 年 12 月建成。 **发现古人类遗迹的经过**：1996 年 12 月 14 日，北京大学在读博士岳升阳在东方广场工地中，看到由挖掘机铲斗划出的印迹上有黑色擦痕。当岳升阳小心地将擦痕表层的土质刮掉，发现了炭屑，找到了一些碎骨化石和被火烧过的骨头，特别是他还找到了数片人工打击形成的燧石片。中国科学院古脊椎动物与古人类研究所副研究员李超荣和岳升阳一起进行挖掘工作："那天早晨，我拿着考古锤与岳升阳一起坐着早班 114 路电车赶到王府井，当时东方广场工地四面都被挖得七零八落，在 12 米深的取土层面上，一条由挖掘机铲斗划出的黑色擦痕吸引了我的注意，这与岳升阳说的含有炭屑的地层相一致，我蹲在这里小心地挖起来，很快泥土里露出一个不规则的硬物，擦掉上面的土质，发现是一块碎骨化石，我当时心里判断这些应该就是古人类所用的旧石器。" **人们对这个博物馆的讨论和看法**：在寸土寸金的王府井专门辟出地方建一个古人类文化遗址博物馆，当时确实曾引起了人们的广泛讨论。但科学家曾说，在一个国家的商业中心建造博物馆可以充分向世人展示这个国家、这一地区，甚至是这一民族的历史和文化内涵。像王府井文化遗址这样就位于市中心的古迹本身就非常少见，因而在东方广场这块寸土寸金的宝地设立专门的一所博物馆，将非常有利于普及古人类学、旧石器时代考古学的文物知识，更可以让北京市民以及远道而来的外国游客了解到两万多年前北京地区的环境风貌和先民的生活情景，向世界展示古都北京灿烂的远古文化。 **当年考古的小故事**：考古挖掘工作历时 8 个月，经历了北京最冷和最热的两个季节。三九天住在滴水成冰的临时宿舍里，许多工作人员双手冻得通红，握不住考古锤。为了严格保护遗址现场，冬天他们谁也没有穿皮靴，脚上套的是又土又笨的棉布鞋。三伏天发掘坑里温度高达 40 多摄氏度，工作人员常常是光着膀子，挥汗如雨。考古工作不仅枯燥，而且需要超乎常人的细心，不管发现的化石有多小，都要仔细地观察记录，丝毫不得马虎。一次，一颗只有黄豆大小的蒙古草兔牙齿化石不慎丢失，所有的人为此找了整整一下午。在这 8 个月中，考古工作者总发掘遗址面积达 892 平方米，清理出 2000 多件人工石制品、骨制品，并且发现大量的动物骨骼以及烧石、木炭、灰烬等丰富的人类用火遗迹，这些遗迹真实地记录了古人类的生产、生活状况，为复原当时北京地区的生态环境提供了珍贵的资料 **我们的调查**：来王府井的中外游客确实非常多，然而知道有"古人类

续表

专题名称	研究结果
	文化博物馆"的人并不多，因为这个场馆在地下一层，因此就更需要进行广泛宣传。不过，来过的游客都反映不虚此行！我们想，看来博物馆对人们的教育意义是深远的，而且很有必要！ **我们的建议**：设立明显的指示牌；免费参观；提供更丰富的实践体验内容

［第六组］ "中国境内的古人类遗址的分布"研究情况

专题名称	研究结果			
中国境内的古人类遗址的分布	名称	时间	地点	居住特点
	元谋人	约 170 万年前	云南元谋一带	洞穴
	蓝田人	约 80 万年前	陕西蓝田一带	洞穴
	北京人	约 70 万～20 万年前	北京周口店龙骨山一带	洞穴
	山顶洞人	约 1.8 万年前	周口店龙骨山山顶一带	洞穴
	河姆渡人	公元前 5000～公元前 3300 年	浙江省余姚县	干栏式建筑
	半坡人	公元前 4800～公元前 4300 年	陕西省西安东郊半坡村	半地下

（二）整体研究报告书

本次社会实践课程学习后，我们将学生各组的学习研究情况进行了汇总，完成了本次活动的总体报告书。整体报告书如下：

"社会大课堂实践活动"报告书

学　校	东城区丁香胡同小学	指导教师	倪彦鹏
活动时间	2007 年 7 月 9 日	活动地点	王府井古人类文化博物馆
队员名单及活动分工	略		
背景资料			
基地名称	王府井古人类文化博物馆		

130

	活动地点简介
活动地点 基本情况	王府井古人类文化博物馆位于王府井新天地地下。1996 年 12 月，北京大学环境学院历史地理研究中心副教授岳升阳发现了此处遗迹。根据发掘考证，在 2.5 万年前今天的北京王府井地区还是一片河谷，北京地区的古人类就在此生息、繁衍。 为了妥善保护这一珍贵的遗址和出土文物，展示北京先民们的生活情景及首都北京灿烂的远古文化，东城区人民政府与李嘉诚先生共同投资、兴建了这座独具特色的专题博物馆。博物馆展厅以取自原地层的遗址块为中心，陈列原址发掘出土的石制品、骨制品、用火遗迹、动物化石等文物，并配以图表、照片，采用大型壁画、雕塑、电脑触摸屏等形式，向参观者系统而生动地介绍了遗址的原貌、古人类的生产和生活景况以及考古发掘过程，使参观者在此感触原始人类的生活，对两万多年前先祖的家园进行一次回访
贾兰坡对人类 历史研究的贡 献和意义	贾兰坡是我校校友，曾就读于北京汇文一小。因 1929 年发现了第一具北京人头盖骨，从而为北京人的存在提供了坚实的基础，成为古人类研究史上的里程碑。到目前为止，出土的人类化石包括 6 件头盖骨、15 件下颌骨、157 枚牙齿及大量骨骼碎块，代表约 40 个北京猿人个体。为研究人类早期的生物学演化及早期文化的发展提供了实物依据，是中国科学家为世界考古史作出的伟大贡献。北京人及其文化的发现与研究，解决了 19 世纪爪哇人发现以来的关于"直立人"是猿还是人的争论。山顶洞人化石和文化遗物的发现，更充分表明了北京人的发展和延续。北京人的发现，为中国古人类及其文化的研究奠定了基础，是当之无愧的人类远古文化宝库。

	活动记录
活动主题	寻访古人类文化的遗迹 ——"走进王府井古人类文化博物馆"

活动目的	(1)情感态度价值观：
	  激发学生的学习兴趣和探索人类起源、进化与发展的兴趣和创新的欲望；激发学生爱母校、为母校学子感到骄傲的情感以及爱祖国、爱科学的情感。
	(2)过程与方法：
	  通过参观博物馆，观看展品、进行实践研究，培养学生学会研究性学习的基本程序，掌握研究性学习的方法，在活动中，培养小组合作学习的能力，学会用多种手段、多种途径获取信息。

131

小学篇

	(3)知识与技能： 　　了解人类起源的悠久历史，对人类祖先活动形成初步的认识；了解生活在北京的最早的居民的情况，知道北京是古人类最早的生活繁衍地区；培养学生根据收集到的信息进行对比分析的能力。		
活动形式	小组探究式	参与人数	30 人
活动过程简介	1. 向博物馆工作人员介绍学校的基本情况。 2. 博物馆阿姨介绍博物馆基本情况，同学提出问题。 3. 参观博物馆，做好记录，各组进行实践研究。 4. 完成研究内容，分组实践体验，撰写研究报告。 5. 记录员：张雨涵		
研究成果展现方式主要有	报告单、资料对比分析、绘画、情景剧表演		
获得知识的主要途径有	品德与社会课本、网上查找资料、相关书籍、询问博物馆工作人员		
我的感想和收获	经过我的采访和调查，我发现，来这里的人不多，主要是因为博物馆位置虽然位于繁华地段，但是人们不知道在这个热闹的商场中还有个博物馆，我觉得应该在商场显眼的位置或商场外面的指路路标上做一个说明和提示，这样就会有更多的人来了。北京的外国游客越来越多，他们一定都愿意到王府井来游玩，看到这个提示牌，就一定会来参观；第二个原因就是因为这里收费，很多人一看收费就不来了，建议可以免费参观；第三我觉得这里可以提供给学生进行体验活动的内容还不够丰富，不知道我的这些调查结果工作人员能不能够接受和采纳。 　　　　　　　　　　　　　　　　　　　　——郭璇 　　刚开始我心里既紧张又害怕，因为要记的内容多我怕说错了又怕没有人听。没想到我的第一位游客是一位小朋友，所以我一点也不紧张，三个展台我讲解得都十分流利。接着，我要为两位叔叔讲解，我有些紧张了，说话也有些打颤，生怕说错。讲解中突然出现了错误，左盼右盼想找个救星，这时同学们都围了过来，看着他们的笑脸，我放松了，增强了信心，说话自然了。在我休息时，一位叔叔走了进来，我们迎上去和叔叔问好，让叔叔听我们讲解，可叔叔连理都不理，当时我真是气极了。接下来便有许多位游客拒绝我，当时我多么希望得到大人们的理解和帮助呀！就在我要对自己失去信心时，老师把我们叫了过去，告诉我们应该先问好，再和游客说		

	"这是我们第一次进行社会实践活动，希望您给我们一次机会，谢谢您！"我们试着用这样的话对游客说，这招真灵，再没有一个人拒绝我们。这可真是一句魔语啊！这次社会实践，我了解到：古人类十分勤劳，他们用自己的双手捕捉食物，有时还会饿肚子，可他们还是那么坚强。通过这次实践，我感受最深的就是被游客拒绝时那种无奈，多么希望得到别人的关注，多么希望别人能够理解我们啊。而当我拥有了魔力语言时，效果却不一样。看来，做什么事要想让别人理解，还应该自己去争取。凡是要学会尝试，才会得到收获，今后我再不能像以前一样做个害羞的"小公主"了。 ——周墨涵
活动效果自我（家长）评价	今天我能参加这个活动心里特别高兴。我觉得自己挺了不起的，更感觉我们的活动特别有意义，还觉得我们自己挺幸福的。我不仅学到了很多知识，还锻炼了我的胆量。通过我的宣传，有一个外地来的孩子和他爸爸一起来博物馆了，他们看后还说，北京的孩子能有这样实践的机会，真好！他爸爸还教育孩子说要向咱们学习，也应该多参加实践活动呢！ ——陈易新

（三）学生个体研究或感受体会摘录

学生张原在研究完本组的"北京人的生活"后，还愿意当一名志愿讲解员，于是她根据自己的理解，编写了展台的内容介绍："我为您讲解的是古人类的生活图，大家看到的这幅图中间的河是永定河二级支流，但是现在它已经变成地下河流了。在远古时代，比较健壮的男人解剖捕来的猎物，老人教小孩儿制作石器，女人采摘野果，过着宁静的日子。从草丛边的黑泥土可以看出，那时他们就已经知道肉要烤着吃才香，他们已经有了思维，懂得思考，知道怎样用火了。"他们可真聪明啊！

学生吴禹在研究完本组"'王府井古人类博物馆'是怎么建成的？到这里参观的人多不多？"等的问题后，带领一位与自己年龄相仿的聋哑女孩来听讲解，由于开始不知道她是聋哑人，吴禹事后说道："当时我大声讲半天了，看到她爸爸用手语和她说话。我一下子懵了，我说什么看来都不行了！于是我就把最重要的话大声地说出来，我发现她还是听不懂，就用手比划着，并且放慢速度讲，再看看那女孩儿的爸爸，我发现，其实那女孩特别爱听。我觉得我们学到的关于古人类生活的知识，很多人都感兴趣呢。我今后也要再学学简单的手语，这样就能给聋哑人讲解这方面的知识了！"

学生范文这样写道："我知道了古时候生活在王府井的人类他们生活在平原，而周口店的古人类生活在洞穴里，我还画了一幅他们生活在洞里的画，大家看看是不是这样的？"

学生郭璇写道："经过我的采访和调查，我发现，来这里的人不多，主要是因为博物馆位置有点偏僻，人们不知道在这个热闹的商场中还会有个博物馆，我觉得应该在商场显眼的位置或商场外面的指路路标上做一个说明和提示，这样就有更多的人来了。现在来北京的外国游客非常多，他们一定都愿意到王府井来参观游玩，看到这个提示牌，就一定会被我们这里悠久的人类文化遗迹吸引住；第二个原因就是因为这里收费，很多人一看收费就不来了，建议可以免费；第三就是我觉得这里可以提供给我们小孩儿进行体验活动的内容还不够丰富，不知道我的这些调查结果工作人员能不能够接受和采纳。"

学生周墨涵写道："我觉得学到知识很重要，更重要的是要锻炼自己的能力。社会大课堂让我不仅更加清楚的认识了解了课堂上的知识，更让我学到了很多课本上没有的知识，最终要的是锻炼了我。就拿我当义务讲解员来说吧：刚开始我心里既紧张又害怕，因为要记的内容多我怕说错了又怕没有人听。没想到我的第一位游客是一位小朋友，所以我一点也不紧张，我三个展台讲解得都十分流利。第二位游客是两个叔叔，我有些紧张了，说话也有些打颤，生怕说错。讲解中突然出现了错误，左盼右盼想找个救星，这时同学们都来了过来，看着他们的笑脸，我放松了，更增强了信心，说话自然了。在我休息时，一位叔叔走了进来，我们迎上去和叔叔问好，让叔叔听我们讲解，可叔叔连理都不理我们，当时我真是气极了。接下来便有许多位游客拒绝我，当时我多么希望得到大人们的理解和帮助呀！就在我要对自己失去信心时，老师把我们叫了过去，告诉我们应该先问好，再和顾客说'这是我们第一次进行社会实践活动，希望您给我们一次机会，谢谢您！'我们试着用这样的话对顾客说，这招真灵，再没有一个人拒绝我们。这可真是一句魔语啊！这次社会实践，我了解到：古人类十分勤劳，他们用自己的双手捕捉食物，有时还会饿肚子，可他们还是那么坚强。通过这次实践，我感受最深的就是被游客拒绝是那种无奈，多么希望得到别人的关注，多么希望别人能够理解我们啊。而当我拥有了魔力语言时，效果却这么不一样，看来，做什么事要想让别人理解，还应该自己去争取。凡是要学会尝试，才会得到收获，今后我再不能像以前一样做个害羞的'小公主'了。"

走进智化寺

设计教师：东城区史家小学　蔡　丹

 教师指导学生活动的设计

（一）整体活动介绍

1. 基地情况分析

北京文博交流馆是一座以促进北京地区博物馆之间的交流、博物馆与民间收藏组织之间的交流等功能的综合性博物馆，其所在的智化寺鉴于明正统九年（公元 1444 年）。智化寺堪称今天北京城内最大的明代木结构古建住群，寺内存有北京唯一的明代转轮藏，以及精美的明代壁画，近万尊佛龛和数百卷元、明、清三代藏经，古朴典雅的"智化寺音乐"更是闻名于世。智化寺在 1961 年被国务院列入首批全国重点文物保护单位，现已成为东城区青少年教育基地。

2. 基地环境与学习内容的关系

《北京情　中国心》是北京市小学使用的一本中华传统文化教学用书。在这本教材中有《智化寺》一课教学内容。课本中介绍了智化寺两大重要内容，一是它是一座最完整的明代风格的木质结构建筑群；二是这里的音乐是我国现存最古老的音乐之一。

另外，史家小学校址位于北京市东城区。在东城区小学地方教材《走进东城》中也有《智化寺》一课的教学内容。

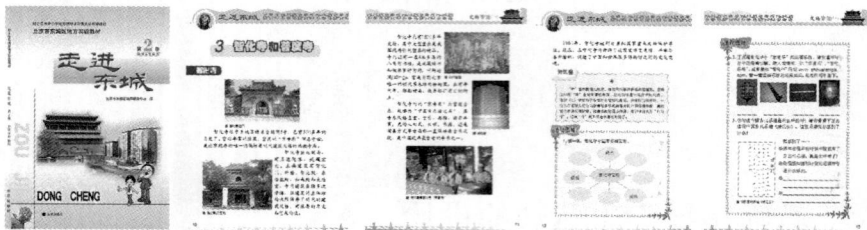

《走进东城》教材引导学生推开历史大门，去触摸绵延不断的历史脉络，感受文物古迹的璀璨辉煌！

两套教材存在共性特征，它们都引领学生感受当地古老和现代的文化，使学生产生热爱家乡的情感！不同在于，所呈现的地域范围不同，一大一小，一个包含另一个的关系。《北京情　中国心》是以北京地区为学习范围。而《走进东城》则是以北京市东城区这一地理环境为学习范围的。

两套教材中有关《智化寺》一课的教学内容，互不冲突，反而是一致的，所以教学安排上可以做到有机的结合，或者说可以做到合二为一。

（二）学生活动方案

1. 教学目标

教师根据教材内容、智化寺资源情况、学生的特点等方面制定出《智化寺》一课学习的三维教学目标。

（1）知识与能力：知道智化寺的简单建筑情况；初步认识智化寺古乐所使用的乐器、乐谱、表现的内容等方面；知道智化寺的古乐闻名于世；培养学生边听边质疑，边听边记录的学习能力。

（2）过程与方法：学生通过识图找地点，听同学简单介绍寺院，认识智化寺的特色——古乐，听其音，辨其谱，认其器等活动，使学生学会深入思考，质疑，整理、记录的方法进行学习。

（3）情感态度价值观：学生感受到古乐的博大精深，能有意识地投入到保护传承智化寺古乐中去。

2. 教学重点难点

（1）教学重点：学生简单地认识智化寺古乐所使用的乐器、乐谱、表现的内容等方面。

（2）教学难点：学生欣赏智化寺古乐。

3. 教学策略的选择

本课采用校内外结合、自主研究的学习方式，在教师指导下，培养学生发现问题、提出问题、解决问题的能力。

(三)实践主题活动内容的确定选择

1. 实践主题活动内容确定的原因

五年级的学生刚刚接触历史文化知识，对历史文化刚刚产生朦胧的兴趣爱好，所以常识性的历史文化知识是他们最感兴趣的。而智化寺中的历史文化对于学生来讲是极其陌生的。课本上所提到的内容距离学生生活较远，他们只能从课本上的文字和几张有限的图片中感受智化寺的魅力。这对于小学五年级的学生来讲存在难认识、难理解等问题。而智化寺就位于北京市东城区禄米仓东口路北，它距离我校较近，步行只需 20 分钟。所以教师可以依托蓝天工程组织学生到智化寺进行参观学习，这样就可以拉近学生与课本内容的距离，他们学习的积极性就会被激活。他们对智化寺产生极大的兴趣，都想亲眼去看看，亲耳去听听，充分感知智化寺闻名于世的古老文化。

基于社会大课堂社会实践基地环境的情况分析，为了使学生能够亲身体验，能够亲自研究，能够更大程度地提高自身各方面能力，北京文博交流馆(即智化寺)成为我校学生学习《智化寺》一课教学内容的重要学习资源。

有关走进智化寺的学习，教师依据两套教材的要求，将学习者安排为小学五年级的学生。为了使学生在知识上能够对智化寺有较为权威的认识，教师采取先在校内课堂学习书本知识，使学生初步感知智化寺中的古老文化，同时帮助学生认识智化寺的位置，智化寺的简单建筑特点，及初步了解智化寺中闻名于世的古乐相关知识。之后，安排学生走进智化寺，亲身去感受智化寺文化流传至今的魅力所在。教师邀请智化寺中的讲解员为学生生动的讲解。这使得学生能够开阔眼界，感受到课本不能带给学生的更为丰富的知识和文化魅力。为了使学生的学习过程更为生动，使他们的学习方法不为枯燥的听其言信其言的单调之举。教师征求学生意见，采用学生较为喜欢的方式进行学习。这样做才可以大大提高了学生的学习热情和学习效果！真正激起学生热爱家乡，热爱民族历史文化，传承历史文化的情感和行为。

2. 时间安排

(1)第一阶段

内容安排：细致了解智化寺的情况

活动地点：北京文博交流馆，即智化寺

活动时间：半天

参与人员：教师

活动形式：访问

（2）第二阶段：

内容安排：了解课本相关内容，进行学习态度的问卷

活动地点：校内课堂

活动时间：20 分钟

参与人员：全体学生（五年级 1 班）

活动形式：阅读法、问卷调查法

（3）第三阶段

内容安排：分组并提出问题

活动地点：校内课堂

活动时间：20 分钟

参与人员：全体学生（五年级 1 班）

活动形式：讨论式

（4）第四阶段

内容安排：走进智化寺

活动地点：北京文博交流馆，即智化寺

活动时间：1 小时

参与人员：全体学生（五年级 1 班）、教师

活动形式：访问式（解决问题的过程）

（5）第五阶段

内容安排：展示交流

活动地点：校内课堂

活动时间：40 分钟

参与人员：全体学生（五年级 1 班）、教师

活动形式：汇报

学生活动报告

(一)学生在活动时学习态度的分析

内容安排	教师行为	学生行为	阶段目标	教学效果反思
1. 学生了解书中所介绍的内容。	今天，我们的主要任务是再次阅览书中的内容。	明确任务，继续学习。	充分了解书中内容	在课下学生很难完成浏览阅读的作业。一定要充分地引导学生了解书上的内容，给足他们时间阅读。
2. 学生完成学习态度的问卷调查。	请学生完成调查问卷（学习态度，见附件：调查问卷1）	进行答卷	对学生进行学习态度方面的了解。	

附件：调查问卷1　　　　学习态度型调查问卷

1. 你是否喜欢《北京情　中国心》这本教材呢？

a. 非常喜欢　　b. 喜欢　　c. 一般　　d. 不喜欢　　e. 无所谓

2. 你对北京的历史、文化、传统习俗是否感兴趣呢？

a. 非常喜欢　　b. 喜欢　　c. 一般　　d. 不喜欢　　e. 无所谓

3. 如果将介绍北京的历史、文化、习俗等内容纳入课堂，成为一门学科，你是否喜欢呢？

a. 非常喜欢　　b. 喜欢　　c. 一般　　d. 不喜欢　　e. 无所谓

4. 你喜欢的作业形式有什么呢？（多选）

a. 收集课外资料并整理好　　b. 制作专题小报　　c. 制作电子课件　　d. 参观考察

e. 社会调查　　f. 拍摄DV短篇　　g. 其他＿＿＿＿＿＿＿＿

分析：

这份问卷只对实验班47个同学进行了调查，并且是在学生做好充分准备（仔细浏览阅读课本）的情况下进行。这样对了解学生的真正的想法有一定的好处。学生不是盲目地作答，而是经过认真思考后的回答。

从学生的回答可以看出：

1. 学生对教材的喜爱程度，非常喜欢的有24人，喜欢的有17人，一般的有5人，没有人不喜欢，只有1人是无所谓的。

从这里可以看出学生对教材是感兴趣的，愿意学习本教材的内容。

2. 学生对了解北京的文化等方面的喜爱程度，非常喜欢的有24人，喜欢的有20人，一般的有3人，没有人不喜欢和无所谓的。

从这里可以看出学生对了解自己的家乡历史、文化、民俗等内容是兴趣浓厚。93.62％的人喜欢进行了解，甚至是50.06％的学生是非常喜欢了解的。

3. 学生是否愿意将此课程纳入正规的课程之中。填写：非常喜欢的有23人，喜欢的有15人，一般的有8人，不喜欢的1人，无所谓的没有。

从这里可以看出，虽然学生在回答这道题时没有上一题的愿望强烈，但是也同样可以看得出，他们还是愿意将这一课程纳入为自己的正式课程的。

4. 学生喜爱的作业形式（学生学习、巩固的方式），填写：（1）收集课外资料资料并整理好（10人）；（2）制作专题小报（8人）；（3）制作电子课件（11人）；（4）参观考察（31人）；（5）社会调查研究（12人）；（6）拍摄DV短片（7人）；（7）其他（1人选择绘画，2人认为不留任务好）。

如图所示：

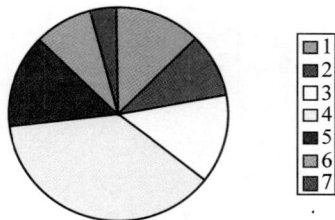

从整体来看，学生选择的呈现方式很多，愿意按照自己喜欢的方式进行学习、巩固。

从个别学生来看，选1答（25人）、选2答（11人）、选3答（5人）、选4答（1人）、选6答（2人）。

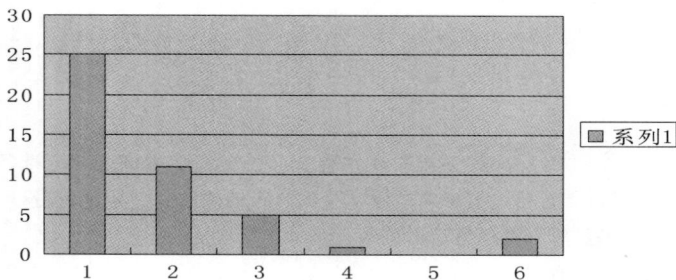

从这里看到的是这个班学生能力的不同。教师可以具体根据学生的实际情况加以有目的的指导。这样可以使课本中枯燥的知识变得生动，对学生学习的兴趣、动力、效果都会有很大的帮助的。

（二）学生在课堂学习活动的分析(时间：40分钟)

内容安排	教师行为	学生行为	阶段目标	教学效果反思
1. 从中西方的音乐入手。	导入： 请听两段乐曲，说说哪一个是中国的音乐？ 小结：看起来大家对中国的音乐还有一定的了解。那么你知道中国的音乐有多少年的历史吗？	听音乐进行对比 回答问题	从中西方的音乐入手	音乐进行对比，学生很容易就能找出能够代表中国的乐曲。
2. 知道智化寺的古乐闻名于世。	讲：我国是世界上音乐文化发展最早的国家之一。据考证已有9000年的可考历史了。中国古乐源远流长，经过千年的发展演进，借鉴融会，共同构成了五彩缤纷的中华乐章。西安城隍庙鼓乐、开封大相国寺音乐、五台山青黄庙音乐、福建南音及北京智化寺音乐同属我国现存的最古老音乐。那一首首古老的旋律，是我国优秀的文化遗产。 中国古老的旋律就在我们的身边，在我们身边的是哪个古老的音乐？ 你对智化寺的音乐有所了解吗？今天我们一起来了解智化寺的古乐。(板书课题)	倾听 看图，找到相应的位置 回答（北京智化寺音乐） 回答问题	简单了解中国的古乐情况	在这个过程中，是教师进行介绍，边介绍边指图，能够使学生在头脑中简单地意识到在中国的什么地方有什么古乐。如果能够在课件中再加入当地古乐的背景就更好了。

141

来自社会大课堂学生的报告

内容安排	教师行为	学生行为	阶段目标	教学效果反思
3. 知道智化寺的地址，知道智化寺的简单建筑情况；从智化寺古乐，使用的乐器、乐谱、表现的内容，来了解古乐。	新授：有同学去过智化寺吗？智化寺在北京的什么地方？	看平面图，说说智化寺在学校的什么方向、怎样走能到智化寺。	知道智化寺的地址。	利用平面图进行学习，提高了学生情趣，还能够增强他们的识图能力。学生能指图，说出从学校到智化寺的路线。
	那就请××同学给大家介绍一下，我们身边的智化寺。（板书：明朝智化寺）请组长拿出表格，填写学习内容（板书内容），全组成员注意倾听，如果有问题，请将问题先记录在笔记本上。学生进行介绍。小结：智化寺之所以很有名，是因为在明朝的时候大太监王震将宫廷音乐带出宫廷，与家庙中的佛教音乐相融合，形成了自己独特的智化寺音乐，并历经沧桑艰难地保存了下来。（板书：古老的音乐）	学生进行介绍，并将自己想到的问题记录在笔记本中。倾听	知道智化寺的简单建筑情况。随手记录	这一块内容是学生介绍智化寺的方方面面。效果没有想象中的好，讲解的学生准备得不充分，因此不精彩，也没有什么条理，就是想到哪儿说到哪儿。我理想中的应该是学生有个简单的演示文稿，大量的图片信息，能够绘声绘色地进行讲述。这样其他同学听着才能感兴趣，能更好地边听边思考，才能在已知的基础上产生新的问题。
4. 随着学习的深入，会出现新的问题，引导学生将学习的过程填写好。	在学习的过程中请你随手记录下你想要问的问题。			

内容安排	教师行为	学生行为	阶段目标	教学效果反思
	先请大家欣赏一曲，说说，你的感受。 再来欣赏一次，请你仔细听听，说说智化寺的乐曲是用什么乐器演奏的？（展示乐器，进行介绍） 演奏智化寺音乐的乐器与我国一般民乐所用的乐器有所不同，分为两类：一是吹奏乐器，主要有笙、管、笛；一是击奏乐器，有云锣、鼓、铛子、钹、铙、铪子等。 （1）吹奏乐器 管：古称筚篥，俗称管子，为双簧单管竖吹气鸣乐器。在智化寺音乐中，管的形制为九孔，前七孔，后二孔。可见，现在智化寺的九孔管正是唐宋教坊音乐筚篥的遗制。它是智化寺音乐的主奏乐器，在乐队中起着骨干作用。在演奏中，旋律很少加花，注重禅韵，要求演奏者具有娴熟的技巧。智化寺音乐的管有大哨、小哨之分，适用于不同调性的乐曲。 笙：单簧多管抱吹气鸣乐器。智化寺音乐的笙是十七簧笙，在管序和音位等方面明显沿袭宋	听古乐，感受回答 倾听	从智化寺古乐，使用的乐器、乐谱、表现的内容，来了解古乐。	第一次请大家进行欣赏智化寺古乐，只能起到初步感受的作用。 第二次再来欣赏是让学生注意听清使用什么乐器进行演奏的。这个问题不是很难，因为他们已经是五年级的学生了，在音乐课中已经学习过一些乐器，在此进行辨别就不是很难了。但是，在了解智化寺古乐中使用乐器这一块问题时，出现一个问题。学生能够大概听出是什么乐器演奏的可是，这些乐器毕竟和今天使用的乐器不同。这种不同怎样对比出来？（1）能不能进行对比（实物的对比）问题是不能够找来智化寺的乐器，所以不

来自社会大课堂学生的报告

内容安排	教师行为	学生行为	阶段目标	教学效果反思
	制。现在智化寺的笙也是如此。笙在智化寺音乐中起着重要的融合作用，其演奏突出节奏和强弱起伏。 笛：俗称"笛子"或"横笛"，为边棱音横吹气鸣乐器。在智化寺音乐演奏中，笛的演奏最为活泼，常常以流畅的花音和装饰音穿插于古朴的旋律之中。 （2）击奏乐器 云锣：古称"云璈"，民间称"九音锣"，为击奏体鸣乐器。由十面小锣组成，又叫十面锣。因最上方的一面不常用，故民间称之为九音锣。云锣的大小相同，锣面直径均为8厘米。因厚薄有别，所以能发出高低不同的音响。锣面无脐，边缘钻小孔系绳固定于木架上。云锣音色清亮，极富色彩，多奏旋律骨干音，多作同音反复，起到加强节奏感的作用。多用左手持锣架木柄，右手持锣棰敲击。智化寺云锣，为明成化年间制作，音色醇美，称得上是一件地地道道的文物。 鼓：击奏膜鸣乐器。智化寺音乐所用鼓为堂			能比较；（图片比较）这样也不行，从图片中不能够看有什么不同之处，同样不能比较。（2）想到的是，见不到"形"能不能听其声进行辨别？（由于准备得不充分所以没有进行实验）（3）讲述，这就是课上所呈现出来的。边看图边讲述。想到：在实验时能不能将这三种方式结合在一起进行学习？再有，共有好几种乐器，学习的形式也可以变一变，不用只是单纯的教师进行介绍，也可以有学生的参与，多增加一些互动的方式就更好了。使学生充分感受到智化寺古乐所使用乐器的古老。

内容安排	教师行为	学生行为	阶段目标	教学效果反思
	鼓，以木为框，两面蒙牛皮。演奏时，将鼓放在木架上，用双木槌敲击，打出各种节奏花样。鼓的演奏抑扬顿挫，运用灵活，清逸洒脱，起着稳定节奏的作用。 问：从使用的乐器上，你可以看出智化寺所使用的乐器怎样？ （板书：乐器　古老） 这些乐曲距今已有500多年的历史了，它是怎样流传下来的？音乐的传承靠的是什么？（曲谱）智化寺的音乐用的是什么用的曲谱呢？是五线谱？还是 1、2、3、4、5、6、7 简谱？让我们看看。（出示图）这种谱子叫做工尺谱。请同学来读一读。 问：咱们班的同学，谁认识它？ 小结：确实是工尺谱，现在已经很少有人认识了。（出示）让我们一起先了解一下，乐曲中的 7 个音。 现在你能将这个工尺谱用五线谱或简谱的形式翻译过来吗？（难、不会、看不清） 小结：是呀，我们遇到了很多问题，这说明了	回答 回答 看图 读读 辨认乐谱 看图 小组进行辨认，翻译谱子		在学习古乐曲谱方面，从流传，传承入手，一是为了能够让学生感受到流传之难，之不易。引出曲谱，并了解特点，认识到是因为曲谱难解，使得传承困难。在这里安排了学生译曲谱，可是看不清。本想是通过学生的译，翻译困难感受到不好认，难懂。这样一来，还没有翻译就已经遇到了困难，只好顺势说，看不清就是一个难题。再有在你能看清几

145

小学篇

内容安排	教师行为	学生行为	阶段目标	教学效果反思
	什么?(板书:曲谱难懂) 出示,这就是人们翻译过来的五线谱。其实,还不只是这些,还有什么呢?让我们一起来听一听吧。 曲子只是单纯的声音吗?乐曲中还有什么存在?(丰富的内容)(板书:内容 丰富) 让我们一起来欣赏一下吧。听音乐,进行感受。 这首曲子就是我们刚才说到的那首《清江引》。 介绍:刚才,我们从三个方面介绍了智化寺的古乐,乐器古老,曲谱难懂,内容丰富,这是我们的感受。在课中我们欣赏了两曲,对智化寺的古乐有了一些简单的认识。你们感觉怎样?	回答 倾听 听古乐 回答 听古乐感受 谈谈自己的感受		个音的基础上,试试译一译。学生的反应依然是看不出来,于是总结曲谱难懂。 第三方面是从古乐的内容上讲,这里在学生前面欣赏的基础上,此时在请学生欣赏一曲。前者是无唱的,后者是有唱。从内容上是有所不同的。由于学生听的少,也不懂一些佛教的知识根本听不懂、听不出来。在课堂上只好请学生打开书,读一读书中有关古曲内容的介绍。在此,还要进一步思考:采用怎样的方式能让学生感受到内容的丰富。

内容安排	教师行为	学生行为	阶段目标	教学效果反思
	小结：很不好理解，也很不好欣赏，没什么兴趣，正是这样，我们要保护和传承这一古老的文化，不然，它将消失在我们的眼前。		随着深入的学习会出现新的问题，引导学生将学习的过程填写好。	课前学生兴趣高涨，想听智化寺古乐的欲望强烈，而课中，已经听过了古乐，略显遗憾，教师要抓住这一现成的机会，引导学生认识到传承的困难。而传承又不能展开讲，因为时间不够。所以在此只是一种引导感知。后面的课再来涉及传承。
	可讲到这里我想，大家会有些问题和想法，现在请以小组为单位，组长带领组员将表格填好。 下节课，我们一起走进智化寺继续学习。	小组进行讨论，并填写记录单		在探究的过程中，问题一个一个地被解决，而新的问题又一个一个地生成。要及时抓住，进行深入研究。

（三）学生自愿结组提问情况的分析

内容安排	教师行为	学生行为	阶段目标	教学效果反思
	我们前两次课已经对这本教材有了一定的认识。从今天开始我们将正式学习。 我们要学习的是《智化寺的古乐》一课。	倾听 学生进行	说明学习任务。 学生进行	学生能够根据书中内容进行自学，还能够提出相关的问题。再通过小组讨论学习，组内可以解决一些问题。之后，老师对每组学生进行指导评价。这样一来，教师可以根据学生的需要，进行教学设计。有针对性地做引导性地学习。
1. 学生进行自愿结合分组。	我们学这一课，要进行探究性学习，所以，全班同学要分成若干个小组。每组最多6人。如果有同学没有结成组，也可以单独为一组。	学生进行分组	自愿结合分组。	
2. 了解所学内容。	仔细阅读课文内容。并将自己想重点了解的内容记录在笔记本中。	阅读书中内容并将问题记录	了解本课学习内容。 自行提出问题。	
3. 提出问题。	小组进行第一次合作，完成探究学习1表格的填写。（见附件：探究学习1）	小组探究	小组进行探究，总结问题，并在组内解决问题。	

探究学习 1　记录表

研究内容	智化寺的古乐			
研究时间				
组　号				
成　员	所有成员			
	负责人（组长）			
问题提出	成员		问题	
小组讨论	讨论问题			
	讨论过程			
	讨论结果			
本次活动成员签字				
本次活动记录员				
教师指导				
指导教师签字				

149

分析：

一、从表格的设计来看，有一个地方需要修改，可将"教师指导"改为"教师指导与评价"。单纯的教师指导，其范围太小。如有的小组表现出来的是思维清晰，思考细致、周到，把整个讨论的过程记录得很详细。在这个时候需要的是老师的鼓励，使学生再接再厉，勉励他们在接下来的学习过程中研究得更深入、更好。但也有些小组，老师可以通过他们的记录也可以看出，他们在应付差事。这时同样也需要老师的正确评价，进行有力地引导，使他们能够真正地行动起来，脚踏实地地进行认真研究。所以，应该将这个内容更改过来。

二、从表格填写的记录中，教师可以了解学生的认知情况。如：可从学生的问题中看到，学生的兴奋点在哪里。教师可根据他们的问题，准备下一阶段的学习安排。

教师可以从表格的记录中，看到他们在小组讨论学习中所遇到的问题。也许这里的问题，学生并不能察觉得到。这就需要教师在浏览的过程中细心留意并加以分析，作出正确的引导。如：学生小组讨论的填写部分，有以下一些问题：1. 不知道如何填写或表述。有一些小组，搞不清楚讨论的过程和讨论结果应该怎样进行填写，填写什么内容。2. 在讨论过程中学生要解决一些比较容易的组内问题，并且可以利用现有工具（书）进行寻找答案。这一过程，有一些小组找到的答案是错误的。

教师还可以从记录中了解到学生参与的情况。因为，记录单中明确有成员参与的记录。这与学生完成总任务的评价成绩有密切的关系。在课下，就有一个学生到办公室来找我，说："老师，上次课我没有来，我想拿回记录单，与组内同学再商量一下，填好，再给您交过来。"这个学生从来都没有这样积极过，原来写作业根本不愿意完成，没有上课还能够及时地找到老师主动要求补上，真是太阳从西边出来呀！我笑着问他："为什么要补？那天你不是生病了？没有来吗，就算病假吧，不用补了。"他听我这样一说，一个五年级的大男孩，撒娇地在我面前说："老师，求求您了，我能完成好的，就让我补上吧，我不想没有成绩。"见他来真的，真的是想将作业补上，我便不再逗他了，说："嗯，拿去吧，好好讨论一下，提一些和主题有关、有价值的问题出来。"他高兴地说："好，谢谢老师，一定的。"从这个小例子中，可以看到学生在学习态度方面的进步，这说明采用小组学习及时填写记录单并自动签名的方式很有效果。

(四)学生走进智化寺的学习情况分析

内容安排	教师行为	学生行为	阶段目标	教学效果反思
身临其境感受古乐，了解传承进行宣传。	我们已经在课堂上了解了一些有关智化寺和智化寺古乐的一些知识，今天让我们跟随讲解员一起走进智华寺，亲身感受它的历史和它的博大精深。并将我们在上次课中的质疑，亲自在这里找到答案。	倾听	开门见山，直奔主题。	学生此时明确这节课的主要任务。
	让我们先来聆听一段古乐乐曲。	聆听	现场感受	
	（讲解员）讲：	倾听		
	1. 演奏古乐所使用的乐器名称以及特点。		了解教材之外，但与之相关的内容	学生通过听乐曲、听讲解、听问答，对智华寺古乐有了深入地了解。从他们的反应中可以看出：学生感受到了古乐的传承是不容易的。
	2. 刚刚听到的乐曲名称、内容含义。			
	3. 演奏古乐的人员情况。			
	4. 带领学生参观有关古乐方面的展品，并进行介绍。			
	听了这些内容你们还有什么疑问吗？			
	（讲解员）回答学生的质疑。	询问	学生解决质疑	
	说说，你们感受到了什么？	学生回答：智华寺古乐的传承真的是不容易呀！		
	下面，我们一起参观智化寺。边走边看边讲边答疑		对智化寺有更具体的认识	在此学生进一步了解智化寺的历史变迁。从中感受智化寺的保留也是不容易的。通过跟随讲解员
	（讲解员）讲：	边走边看边听边问边记		
	1. 智华寺面积，院落的大致情况。			
	2. 介绍智化寺内的钟楼、鼓楼、大殿的情况。			

内容安排	教师行为	学生行为	阶段目标	教学效果反思
	3. 介绍智化寺的历史。（重点介绍了智化寺几经遭受破坏的情况） 4. 介绍现在对智化寺进行保护的诸多情况。 说说，通过参观智化寺你的感受是什么？ 环绕智化寺一周，我们对智化寺以及它的古乐有了更深刻的认识，也能够感受到它的传承很不容易，所以我们要怎样做？ 希望大家能做个小志愿者来宣传保护智化寺古乐让更多的人来了解它、认识它、保护它。	学生答：智化寺保存的今天真不容易。 回答	提高学生的认识，指导学生的行为。	的边看边了解这一方式，学生身处其中，感受充分，效果很好。 从学生说感受说做法中，可知这节参观学习课的教学效果很好。在参观的过程中有教师的引导，有讲解员系统的讲解，有学生和讲解员的问答互动，这样的学习比坐在教室里上课要生动得多。学生很喜欢。

在活动中进行填写（并在背面写观后感）

参观智化寺活动				
时间				
参观者				
参观记录	序号	问题	答案	访问对象
	1			
	2			
	3			
	4			
	5			

分析：

参加参观智化寺的学生共有 47 人，学生们都在当场就表现出很感兴趣、增长了不少知识，并表示喜欢这里。可是从收上来的问卷数量上看只有 22 份。而写观后感的也只有 18 人次。没有收齐的原因有以下几点：第一，学生心很浮躁，不重视，没有全身心地投入到这个课程的学习中来。第二，从时间上看，可能是我的教学方法有一些问题，一个内容持续的时间太长了，导致学生不愿意做这些笔头作业。第三，由于时间安排靠后，距离考试的时间很近，学生的注意力不在这里。

不过，这次参观活动远是很有意义的，增长了学生的知识面，同时也充分的使学生受到中国文化的博大精深，对传承保护古老文化起到了重要的作用。

教学活动效果分析

此次评价我们更注重于学生的课前调查、探究过程中的参与和研究后的收获、体验和感受。评价通过教师评价、小组互评和自我评价进行，内容是这样的：

学生学习效果评价设计表

评价项目 ＼ 评价等级	非常好！	较好！	要努力！
课前资料收集	主动搜集智化寺的相关资料进行了解。	在他人的提示下，对智化寺的相关资料进行简单了解。	没有完成资料的搜集工作。
选题开题情况	能自己提出感兴趣的问题，并选择课题去研究，从中有很大收获。	能根据老师提供的内容去选题，并能研究出相关内容，从中有收获。	能在老师、司伴的帮助下完成选题，有收获。
综合能力	在小组中，积极发挥作用，能主动锻炼自己，积极开动脑筋思考问题，有合作能力。	在小组中，能够主动参与各项活动，并完成小组内任务。	在小组同学的帮助下能完成任务。
情感及收获	学生感受到古乐的博大精深，能有意识地投入到保护传承智华寺古乐中去。	在知识、能力上有提高。	认知上有提高。

153

小学篇

走进中国科技馆　体验科学奥秘

设计教师：东城区和平里第四小学　罗　炜
指导教师：东城区教师研修中心　　路虹剑

教师指导学生活动的设计

（一）整体活动方案

中国科学技术馆是中国科协直属事业单位，是我国唯一的国家综合性科技馆。是实施科教兴国战略和提高全民族科学文化素养的基础科普设施。始建于 2006 年的中国科学技术馆新馆位于朝阳区，占地 4.8 万平方米，建筑规模 10.2 万平方米，是奥林匹克公园中心区体现"绿色奥运、科技奥运、人文奥运"三大理念的重要组成部分。

中国科学技术馆，通过科学性、知识性、趣味性相结合的展览，反映科学原理及技术应用。中国科学技术馆鼓励学生动手探索实践，不仅普及科学知识，而且注重培养孩子的科学思想、科学方法和科学精神。

本次科学研究活动的主要任务，是引领学生在参观科技馆过程中了解中国科技馆地址和主要展览内容，感受科学技术的发展对社会生产和人们生活的重要促进作用。

中国科技馆是学习与娱乐、知识与游戏相结合的地方。孩子们在实践中体验科学，学习收集和选择信息资料，学习用镜头捕捉素材，并在活动中表达能力和与人合作、与人交流能力都得到了锻炼和提高。科技馆成为孩子们最喜欢的科学大讲堂。

（二）学生活动方案

观看分布图，了解中国科技馆各层布局及展示内容情况。

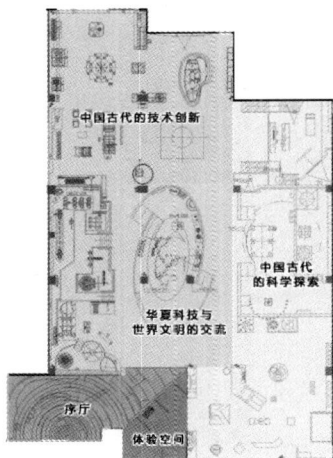

华夏之光展区

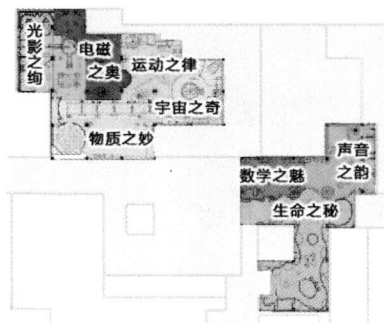

探索与发现展区

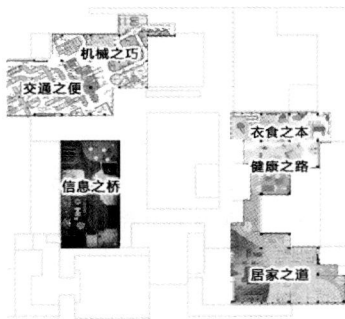

科技与生活展区

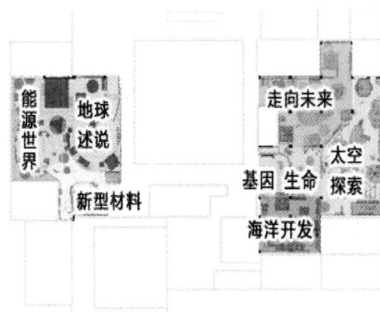

挑战与未来展区

通过对各展厅展陈设施的初步了解，学生对中国科技馆产生浓厚兴趣，渴望亲身体验各种科技活动；走进中国科技馆，动手参与各种科技实践体验活动项目，完成实践任务，对神奇的科学技术产生强烈的探究欲望。

(三)主题实践活动内容的确定选择

1. 师生共同讨论研讨主题

科学技术的发展对人类生活有什么影响？科学技术的发展对环境有什么影响？节能减排；低碳生活；我们的身体里面是什么样的？人体里有什么秘密？我们怎样健康的生活？浩瀚宇宙；科学技术的发展对人类了解浩瀚宇宙有什么意义？宇航员在太空怎样生活？肉眼看不见世界是什么样

的？科学技术的发展对农业生产有什么作用？什么是克隆技术？

2. 学生确定研究主题

克隆技术；节能减排；宇航员的太空生活；肉眼看不见的世界。

学生自主结合，组成探究小队，每对 4～6 人，推选队长，并进行任务分工。

学生活动报告

（一）研究报告

研究报告之一

考察内容	宇航员的太空生活
考察组成员	赵孔源

考察记录：

洗脸、刷牙：

宇航员洗脸，是取一块浸泡有清洁护理液的湿毛巾擦洗面部。然后，再把毛巾铺在按摩刷上用来梳理头发。刷牙时，牙膏泡沫很容易飘浮起来，水珠在舱内飞飘，会影响人的健康和仪器正常运转。所以宇航员在飞船中不能采取地面上的刷牙工具和方法。只能采用比较简单的方式来刷牙。如嚼特制的橡皮糖，代替刷牙，达到清洁牙齿的目的。

睡觉：

宇航员在太空飞行时，睡袋一般固定在飞船内的舱壁上，以避免飞行中与舱壁碰撞；而且将睡袋紧贴着舱壁睡觉，感觉就像睡在床上一样舒服。在失重时，分不清上和下，站着睡躺着睡都一样，所以，航天员既可以靠着天花板睡，又可以笔直地站着靠墙壁睡，想怎么睡都是可以的。

解决个人问题：

宇航员在飞船上大小便的处理具有相当的科学性。尿盆是特制的，抽水马桶同一个塑料套相连接，大便后快速关闭橡皮阀，大便通过气流落入透气的大便收集袋里，然后用密封袋密封投入便筒，便筒装满后会自动弹出舱外。

洗澡：

长期生活在空间站上的宇航员，还需要洗澡。航天工程技术人员为此特别设计制作了航天浴室。它是一个强力尼龙布浴罩，浴罩上下有固定的框架，上连天棚下连地板，成为通天式密闭浴罩，平常折叠着固定在生活舱的顶棚上。顶棚上还设有圆形水箱、喷头、电加热器、洗澡用的水箱，有管道跟大水箱相通。洗澡前，先把废水回收净化装置中的净化吸附剂配好，准备用来回收和净化洗浴时的污水，然后清理给水管道、抽水装置和过滤净化装置，并将卷在顶棚上的尼龙罩放下，直到底框固定好，形成一个连接天棚地板的圆桶，就好像一个完全透明的大玻璃缸。启动电加热器，把水箱中的水加热到合适温度，这时宇航员脱去衣服进入浴室。圆筒底下有一双固定的拖鞋，宇航员穿上它后就不会飘浮起来。在打开水龙头之前，还要先戴好呼吸器，呼吸器同一条通到外面的软管相连接，宇航员可以呼吸太空舱内空气，避免洗澡时的空气、水汽混合物吸入呼吸道发生危险。宇航员洗澡时，还要将耳朵塞起，带上护目镜，就像潜水员一样。当一切准备好后，就可打开水龙头，细细的水流喷在身上，形成一层夹着无数气泡的水膜，必须用毛巾或吸水刷将水吸无。失重时水不会自动流出，水箱中有气加压，水就会源源不断地流出来。

考察结论：

　　宇航员在太空的生活真是太奇妙了！没有科学技术的支持，没有科技人员研制的一个个高科技的产品，宇航员在太空中真是一分钟也没法待下去。

研究报告之二

考察内容	肉眼看不见的世界
考察组成员	马涵

考察记录：

　　微生物是一切肉眼看不见或看不清楚的微小生物的总称。它们是一些个体微小、构造简单的低等生物。大多为单细胞，少数为多细胞，还包括一些没有细胞结构的生物。

　　1676年荷兰人列文虎克用自制的显微镜观察到了细菌，从而揭示出一个过去从未有人知晓的微生物世界。

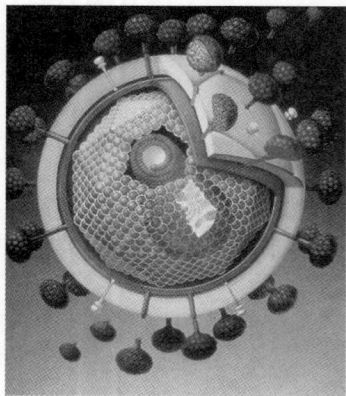

艾滋病病毒

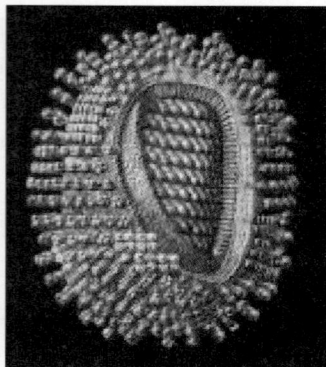

流感病毒

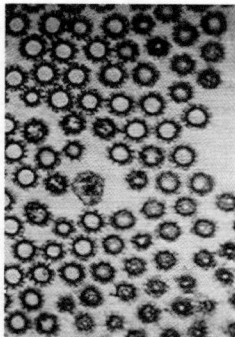

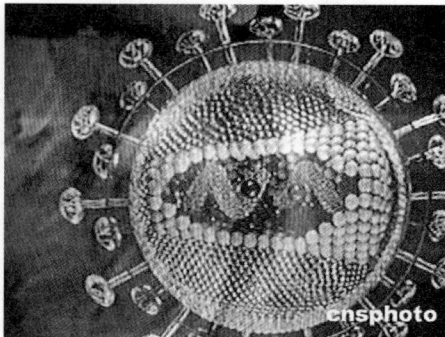

SRAS 病毒

（二）学生的感受

科技馆里的科学课

李诗莹

几天前，老师告诉我们，要组织我们去中国新科技馆参观学习。一听到这个消息，我们都非常高兴。下课了，同学们纷纷找到了自己的好朋友，我和你一组，他和他一组，每组的人数都不一样，有的是三个人一组，还有的是四个人一组。每组都选好了小组长，由小组长来分配每个人的任务，你们俩来查资料，我们俩来记录，每个小组长都分配的井井有条。终于盼到了活动的这天，我们都高高兴兴来到了学校。

经过了半个多小时的车程，我们终于到达了目的地——中国科技馆。

我们首先来到的是大厅，我四处张望着，突然我身后的一位同学对我说："快看上面！"我想：天花板上会有什么东西呢？我随之仰起头来，"哇！"我发出了惊叹声。天花板上悬着许多颗硕大的珍珠，一会儿上升，一会儿又下降，漂移不定。接着我们又来到了主展厅的二层，这里有许多科学小实验，各个小组的同学都忙着展开自己的研究。不知不觉就到了我们看电影的时间，影厅门口工作人员正在发放专门的3D眼镜，我们拿着自己的眼镜坐到座位上，电影开始了。一条大鲨鱼向我游来，张开血盆大口，好像要把我吃了一样，好可怕呀！接着一条水蛇游过来了，在我身边盘旋着。到了最后几头可爱的小海狮出来了，同学们争着抢着要"摸"小海狮呢！巨幕影院，让我进入了海底世界和鱼儿们一起畅游。3D电影给我最大的感受就是有身临其境的感觉。

科技馆一天的活动结束了，同学们都非常高兴，原来我们身边有这么多科学知识。我们要更努力地学习，掌握更多的科学知识，创造美好的生活！

科技馆里体验科学

杨祖鸣

新科技馆外形犹如一个巨型魔方。它分为主题展厅和特效影院两部分。

科技馆主题展厅有五个，其中一层的主题是"科学乐园"和"华夏之光"。"科学乐园"有山林探秘、科学城堡、欢乐农庄、戏水湾、安全岛……二层的主题是"探索与发现"，其中有数学之魅、声音之韵、物质之妙、宇宙之奇……三层主题是"科技与生活"，有交通之便、信息之桥、机械之桥……四层主题是"挑战与未来"，有走向未来、太空探索、地球述说、海洋开发……

我最喜欢"挑战与未来"这个主题展厅。其中，"海洋开发"展区的深海机器人，它的外形像一只海豚，手部从侧面看像一个牢固的夹子。我想：它可以捡起海洋深处的垃圾，可以帮人们探索海洋的奥秘。也许，它还可以探索古时沉船的秘密，帮助人们实现到深海探索的愿望。在"基因生命"展区，我体验了有关于生命的游戏，游戏者可以选择系或不系安全带来驾驶汽车，当模拟撞车后，系安全带的驾驶者还在车里面，毫发未伤，非常安全，没系安全带的驾驶者撞伤后飞出车外。通过体验，我知道了开车不系安全带很危险。以后，我会主动提醒爸爸妈妈开车系好安全带。

最后，我们去了4D电影院，看了电影《海底世界》。有鲨鱼、石头鱼……给我留下印象最深的是石头鱼，它的颜色与海底石头的颜色十分相似。它捕鱼时，先钻到石头底下，等到有一条鱼游到它的上面，它就会马上张开大嘴，一口吃掉那条小鱼。石头鱼就像变色龙一样，利用颜色隐蔽自己，我感到太神奇了！

这次在科技馆的亲身体验，使我大开眼界，百闻不如一见，百见不如一试。我增长了许多科学知识，还真想再去一次！

（三）学生的论文

北京绿色出行之我见

五年级（1）班　秘玮晨

我自己乘坐公交车上下学，目睹沿途交通拥堵的情况，闻着汽车尾气，又结合北京市提出的"人文北京、科技北京、绿色北京"建设，我认为北京应大力提倡绿色出行。

一、什么是北京的绿色出行

按照百度百科的定义：绿色出行就是采用对环境影响最小的出行方式。即节约能源、提高能效、减少污染、有益于健康、兼顾效率的出行方式。乘坐公共汽车、地铁等公共交通工具，合作乘车，环保驾车、文明驾车，或者步行、骑自行车……努力降低自己出行中的能耗和污染，这就是"绿色出行"[①]。

上述对绿色出行的定义强调绿色出行与环境的关系，要求努力降低个人出行中的能耗和污染，强调出行与健康的关系，兼顾出行效率。但绿色出行对北京来讲有特殊性，不能单纯从自己考虑，要站在"北京人"的高度思考，北京的绿色出行，首先应能解决出行效率问题，又可以有效解决北京交通目前面临的其他问题。

二、为什么北京市应大力提倡绿色出行

1. 为了解决北京交通拥堵、减少出行时间

北京的交通给人的感觉是非常拥堵，马路两边和小区路上到处是停放的小汽车，自行车道被占用。路上更堵，尤其是在上下学和上下班途中。以我自己为例，每天坐公交 123 路上下学，从家到学校 3 站地，顺利时 15 分钟到校。但大部分时候到校要花 45 分钟，返程亦然。这样每天多花在路上要 1 个小时。依此计算，假如从 6 岁上学到 60 岁工作退休每天多花在路

---

① 百度词条，http://baike.baidu.com。

上 1 小时，将花掉 19710 小时，折合 2.25 年。其实爸爸妈妈每天上下班多花在路上的时间远远超过 1 小时。

北京已经成为一个汽车城市。路上轿车太多，每年增长又太快（见下表），我认为是造成交通拥堵的主要原因之一。

北京市 2006 年至 2009 年汽车统计数据①   单位：万辆

年份	民用汽车保有量	其中轿车保有量	私人汽车保有量	其中私人轿车保有量
2006	244.1	154.1	181	121
2007	277.8	180.7	212.1	146.3
2008	318.1	248.3	210.5	174.4
2009	401.9	372.1	300.3	218.1

计算上表中的数据，2009 年年底比 2006 年年底民用汽车保有量、轿车保有量、私人汽车保有量、私人轿车保有量以万辆为计算单位分别增长 157.8、218、119.3 和 97.1，增长率分别为 64.6%、141.5%、65.9% 和 80.2%。

道路有限，路的结构改变较难，路上行驶的车辆构成就决定了交通是否拥堵。小轿车多，载人少，单个人比公共交通占用路面大，肯定会造成拥堵。停车的地方少，很多车停在马路边，挤占了自行车道，造成一些路上汽车、自行车和行人混杂，更增加了交通拥堵，浪费了人们的出行时间。

这两年开始使用"拥堵经济成本"来衡量出行时间成本，是指居民利用机动工具出行时，由于拥堵而损失的时间的货币表达。以各地居民的平均月均收入为基准，将由于拥堵而损失在路上的时间货币化，得出居民每月的"拥堵经济成本"。2008 年调查的 8 个中国城市中，北京人上下班的拥堵成本达到每月 375 元，与其收入比例的 12.5%，高居第一位②。

2. 为了节省出行费用

乘坐公交和地铁比私家车出行节省费用。以我家为例，现在爸爸妈妈上班路程近的在 6 公里左右，远的约 20 公里，我上学 2 公里，全家乘坐公交地铁的费用每月不超过 300 元。如买车出行，每天按 40 公里，全年行驶率按 70% 计算，分别选取 1.6 升以下小排量的低档车、1.6 升以上中低档和中高档车，相应以 A、B、C 代表，对应价格分别约为 50000 元、120000

① 北京市 2006 年至 2009 年国民经济和社会发展统计公报，北京统计信息网，http://www.bjstats.gov.cn。

② 新华网，http://www.news.xinhuanet.com，2008 年 6 月 13 日信息。

元和 190000 元，使用年限在 10 年，每百公里耗油分别为 6 升、8 升和 10 升，每升汽油价格为 6.92 元。假设月耗停车费为 480 元。则一年养车费用和购车费用分别见下表。

平均每月养用车费用

分项	费用（元）			备　注
	A	B	C	
维修保养	1600	2000	2400	年平均费用
验车费	1400	1400	1400	新车第一年不用交
养路费	1320	1320	1320	北京地区标准
燃油费	4243	5658	7072	每升 6.92 元
车船使用税	480	480	480	北京地区标准
保险费	5000	5000	5000	取大体平均靠上水平
停车费和过桥费	5760	5760	5760	年平均费用
总费用	19803	21618	23432	
平均每月费用	1650	1801	1953	

平均每月购车费用

分项	费用（元）			备　注
	A	B	C	
购车款	50000	120000	190000	也称开票价，不含税
购置附加税	4762	10256	16239	A 型：购车款/（1＋5%）×10% B、C 型：购车款/（1＋17%）×10%
车辆牌照费	174	174	174	北京地区普通牌照
交强险	950	950	950	固定费用
其他费用	500	500	500	
总费用	56386	131880	207863	
月平均费用	470	1099	1732	总计使用 10 年，为 120 个月

综合计算 A、B、C 型车的平均每月购养费用分别约为 2120 元、2900

元和 3685 元。如开私家车单燃油费或停车费一项就超过乘坐公交和地铁的费用，每月的购养费用比乘坐公交和地铁高出几倍。

3. 为了保护首都环境和人们身体健康

大量汽车行驶在路上，产生相当数量的尾气。科学分析表明，汽车尾气中含有上百种不同的化合物，其中的污染物有固体悬浮微粒、一氧化碳、二氧化碳、碳氢化合物、氮氧化合物、铅及硫氧化合物等。这些物质会污染环境，影响空气质量，减少首都北京蓝天达标天数。还会对人类生活的环境产生深远影响，比如二氧化碳就是地球变暖的罪魁祸首。更为严重的是直接危害人们身体健康，会引起呼吸系统疾病，危害中枢神经系统，危害血液循环系统，引发心血管系统疾病等。

4. 为了节约能源和资源

私家车会耗费汽油和消耗钢材。汽油来源于石油，钢材由铁矿石冶炼而成。我国石油和铁矿石并不能自给，要大量进口。根据国家统计局的统计公报，2009 年我国进口原油 20379 万吨，进口成品油 3696 万吨，铁矿砂及其精矿 62778 万吨；分别比上年增长 13.9％、－5.4％和 41.6％[①]。节约能源和资源对我国是非常重要的，石油和铁矿石不可再生，私家车过多地耗用能源和资源并不可取。

三、对北京市实现绿色出行的几点建议

1. 优先发展公交和地铁

许多人买私家车是因为觉得公交和地铁不方便。买私家车的越多，对公交的冲击越大，造成道路更拥挤，所以要大力发展公交。在行驶上，主要道路都应该留出公交专用线。地铁等轨道交通与私家车没有争路的问题，是解决交通拥堵的主要方式，更应该发展。公交和地铁票价应该长期低票价，在小轿车总量控制住前不能轻易上涨。

2. 限制小轿车总量

小轿车除了私家的，还有公务用的。北京市应根据道路拥堵和行驶速度以及停车位的情况，再根据出行人数计算出北京市公共交通车辆应有的最大数量，再计算可以保有的小轿车数量。应限制小轿车总量，对在道路上行驶的小轿车，因多占用道路和对环境的污染，均应加收道路占用费和环境保护费，用提高小轿车使用费用的方式引导人们乘坐公交和地铁。对外地牌照车也应根据在北京时间收取上述两项费用。北京车辆牌照使用时

① 《2009 年国民经济和社会发展统计公报》. 中华人民共和国统计局，http：//www.stats. gov.cn。

间与车辆报废时间一致，到期收回与新增牌照均采取拍卖的方式；中心城区的停车费逐步适当提高。将采取上述方式所得钱财的一部分补贴公交和地铁低票价的损失。另外，即使是将来电动汽车可以普及了，因道路和停车地方的限制，也不应盲目大力增加电动小轿车数量。

3. 提倡骑自行车和步行

应改变小轿车挤占自行车道的情况，划定自行车专用道，对路程不太远的出行人，提倡骑自行车，包括电动自行车。对路近的，提倡步行。这样既节约了出行费用，还锻炼了身体，又不污染环境，一举多得。

4. 严格遵守交通规则

教育车辆驾驶员和行人严格遵守交通规则，减少因乱行、乱穿和乱占马路造成的混乱和时间损失。

5. 创造绿色出行文化

从小学生做起，了解绿色出行，实践绿色出行，形成绿色出行文化。对认真执行的学生进行表彰，北京市增加绿色出行好学生的表彰奖项。不断总结北京绿色出行好的做法，在北京全体市民中倡导绿色出行文化。

参考资料

1. 百度词条，http：//baike. baidu. com。

2. 北京市 2006 年至 2009 年国民经济和社会发展统计公报，北京统计信息网，http：//www. bjstats. gov. cn。

3. 新华网，http：//www. news. xinhuanet. com，2008 年 6 月 13 日信息。

4. 2009 年国民经济和社会发展统计公报，中华人民共和国统计局，http：//www. stats. gov. cn。

节约能源，利用太阳能完善北京住宅小区照明系统

孙一柳

当前，低碳经济与可持续发展是社会发展的主流，也是现代社会可持续发展的要求。由于化石能源，即煤炭、石油、天然气等的不可再生性，经过社会多年高速发展的消耗，已经逐渐被消耗殆尽，而风能、太阳能、潮汐能等已经开始走进人们的生活。在北京，许多路灯、信号灯、公共活动场所诸如鸟巢、公园等的夜间照明已经逐渐使用或改造为太阳能灯具。但是，前些年及最近几年建设起来的住宅小区，在区内公用照明方面，仍然沿袭利用公共供电系统照明的习惯，这不仅与当前社会发展的方向不一致，而且也大大增加了小区居住人们的经济负担。基于此种考虑，在此提出对住宅小区公用照明系统进行太阳能改造的建议。

一、公共场所照明系统调查

目前，在北京的大街上，或者公园里，太阳能灯具照明已经屡见不鲜（如下照片）。

作者正在对鸟巢的路灯进行考察

国家体育馆门前的太阳能路灯

毫无疑问，这些照明措施为节约能源，充分利用取之不尽、用之不竭的太阳能，减少空气污染，带来了极大的好处。在北京，二环路、三环路、四环路、五环路、六环路的总长度有 620 公里，按照国家《照明设计规范》以及北京市有关路灯设计的规定，在环路上（均以直段考虑）每 40 米一个路灯，双向双侧设置，应该有 4×620000/40＝62000（个），按照每个路灯达到照度要求最低需要 400 瓦钠灯（北京市目前在主要道路上的路灯均采用了此种灯具）计算，这些灯具将是 2480 万瓦，每天亮 10 个小时，将是24.8 万千瓦时，一年就是 9052 万千瓦时，几乎相当于一个中型发电厂的发电量。而如果使用煤或者天然气发电，将需要 30000 吨标准煤，产生二氧化碳排放 78600 吨，无疑会给北京的蓝天造成巨大影响，对北京人民的生活和身体健康产生巨大影响。如果加上公园、市内其他道路等的灯具数量，所使用的电量将是一个非常非常可观的数字。相信在不久的将来，随着太阳能技术的不断进步，所有公共场所的照明全部使用太阳能的愿望一定会实现。

北京市五环路某直段路灯设置

二、北京住宅小区公用照明系统现状

北京市目前大大小小的住宅小区估计应该有几千个，最小的小区就一栋楼，最大的小区类似天通苑居住了几十万人的人口，几乎相当于一个小城市。而且目前在北京四环之外，一直到顺义、昌平等区县，仍然不断有新的住宅小区拔地而起。

北京天通苑住宅小区的路灯设置

而无论最小的住宅小区还是最大的住宅小区，都设有公共活动场所，比如道路、游乐园、停车场、健身场所等，据考察几乎所有小区的公用场所照明全部正在使用着公共供电系统。

北京某住宅小区内路灯　　　　　　北京某住宅小区游乐场

据调查后的综合估计，北京市住宅小区公用场所的照明灯具至少要有10万个以上，比照路灯照明系统用电量的计算，这些照明系统的耗电量也是极其可观的。

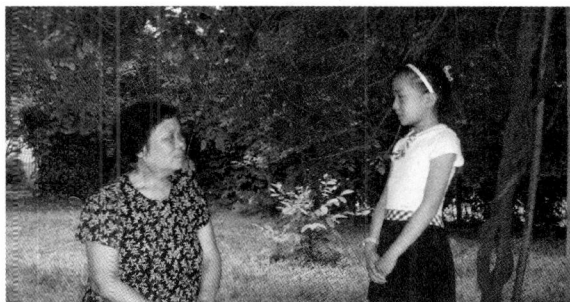

本文作者(右)正在对居民进行访谈

三、住宅小区公用照明系统改造的必要性及可行性

基于以上分析，对住宅小区公用照明系统进行太阳能改造是非常必要的，也是可行的。尽管当前对住宅小区家庭照明改造尚不现实，但对相对独立的公用照明系统改造将会是非常有效的。首先，将原有照明灯具拆除，不会对居民生活造成太大影响，即使对人口数量巨大的小区，完全可以分区分期分线路进行拆除和改造；其次，按照目前的技术，采购安装太阳能灯具也非常简便，生产此类产品的制造商数量众多，技术成熟；第三，安装队伍也已经具备了丰富的经验，在设备材料具备的条件下，不需要长时间的安装调试；第四，无论是对原有照明系统的拆除还是新的照明系统的安装，都不会对路面、公共活动场所造成大的破坏，更不会破坏小区绿化、树木等。

小学篇

四、住宅小区公用照明系统改造经济分析

1. 对于普通供电照明系统来说，要想最终达到目的，需要大量的专用设备材料，包括变压器、配电柜、照明箱、灯具、灯柱、电线电缆等，还要有室内室外的占地，用于敷设电缆、放置设备，这对寸地寸金的住宅开发用地来说是个极大的浪费。下图为一个普通小区的照明系统框图。

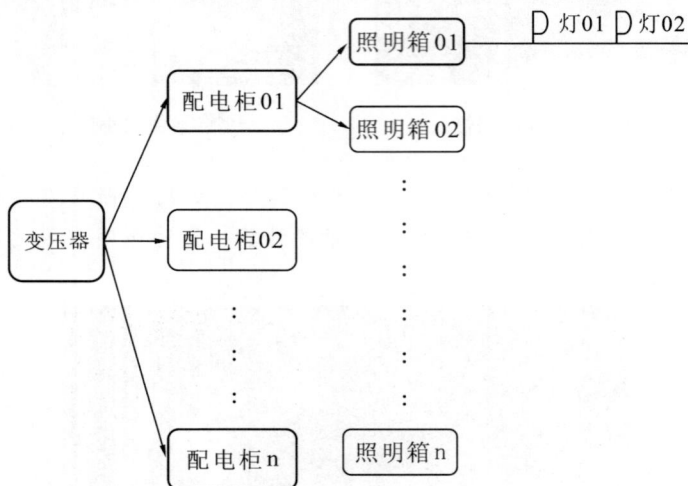

照明系统框图

下表为该系统图下的投资简要说明。

表 1　普通照明系统设备材料费用估算

序号	设备材料名称	数量	估计单价	估计总价	备　注
1	变压器	1 台	10 万元	10 万元	按 300kva/100 户
2	配电柜	3 面	4 万元	12 万元	
3	照明箱	10 个	1200 元	12000 元	
4	灯柱	30 个	1000 元	30000 元	
5	灯具	30 个	150 元	4500 元	
6	电缆	500 米	20 元	10000 元	
7	电线	30000 米	2 元	60000 元	
8	室内设备占地	10 平方米	15000 元	15 万元	按五环内平均售价计算
9	施工、安装费用			12 万元	
总计				60.65 万元	

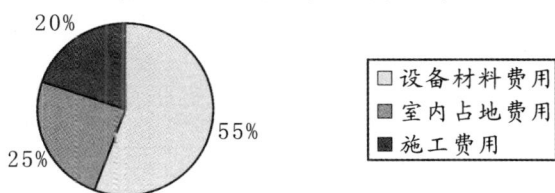

普通照明系统各项费用所占比例

20%

设备材料费用
室内占地费用
施工费用

55%

25%

2. 对于太阳能灯具的安装，首先不需要进行电缆沟的开挖；其次不需要在小区进线时(动力设备用电如上水、排污设备等仍要来自公共供电系统)考虑照明用变压器的容量、配电柜的回路，这样可以大大减少变压器、配电柜对室内外占地的使用；第三，太阳能灯具所需设备材料种类也较少，尤其是随着太阳能灯具使用数量的增加，很多生产厂家已经可以提供更周全的服务，可提供全套供货，包括太阳能电池板、灯柱、蓄电池、转换器等，而且种类繁多，可以根据需要选择不同瓦数的灯具、不同样式不同材料的灯柱等。

住宅小区太阳能灯具效果图

表 2　太阳能灯具设备材料费用估算

序号	设备材料名称	数量	估计单价	估计总价	备注
1	太阳能电池板	30 块	2000 元	60000 元	
2	灯柱	30 个	1000 元	30000 元	
3	灯具	30 个	150 元	4500 元	
4	蓄电池	30 个	2000 元	60000 元	
5	光电开关	30 个	200 元	6000 元	
6	电线	300 米	2 元	600 元	
7	施工、安装费用			50000 元	
总计				21.11 万元	

太阳能照明系统各项费用所占比例

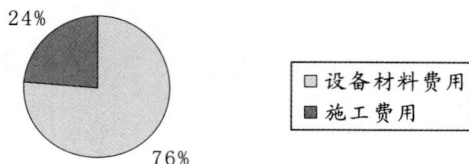

24%

76%

□ 设备材料费用
■ 施工费用

3. 对比上述分析可以看出，对于一个住户在 300 户的中型小区来说，在需要 30 个室外照明灯具的情况下，从初期建设的费用就可以节省近 40 万元，而两种情况下的维护费用将相差无几。但是，普通供电照明在完成建设后还需要每天支付用电费用，而太阳能照明却不再需要支付电费，每年可节约用电 30 个×100 瓦/个×10 小时/天×365 天＝10950 千瓦时，节约电费 5500 元，按照北京总共 5000 个这样的平均住宅小区计算，将节约用电 5500 万千瓦时，节约电费约 2750 万元。

两种照明系统费用比较（元）

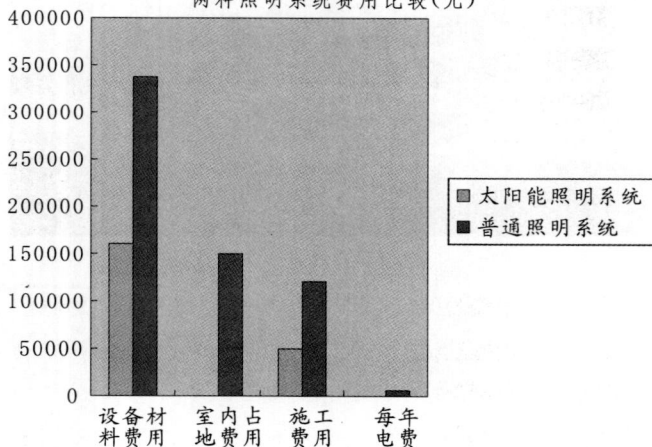

■ 太阳能照明系统
■ 普通照明系统

当然，太阳能照明也有其不足之处，一是如何保证在出现超过一周阴雨天气时的正常供电；二是如何保证在要求高照度的场所蓄电池有足够的功率。但笔者相信随着太阳能技术的发展，这些问题都将会得到解决，而这也正是笔者建议先从住宅小区公用照明系统开始改造的原因。

五、结论

经过上述综合分析，住宅小区公用场所照明系统改造，无论是社会效益还是经济效益，都是非常明显的。那么，为什么人们过去没有注意到这一点呢？主要原因在于，一是由于社会对住宅的需求一直处于极高状态，促使人们重视住宅建设，忽视了配套功能的完善；二是人们对节能意识，低碳经济的认识还欠于启蒙阶段，尚未从思想上对节能形成全社会的共识；三是国家在新能源方面的扶持政策还有待完善，对强制使用节能措施的法律法规尚不健全；四是物业管理法律法规的不健全，使得物业管理公司不愿意在节能方面进行投资。因此，建议北京市政府应该积极制定这方面的管理条例，甚至法律法规，一方面要求在新建住宅小区时尽量采用太阳能灯具，另一方面加快对原有住宅小区公用照明系统的改造。我相信，随着法律法规的完善和首都人民节能意识的觉醒，住宅小区公共场所照明系统将会更多地采用太阳能灯具，届时北京的天会更蓝，水会更清，人们将会更加安居乐业。

走近传统手工艺面塑

——面塑配方的研究

设计教师：东城区金台小学　刘卫华
指导教师：东城区教师研修中心　俞林军

教师指导学生活动的设计

（一）整体活动简介

金台小学坐落于金台书院旧址，书院曾是北京历史上最早的学校。金台小学的建筑为古香古色的三进式四合院，优雅古朴。传承书院文化，继承传统手工技艺，是我校办学目标之一。

金鱼池小区是我校社会大课堂的实践活动基地之一，小区内住着不少民间手工艺大师及爱好者。张俊显老师，是中国民协会员，1995 年被联合国教科文组织、中国民协授予"民间工艺美术家"称号。他继承了山东面塑质朴豪放的风格，又结合北京文化的特点，注重在人物动态中刻画人物的性格特点。张老师是学校的老朋友，学校特意聘请他为我校教学资源基地活动教师，定期给同学们上课。此外，学校还培养了一批自己的教师，他们热衷于研究，不断地探索，在他们的带动下，学校的校本课程已申报成为市级课题。

在金台小学提起面塑，每一名学生都能如数家珍般为您介绍面塑的由来与文化，得意洋洋地向您展示自己的面塑作品。学生们对"面塑"这一民间工艺的感情，不仅是兴趣使然，更如同面对一位挚深好友。

学校开设面塑校本课程以来，同学们在老师的指导下，从简单模仿到独立创作；从人物面塑到实用面塑；从创作面塑形象到研究面的配方，这些过程无不渗透着师生的智慧和才干。随着面塑校本课程的深入开展，同学们不仅技艺提高了，更重要的是自觉形成了科学研究的态度和大胆创新的意识。

(二)学生活动方案

1. 提出问题

在整个活动中，研究面塑用面的配方是个难点。开始，学生制作时需要的面均有大师提供，有不少学生也询问过大师面的配方，大师则总是推说"秘方不外传"。为了研制出我们自己的面，师生共同查找资料，尝试各种配方。

2. 收集资料

(1)指导教师带领小组成员上网查找"面塑用面配方"的资料。

(2)指导教师组织小组成员走访附近居住的老人、天桥老艺人、百工坊的工艺制作人，了解面塑用面的配方。

(3)统计、归纳、总结各种配方，确定初步试验的配方。

3. 预设

(1)教师指导学生分析各种资料，进行预设。

(2)制订活动计划·指导学生设计研究记录表。

(3)明确分工及注意事项。

4. 实施阶段

(1)进行实验。实验过程中，结合"面"所出现的不同问题，针对问题进行改进，再实验。

(2)教师负责跟踪拍照。

5. 统计结果，撰写报告阶段

(1)由学生对实验记录进行分析，并撰写实践活动报告。

(2)每名成员写参加活动的体会。

(三)主题实践活动内容的确定选择

本实践活动由师生共同选题。实践活动主题确定为"面塑用面"。

(四)学生分组、个体研究情况

学生：五年级全体同学

教师：刘卫华

(1)调查员：王安晨、石春阳、侯正一等。

任务：调查走访老人，了解面塑工艺的制作方法和配方。

(2)资料收集员：李傲等。

任务：拍摄照片。

(3)资料分析员：王桐、刘鉴、张丽娜、杨欣娜等。

任务：对调查结果进行实验、分析并撰写实践活动报告。

学生活动报告

(一)研究报告

对面塑用面配方的研究之一

序号	1	日期	2008.4.3
研究内容	面塑用面需要哪些材料？		
准备材料	面粉 350g、糯米粉 150g、食盐 25g、防腐剂 50g、开水、食用油		
制作方法	1. 把以下材料：面粉 350g、糯米粉 150g、食盐 25g、防腐剂 50g、食用油少许放入面盆中 2. 用筷子搅拌均匀 3. 放入开水 4. 和面 5. 醒面 30 分钟 6. 和面 7. 蒸面 30 分钟 8. 放置一天晾凉，和面(加入少量食用油)		
小结	由于第一次制作，缺少经验，没有掌握好开水的用量。开始时倒入了过多的开水，为了补救只好又放了一些面，结果又有点干，只好再放开水。结果，面的比例有点乱了 　　面太黏了，无法使用，本次实验宣告失败 		

对面塑用面配方的研究之二

序号	2	日期	2008.4.24
研究内容	确定配方中开水的用量		
准备材料	面粉 350g、糯米粉 150g、食盐 25g、防腐剂 50g、开水、食用油		

制作方法	1. 把以下材料：面粉 350g、糯米粉 150g、食盐 25g、防腐剂 50g、食用油少许放入面盆中 2. 用筷子搅拌均匀 3. 先放入 50mL 开水，搅拌后再放入 50mL，再次搅拌后，最后放入 50mL 开水 4. 和面 5. 醒面 30 分钟 6. 和面 7. 蒸面 30 分钟 8. 放置一天晾凉，和面（加入少量食用油），上广告色
小结	由于一点点加入开水，所以比例控制很较好，我发现只要加入 150mL 的开水即可 我们制作的面，看上去还比较成功，我们尝试着制作了一些作品。但是，这些作品放了几天，就出现了干裂、颜色发暗的现象

对面塑用面配方的研究之三

序号	3	日期	2008.5.8
研究内容	如何防止面塑开裂		
准备材料	面粉 350g、糯米粉 150g、食盐 25g、防腐剂 50g、开水、食用油		

制作方法	1. 把以下材料：面粉 350g、糯米粉 150g、食盐 25g、防腐剂 50g、食用油少许放入面盆中 2. 用筷子搅拌均匀 3. 放入 150mL 开水 4. 和面 5. 醒面 30 分钟 6. 和面 7. 蒸面 30 分钟 8. 放置一天晾凉，把面分为 3 份，分别倒入 5mL、10mL、20mL 食用油	
小结	本次实验重点尝试的是放入不同量的油，解决面塑干裂问题 　　通过实验，我们发现放入少量的油肯定是不行的。面的表面没有光泽。但是，放入过多的油如 20mL 也不行，面的表面油亮亮的，一抹一手油。10mL 左右，面还可以，但手上仍然有油	

对面塑用面配方的研究之四

序号	4	日期	2008.5.29
研究内容	在配方中加入甘油，了解效果		
准备材料	面粉 350g、糯米粉 150g、食盐 25g、防腐剂 50g、开水、食用油、甘油。		
制作方法	1. 把以下材料：面粉 350g、糯米粉 150g、食盐 25g、防腐剂 50g、食用油少许放入面盆中 2. 用筷子搅拌均匀 3. 放入 150mL 开水 4. 和面 5. 醒面 30 分钟 6. 和面 7. 蒸面 30 分钟 8. 放置一天晾凉，把面分为 3 份，分别倒入 5mL 食用油和一些甘油、10mL 食用油和一些甘油、大量甘油。	

小结	本次实验，我们第一次使用了甘油，尝试用甘油＋食用油代替只使用食用油。由于食用油过于油腻，所以使用过多就使得面的表面有一层油，粘得手上全是油。甘油没有食用油那么油腻，但是一小瓶甘油就要 10 元钱，价钱有点贵 从效果上来看，还是放入甘油＋食用油的效果好，既有光泽，又不至于弄得一手都是油

对面塑用面配方的研究之五

序号	5	日期	2008.6.4
研究内容	尝试在配方中加入蜂蜜，了解效果		
准备材料	面粉 350g、糯米粉 150g、食盐 25g、防腐剂 50g、开水、食用油、甘油、蜂蜜		
制作方法	1. 把以下材料 面粉 350g、糯米粉 150g、食盐 25g、防腐剂 50g、食用油少许放入面盆中 2. 用筷子搅拌匀勺 3. 把面分为 4 分，各加入 10mL、20mL、30mL、40mL 蜂蜜 4. 放入 150mL 开水 5. 和面 6. 醒面 30 分钟 7. 和面 8. 蒸面 30 分钟 9. 放置一天晾京，和面（加入少量食用油和甘油），上广告色		
小结	大师的面口有一股浓浓的蜂蜜味，而我的面总有一股恶心的防腐剂的味道。我把原料分成了 4 份，分别放入了不同量的蜂蜜。我们发现，蜂蜜太多面太黏，面发黑。蜂蜜为 10mL 和 20mL 的效果较好，较为接近大师的面 放入蜂蜜后，面塑不易开裂了，味道闻上去也好多了		

对面塑用面配方的研究之六

序号	6	日期	2008.6.28
研究内容	揉面时所用水与温度		
准备材料	面粉 350g、糯米粉 150g、食盐 25g、防腐剂 50g、开水、食用油、甘油、蜂蜜		

制作方法	1. 把以下材料：面粉 350g、糯米粉 150g、食盐 25g、防腐剂 50g、50mL 蜂蜜、食用油少许放入面盆中 2. 用筷子搅拌均匀。平均分为 3 份 3. 分别放入 30℃、70℃、98℃的水 4. 和面 5. 醒面 30 分钟 6. 和面 7. 蒸面 30 分钟 8. 放置一天晾凉，和面（加入少量食用油和甘油），上广告色
小结	用 30℃、70℃的水活出的面明显太软，没有韧劲。可见，和面时必须使用滚开的水。

对面塑用面配方的研究之七

序号	7	日期	2008.9.11
研究内容	面粉与糯米粉的比例		
准备材料	面粉 350g、糯米粉 150g、食盐 25g、防腐剂 50g、开水、食用油、甘油、蜂蜜		
制作方法	1. 按以下比例把材料分为 4 份： (1)面粉 100g、糯米粉 20g (2)面粉 100g、糯米粉 30g (3)面粉 100g、糯米粉 40g (4)面粉 100g、糯米粉 50g 在每份中分别加入食盐 8g、防腐剂 15g、蜂蜜 8mL 2. 用筷子搅拌均匀 3. 分别加入开水 4. 和面 5. 醒面 30 分钟 6. 和面 7. 蒸面 30 分钟 8. 放置一天晾凉，和面（加入少量食用油和甘油），上广告色		

小结	最近查找的一些资料中，我们发现面粉和糯米粉的比例各不相同，究竟哪种比例更好呢？我们进行了对比实验，我们发现面粉与糯米粉的比例为 10∶2 和 10∶3 比较好，面的可塑性强，可以做些精细的作品。其他比例虽然也可以使用，但是弹性较大，只适合做一些不太细致的作品。

对面塑用面配方的研究之八

序号	8	日期	2008.9.18
研究内容	面粉与糯米粉的比例		
准备材料	面粉、糯米粉、食盐 25g、防腐剂 50g、开水、食用油、甘油、蜂蜜		
制作方法	1. 按以下比例把材料分为 2 份： (1) 面粉 100g、糯米粉 20g (2) 面粉 100g、糯米粉 30g 在每份中分别加入食盐 8g、防腐剂 15g、蜂蜜 8ml 2. 用筷子搅拌均匀 3. 分别加入开水 4. 和面 5. 醒面 30 分钟 6. 和面 7. 蒸面 30 分钟 8. 放置一天晾凉，和面（加入少量食用油和甘油），上广告色		
小结	再次尝试了把面粉和糯米粉按 10∶2 和 10∶3 的比例配置，这次我们几位同学一起进行鉴定，同学都说这次制作的面特别好使		

对面塑用面配方的研究之九

序号	9	日期	2008.10.14
研究内容	蒸面时间的长短，是否影响面的效果		
准备材料	面粉．糯米粉．食盐 25g、防腐剂 50g、开水、食用油、甘油、蜂蜜		

续表

制作方法	1. 按以下比例把材料加入盆中：面粉 200g、糯米粉 40g、食盐 16g、防腐剂 30g、蜂蜜 15ml 2. 用筷子搅拌均匀 3. 分别加入开水 4. 和面 5. 醒面 30 分钟 6. 和面。（分成 3 份） 7. 蒸面 10、20、30 分钟时，各取出一份面 8. 放置一天晾凉，和面（加入少量食用油和甘油），上广告色	
小结	3 份面从制作时的手感上来看差别并不是很大，略感蒸 20 或 30 分钟的面更好一些 　　蒸 20 分钟和 30 分钟的面，从外观、颜色、手感等方面基本没有什么差别	

对面塑用面配方的研究之十

序号	10	日期	2008. 11. 20
研究内容	面变硬了怎么办？		
准备材料	变硬了的面		
制作方法	把已经放置了几个月的硬面上锅蒸。在特别硬的面上面撒了一些水		
小结	研究面的配方已经有一段时间了，以往我总是把研究用的面分给同学们，尽管有些面不太成功，但并不影响同学们进行练习。可是，还是有些面由于没有及时使用，变得很硬，开始时我只能把它们扔掉。能否把它们再次利用起来呢？我把硬面再次蒸过后，没想到面又软了，完全可以再次利用		

对面塑用面配方的研究之十一

序号	11	日期	2008. 11. 28
研究内容	面变硬了怎么办？		
准备材料	变硬了的面		

制作方法	把一些以往剩下的硬面上锅蒸，这些面里有的是已经上色的，有的还没有上色，蒸大约 30 分钟，所有的面均已经变软
小结	再次尝试把硬面上锅蒸，我发现不能把上了色的面挨得过近。面经过蒸，吸收了很多水分，变得很软，一下子塌了下来，只要与旁边的面接触，就会把旁边的面染上颜色

对面塑用面配方的研究之十二

序号	12	日期	2009.3.1
研究内容	配方中加入棉花，尝试效果		
准备材料	面粉、糯米粉、食盐 25g、防腐剂 50g、开水、食用油、甘油、蜂蜜、棉花		
制作方法	1. 按以下比例把材料加入盆中：面粉 100g、糯米粉 20g、食盐 8g、防腐剂 15g、蜂蜜 8mL、一小团棉花（棉花用手撕成一些细丝） 2. 用筷子搅拌均匀 3. 加入开水 4. 和面 5. 醒面 30 分钟 6. 和面 7. 蒸面 30 分钟 8. 放置一天晾凉，和面		

续表

小结	假期中，老师带我们参观了天津的泥人张，听说他们的泥中加入了棉花，目的是为了防止干裂。联想到我们的面能否也加些棉花呢？ 尝试后，感觉不行。我们制作的面塑作品都比较精细，加入棉花的面总是带一些细丝

对面塑用面配方的研究之十三

序号	13	日期	2009.4.27
研究内容	在上色时加入金银粉，观察效果		
准备材料	面粉、糯米粉、食盐 25g、防腐剂 50g、开水、食用油、甘油、蜂蜜、金银粉		
制作方法	在已经制作好的素面中加入工业用金银粉上色。 		
小结	总想让我们制作的面更加漂亮，今天路过学校旁边的五金店时买了一些金色和银色的工业用粉 效果不好，上了色的面发黑，颜色不亮丽 听说，这种工业用粉是有毒的，看来不行		

对面塑用面配方的研究之十四

序号	14	日期	2009.5.28
研究内容	上色时加入金银色水粉，了解效果		
准备材料	面粉、糯米粉、食盐 25g、防腐剂 50g、开水、食用油、甘油、蜂蜜、金银粉		

制作方法	在已经制作好的素面中加入金色水粉和银色水粉
小结	颜色容易掉，粘得满手是水粉。虽然不能直接往面中加金色、银色，但是我发现水粉可以直接涂抹在面上，效果还可以。 （龙的两侧我涂抹了一些金色水粉）

对面塑用面配方的研究之十五

序号	15	日期	2009.9.18
研究内容	原料中加入纸浆		
准备材料	面粉、糯米粉、食盐25g、防腐剂50g、开水、食用油、甘油、蜂蜜、纸浆		

制作方法	1. 按以下比例把材料加入盆中：面粉 100g、糯米粉 20g、食盐 8g、防腐剂 15g、蜂蜜 8mL、一小团纸浆（把报纸浸泡了 4 天） 2. 用筷子搅拌均匀 3. 加入开水 4. 和面 5. 醒面 30 分钟 6. 和面 7. 蒸面 30 分钟 8. 放置一天晾凉，和面，上色
小结	在小商品市场发现了一种纸浆泥，比橡皮泥轻很多，但是价格也贵得惊人，手指大小的面竟然 5 元。我们决定尝试一下在面中加入纸浆，我们使用的是报纸，效果不好。纸浆很黑，而且有明显的块状，即使上了颜色也无法使用

对面塑用面配方的研究之十六

序号	16	日期	2009.10.8
研究内容	原料中加入纸浆		
准备材料	面粉、糯米粉、食盐 25g、防腐剂 50g、开水、食用油、甘油、蜂蜜、纸浆纸		
制作方法	1. 按以下比例把材料加入盆中：面粉 100g、糯米粉 20g、食盐 8g、防腐剂 15g、蜂蜜 8mL、一小团纸浆（把纸浆纸浸泡了 3 天） 2. 用筷子搅拌均匀 3. 加入开水 4. 和面 5. 醒面 30 分钟 6. 和面 7. 蒸面 30 分钟 8. 放置一天晾凉，和面，上色		
小结	纸浆纸很白，浸水后很容易分解成很多细小的丝。上色后，从外观上看不出有什么不同，从重量上也没有感觉到与以往的面有什么太大的不同。但是，在制作中感觉还是不加入纸浆的好		

(二)学生感受

经过反复的尝试，我们终于初步研究出了面的配方，并开始尝试创新。我们把自己的研究成果，发布到了学校的网站，并亲自教同学们制作。现在的巧手课，我们已经可以用自制的面进行创作了。但这绝不是终点，在研究中我们还有很多新的想法，如怎样能让面的颜色更鲜艳，能否让面在黑夜里也发出光，等等。我们准备继续尝试，把我们国家的传统手工艺发扬光大。

研究面的实践活动已经进行了两年多了，几年来，在老师和家长的支持下，我们总是尽可能地把自己的一些想法付之行动。尽管多数还是以失败告终，但是那种成功后的激动，令我们痴迷。通过"面的研究"让我们爱上了科学。在活动中，我们坚持写实验日记，不仅提高了我们的实验能力，还锻炼了我们持之以恒的精神。

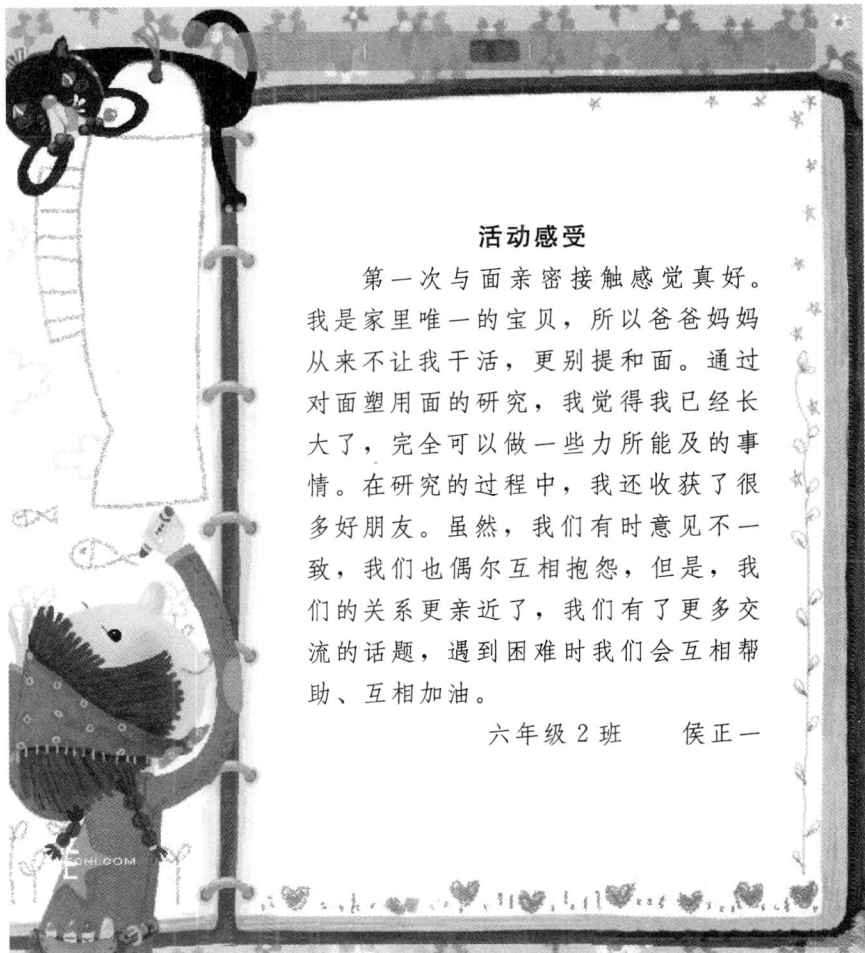

活动感受

第一次与面亲密接触感觉真好。我是家里唯一的宝贝，所以爸爸妈妈从来不让我干活，更别提和面。通过对面塑用面的研究，我觉得我已经长大了，完全可以做一些力所能及的事情。在研究的过程中，我还收获了很多好朋友。虽然，我们有时意见不一致，我们也偶尔互相抱怨，但是，我们的关系更亲近了，我们有了更多交流的话题，遇到困难时我们会互相帮助、互相加油。

六年级 2 班　　侯正一

活动感受

　　第一次感觉到自己像个科学家一样，不断地提出问题、收集资料、实践，即使不成功，也丝毫不觉得气馁。

　　在研究的过程中，我和同伴们都很执着。记得，有一次浩然的手被烫到了，他只淡淡地说了句"没事"，就再也不肯让大家看他的手了。记得，头几次研究的时候，由于没有经验，制作出的面根本无法使用，可是全班同学没有一个人打退堂鼓，反而更加积极地收集资料、分析原因。通过这次研究的过程，使我更加懂得了：有志者事竟成。以后，无论做什么事情，都会持之以恒，坚持到底。

王安晨

活动感受

　　刚开始知道要研究面的配方，总觉得没信心。毕竟我们只是小学生，能成吗？不过同学们的热情都特别高，我们积极收集资料，准备材料。

　　记得第一次研究，同学们高兴极了，那一天让我至今都记忆犹新。我和同学们都抢着干活，脸上、身上都沾上了面粉，却还在互相笑着彼此。

　　我最喜欢对比实验，能够让我感到成功的喜悦。不同的配比，不同的结果，使我们一下子了解了其中的奥妙。

　　研究配方的过程：辛苦并快乐着！

　　　　　　　　　　　　石春阳

（三）活动总结

通过研究面的配方的实践活动，我们亲身实践，总结出了一些配方。

配方一：

原料：面粉 250g、糯米粉 50g、食盐 25g、防腐剂 15g、甘油 25mL、开水 300mL

　　方法：所有原料放在盆中拌匀，将开水均匀浇烫，并不停搅拌把面揉均，蒸 45 分钟至熟，揉匀放凉，保鲜膜包裹醒面最短一周，加色即可。这里要提醒面团必须醒好才可使用。

配方二：

原料：面粉 500g、糯米粉 100g

方法：加水和好，煮好后一边和面一边加入盐 25g，甘油适量再和面，放苯酚（要戴橡皮手套！因为有毒），也可以用硼酸、水杨酸等，颜料用广告颜色。

配方三：

原料：冬季和面的配方为：精面粉 1500g、糯米粉 1000g、精盐 200g、防腐剂 100g、香油 250g。

方法：将面粉、糯米粉、精盐、防腐剂放在盆中和匀，再徐徐倒入开水并用筷子搅拌，然后将面团反复揉搓，直至达到"三光"效果：面光、手光、盆光。用手将面团压成薄片，上笼蒸约 45 分钟取出来，迅速将面片与香油糅和均匀，再放入塑料袋中，用毛巾裹好，放置 24 小时后，即可用广告色进行调色用。

"限塑令"与我们的生活

设计教师：北京市东城区回民小学（南片） 舍 梅

教师指导学生活动的设计

（一）整体活动简介

减少塑料袋的使用，引导人们树立正确的环保理念已刻不容缓，同时一定要结合我国国情，采取相关配套措施，否则，单纯地使用行政手段限制使用塑料袋就很难真正产生效果。我们通过对北京市区使用塑料袋的情况进行调查问卷和实地观察分析，发现在所接受调查的消费者中，大多数人都了解白色污染的危害，理解并支持国家颁发的"限塑令"。很多消费者多自带购物袋，只在忘带的情况下才去买。多数人表示能够接受"限塑令"，并有意识地尽量减少塑料袋的使用；超市在塑料袋的有偿使用方面的执行情况明显优于农贸市场，一些摊位还普遍存在着使用超薄塑料袋和无偿使用塑料袋的违规情况。

我国居民使用塑料袋的现状

随着经济的发展，科学技术的进步，人们物质、文化生活水平的不断提高，塑料制品的用量与日俱增。据报道，我国消费品零售行业每年消耗的塑料袋数量约为 500 亿个，消耗资金约 50 亿元。处理垃圾塑料制品的费用是 200 多万元。全国仅每天卖菜要用掉 10 亿个塑料袋，其他各种塑料袋的用量每天在 20 亿个以上。旧金山市每年使用塑料袋约 1.81 亿只，每年可消耗原油 170 万升，造成垃圾约合 1400 吨。我国每天由于塑料袋的使用可消耗原油 850 万升以上，造成的垃圾约 7000 吨，一年就能达到 6.2 亿升原油，可造成垃圾高达 51 万吨。据报道，北京市生活垃圾日产量为 1.2 万吨，其中废塑料含量约为 3%，每年总量约为 14 万吨；上海市生活垃圾日产量为 1.1 万吨，其中废塑料含量约为 7%，每年总量约为 29 万吨。

（二）学生活动方案

活动总目标

1. 认知目标

(1)了解 2008 年 6 月 1 日起中国实施的"限塑令"。

(2)了解塑料袋在人们日常生活中的广泛应用。

(3)了解普通塑料袋和环保塑料袋的区别，会简单地区分。

(4)了解塑料袋对环境的污染。

2. 能力目标

(1)让学生查找收集塑料袋的相关知识，锻炼学生采集信息的能力。

(2)在实践的调查访谈中锻炼胆量与口才，提高社会交际能力。

3. 情感目标

(1)通过活动过程中的交流和实践，体会与人合作的快乐，培养参与活动的积极性。

(2)通过学对塑料袋的区分，激发学生对塑料袋的进一步关注和了解。

(3)通过了解塑料袋对环境的影响，激发学生的环保意识，并有意识地影响身边的人。

活动过程

第一阶段：主题的确立布置准备

1. 具体目标

(1)激发学生对"限塑令"的兴趣，知道通过什么途径去了解相关政策指令。

(2)引导学生该如何具体查找收集相关知识。

(3)初步设计制定调查表格。

2. 学生活动

(1)讨论什么是"限塑令"，具体时间和内容是什么？

(2)讨论已知的塑料袋的应用及有关知识。

(3)根据自己感兴趣的方面准备调查分组(定出小组成员组长调查的问题、调查的方法、成员分工等)。

(4)在老师的指导下设计制作调查表格。

3. 教师指导重点

(1)引导查找相关知识可以从互联网、报纸、图书馆、书店等方面查找，还可以向有关人员咨询。

(2)实践调查采访前应做好相应的准备工作。

第二阶段：资料的收集实践调查采访

1. 具体目标

(1)详细了解"限塑令"的具体内容并通过各种途径查找收集塑料袋的相关知识。

(2)调查采访不同人群对"限塑令"的了解和看法。

(3)按计划分组调查采访收集具体数据。

2. 活动场所：家庭、超市、集贸市场等

3. 学生活动

(1)详细了解"限塑令"的具体内容，通过各种途径查找收集塑料袋的相关知识。

(2)制作调查表格记录自己家庭每天使用塑料袋的情况。

(3)调查采访不同年龄身份人群对"限塑令"的了解和看法。

(4)分工合作深入各行各业调查采集塑料袋的具体使用数据并计算大致成本。

4. 教师指导重点

(1)查找应学会归纳总结重点内容，避免内容过多过杂。

(2)调查采访时应注意方式、态度、时间的控制等。

(3)活动中小组成员要注意分工合作，相互协作，外出时一定要注意安全，最好有家长陪同。

第三阶段：调查汇总活动总结

1. 具体目标

(1)汇总学生收集的相关资料和具体数据，整理并归纳重点内容，综合数据取平均值。

(2)把前面的多种学习活动方式的收获以调查报告或体验日记的形式展示，并交流活动中的心得体会。

(3)用具体数据和事例图片等方式说明塑料袋对环境的影响，进一步加深环保意识。

2. 活动场所：教室

3. 学生主要活动

(1)综合同学们收集的数据进行汇总。

(2)统计(超市和集贸市场)的使用塑料袋情况，体会简单地区分塑料袋的方法。

(3)计算花在这部分塑料袋上的投资，感受结果给人带来的震惊。

(4)体会塑料袋给环境带来的影响，以调查报告或体验日记的形式展示。

4．教师重点指导

(1)指导资料数据的汇总，引导学生交流活动后的感受。

(2)引导学生升华主题到环保的高度，意识到环保应从小事做起，从现在做起。

第四阶段：活动的拓展和延伸

1．具体目标

(1)通过对活动总结出的环保问题的重视，发出具体切实的倡议。

(2)通过活动培养学生长期自主的环保意识，带给身边的人以正确的影响。

2．活动场所：校内校外

3．学生主要活动

(1)针对前面活动的结果讨论制定一份倡议书。

(2)讨论怎样向自己身边的人宣传灌输环保的重要性。

4．教师指导重点：怎样写好倡议书。

(三)学生分组、个体研究情况

1．学生上网查找的资料(第一小组汇报)

使用塑料袋的危害

塑料制品的广泛使用，确实给人们带来了不少方便，但由于人们对废旧塑料造成的环境污染缺乏足够的认识，将用过的废旧塑料制品随意丢弃，给环境造成了严重危害。凡此种种，给环境造成了重大危害。具体表现在：

(1)对环境的危害

大量的废塑料制品在大城市、旅游区、水体中、铁道旁等到处可见，给人们的视觉带来不良刺激；严重破坏了市容、景观；尤其是铁路行业，由于管理不善，旅客随意将用过的餐盒抛之窗外，甚至列车服务员亦将垃圾弃之车外，造成交通干线两旁的绿色植物白色化，沿途的树木枝条飘挂成串。

(2)对农业生产的影响

废塑料遗弃在土壤中，由于难以降解，不仅会影响农作物吸收养分和水分，导致农作物减产，而且会污染土壤和地下水，给农作物和田地带来伤害。如果塑料袋存在土壤里的时间太长，会引起土壤生产力下降。如果塑料袋缠绕农作物的时间太久，会污染农作物，对食用者的健康造成危害。

(3)危及动物的安全

对动物生存构成威胁。抛弃在陆地上或水体中的废塑料制品，被动物当作食物吞入，导致动物死亡。在动物园、牧区、农村、海洋中，此类情况已屡见不鲜。

(4)生活垃圾难以处置

由于大量塑料制品进入生活垃圾，导致生活垃圾难以处置。进入生活垃圾中的废塑料制品很难回收利用，如果将其填埋，聚乙烯不易降解，作为垃圾被填埋的塑料袋需要数百年才能腐烂，会导致大片土地被长期占用，加剧了土地资源的压力。不仅我们这代要被垃圾包围，也会使子孙后代失去生存的空间。

(5)资源的大量浪费

塑料袋是通过石油或天然气提取聚乙烯完成的，我国每天由于塑料袋的使用可消耗原油850万升以上，一年就能达到6.2亿升原油，所以大量使用塑料袋会造成资源的浪费。

2. 学生社会调查(第二～四小组)

(1)调查对象

北京市城区内的居民，我们的主要调查地点在超市门口或者附近。

(2)调查方法

针对"限塑令"的实施，我们根据人们日常使用塑料袋的习惯、对"限塑令"的了解和所持态度情况以及建议等设计了此问卷。向人们随机发放，即时收回。

(3)调查内容

调查内容见表1。

(4)实地调查过程

①确定调查对象

a. 超市：

大型超市	沃尔玛(宣武区宣武门)、家乐福(崇文区培新街)
中型超市	华普(崇文区光明楼)、美廉美(丰台区沙子口)
小型超市	迪亚天天(海淀区甘家口)、快客(崇文区光明楼)

b. 菜市场：

崇文区龙潭湖农贸市场和崇文区乐家菜市场。

②调查方法

按照预定的计划，我们调查大、中、小3种类型共6个超市，对各类超市"限塑令"的执行情况进行了实地客观调查统计，然后又调查了2个农贸市场的执行情况。超市和菜市场都是采用抽样调查法，每个超市一个收银台，菜市场青菜、肉类、水果类各一个摊位，采用一个小时计数，统计顾客使用塑料袋情况。

③调查内容

调查内容如调查问卷及超市统计(表1)所示。

塑料袋使用状况调查问卷

您好！我们是(哪个学校)的学生，正在对6月1日"限塑令"实施以后塑料袋的使用状况进行社会调查，此问卷采取不记名方式填写，我们承诺对您的回答保密，请放心填写。感谢您在百忙之中抽出时间回答下列问题！(请直接在您的选择项上打钩，其中如无特别说明均为单项选择题)

1. 您知道塑料袋的滥用会造成哪些环境污染吗？

A. 非常清楚　　　　B. 大致了解　　　　C. 不知道

2. 您是否支持"限塑令"的实施？

A. 支持　　　　　　B. 反对　　　　　　C. 无所谓

3. 塑料袋的收费，多少钱您可以接受？

A. 5～9分/只　　B. 1～2角/只　　C. 2～3角/只　　D. 3～5角/只

E. 0.6～1元/只　　F. 1～2元/只

4. 您认为塑料袋收费所得应该用于：

A. 通过产品降价来回报消费者

B. 建立环保基金，将收费所得用于治理环境问题

C. 无所谓/不知道

D. 其他：_____

5. "限塑令"前您每周大约使用多少个塑料袋？

A. 3个以下　　　　B. 3～6个　　　　C. 6～10个　　　　D. 10个以上

6. "限塑令"后您每周大约使用多少个塑料袋？

A. 3个以下　　　　B. 3～6个　　　　C. 6～10个　　　　D. 10个以上

7. 在"限塑令"发布之后，您选择的替代品主要为(可多选)：

A. 纸袋　　　　　　B. 布袋　　　　　　C. 菜筐(菜篮子)

D. 以前保存的塑料袋　　E. 购物时依然买新的塑料袋

F. 其他(请说明)_____

8. 据您观察，"限塑令"实施之后，什么地方实施的最好(　　)和最不好(　　)？

A. 超市　　B. 菜市场　　C. 便民零售商店　　D. 餐饮行业

E. 商场　　F. 其他(请说明)_____

9. 如果您减少了使用塑料袋，影响您做出这一举动的因素可能是：

A. 法律法规　　B. 塑料袋价格　　C. 环境恶化

D. 家人朋友的劝导　　E. 塑料袋的外观不好

10. 您认为哪些情况下最好或必须使用塑料袋？（可多选）

A. 直接盛装鱼类、肉类等从卫生角度不适合重复使用的情况

B. 直接包装熟食的情况

C. 其他（请说明）＿＿＿＿＿＿＿＿＿＿＿＿＿＿＿

11. 您认为可能阻碍"限塑令"执行的是？（可多选）

A. 企业因利益关系不合作　　B. 人们因不方便强烈抗议

C. 执行"限塑令"力度不够　　D. 替代品不足，配套措施不到位

E. 其他：＿＿＿＿＿＿

12. 您认为"限塑令"的颁布对以后种种环保措施的颁布有帮助吗？

A. 有　　B. 没有

最后请您填写以下基本信息：

您的性别：A. 男　　B. 女

您的年龄：A. 20 岁及以下　　B. 21～40 岁　　C. 41～60 岁　　D. 60 岁以二

您的学历：A. 初中及以下　　B. 高中　　C. 大学　　D. 研究生及以上

您的职业：A 公司职员　　B 公务员　　C 学生　　D 自由职业者　　E 离退休人员　　F 其他

您的月收入：A. 1000 元以下　　B. 1000～3000 元　　C. 3001～6000 元　　D. 6000 元以上

如果我们想对您进行更深一步的访谈，您是否愿意留下通讯方式（E-mail）＿＿＿＿＿＿

感谢您为环境保护做出贡献！

学生活动报告

一、塑料袋使用状况调查问卷数据分析(第一小组)

本问卷共有 12 道问题，全面涉及了塑料袋使用状况，问卷发放起始时间为 2008 年 7 月 10 日，问卷于公共场所实地现场作答、现场收回，回收效率高。

此次问卷调查共发放问卷 700 份，收回有效问卷 621 份，回收率 88.7%。

问卷统计结果如下：

第 1 题，表示自己对塑料袋的危害非常清楚的 279 人（占 44.9%）和大致了解的 328 人（占 52.8%）的人之和占到了总被调查人群的 97.7%，说明普通民众对塑料袋的危害都有相当程度的了解。

第2题，88.3%的人支持限塑令的实施，反对的只有3.6%，8.1%的人持无所谓态度，表明人们还是普遍支持限塑令的。

第3题，70%的人把可以接受的塑料袋价格限定在0.2元以下，更高价格被接受的比例较少。

第4题，75%的人认为应该将塑料袋收费所得资金用于环保事业，15%左右的人认为应该回馈消费者。

第5题、第6题，A选项取1.5，B选项取4.5，C选项取8，D选项取13，分别计算出平均每个人在限塑令前后每周塑料袋的使用量为6.383和2.944个，每人每周减少3.439个，减少一半以上，说明限塑令的实施使得人们在意识上有了提高，并付诸行动，塑料袋的使用量大为减少，取得了相当大的效果。

第7题，83.1%的人购物时选择使用布袋(69.9%)或纸袋(13.2%)，使用旧塑料袋的比例为30.3%，依然购买新塑料袋的为12.7%，使用菜篮(8.1%)和其他(6.7%)的较少。

第8题，85.8%的人认为超市限塑令实施的最好，其次为商场(13.4%)；而限塑令实施最不好的地方为菜市场56.8%，以下依次为餐饮行业(15.7%)和便民零售商店(15.4%)。从结果统计来看人们认为这些行业或地方需要加强规范化管理。

第9题，半数以上(55.7%)的人出于环境保护而减少使用塑料袋，法律和价格因素分别占23.8%和20.5%。

第10题，认为鱼肉类等必须使用塑料袋的人占67.9%，认为垃圾的占48.6%和熟食占34.4%，它们的使用塑料袋的比例也相当高。主要是因为这些东西不方便携带，而北京市楼房在"非典"后已经无垃圾道或者已封闭，人们已经习惯了"袋装垃圾"，而一时不适应改变。

第11题，人们普遍认为"替代品不足，配套措施不到位"是阻碍"限塑令"实施的主要原因(62.2%)，以下依次为执行力度不够(36.3%)和人们因不方便抗议(26.7%)，而企业利益的原因只占到19.4%。由此可以看出，积极寻找塑料袋的替代品是十分必要的。

第12题，77.4%的人认同限塑令在环境保护法律上的模范和引导作用，17.9%的人认为不好说，认为没有作用的只占4.8%。而"减塑令"的实施则在一定程度上对人们起到了引领和规范的作用。

结论：通过问卷调查，我们对北京市区居民在实施"限塑令"后使用塑料袋的情况进行了研究。研究发现，大部分接受调查的居民都能够了解"白色污染"的危害，并且理解、支持"限塑令"。但是，我们发现居民对"限塑令"的主观认识和客观实施之间存在着很大的差异。问卷调查的结果显示居民已经有了不用或少用塑料袋的意识，但是实地观察的结果表明只有为数不多的居民自带购物袋。这说明，人们仅具有不用或少用塑料袋的观念，而还没有将此观念转化为实际的行动。因此，我们还要加大宣传力度，采取各种措施，促使居民在实际行动中做到不用塑料袋，少用塑料袋。

附件：

表1　购物袋使用状况调查表

时间_____　　　　　　　　地点_____　　　　　　调查人_____

序号	新塑料袋	旧塑料袋	其他材料袋子	购物篮等	空手	性别	年龄	备注
1								
2								
3								
4								
5								
6								
7								
8								
9								
10								
11								
12								
13								
14								
15								
16								
17								
18								
19								
20								

填表说明：

1. 请准确记录观察的时间、地点。

2. 表格中对应填写各个消费者使用各类购物袋的数量及其基本信息（其中年龄为估计值，可填写年龄段）。

二、各种类型的超市使用塑料袋情况数据分析(第二小组)

1. 大型超市(如表2)

沃尔玛有 36.2% 的人购物时新购买了塑料袋,即使超市为每个塑料袋定价为 0.2～0.4 元。其次是自带布袋和旧塑料袋的人,分别约占 26.8% 和 20.1%。用手的人占到总人数的 16%。在选择的大超市中,家乐福新购塑料袋的人数比例是最小的,只占 19.8%。大部分人是自带旧塑料袋和布袋的,占到了总数的 69.1%。布袋对于人们的购物看来还是比较方便的。

表2 **大型超市统计情况**(一个小时内 单位:个)

大超市	新塑料袋	旧塑料袋	环保布袋	购物篮	用手
沃尔玛	54	30	40	0	25
家乐福	27	32	62	1	14

2. 中等超市

我们选择了美廉美和华普超市。中等超市中美廉美使用新塑料袋的比例为 17%,华普使用新塑料袋的比例为 18%,自带塑料袋和布袋的比例则明显较高,美廉美超市为 66%,华普超市为 67.4%。与大超市相比,最大的特点就是在中等超市购物的人们大都是有备而来,而大超市随机的成分较大,空手而来的人较多。还有是因为塑料袋收费,中等超市可提供的商品种类和数量相对较小,前来购物的消费者都是有明确目的的,自带塑料袋和布袋就显得十分方便和经济了。

表3 **中型超市统计情况**(一个小时内 单位:个)

中型超市	新塑料袋	旧塑料袋	环保布袋	购物篮	用手
美廉美	19	45	29	1	18
华普	16	27	33	1	12

3. 小超市

我们选择了海淀区的迪亚天天、崇文区的快客便利店。小超市的特点就是便利,一般来说,消费者以附近的居民为主体。因此,人们可以随时去买,而且一次购买的量很少。结果,空手而来的人就占大多数了,其中迪亚天天用手带走物品的比例为 52.9%,快客便利店为 38.9%。我们在统计时还观察到迪亚天天超市卖食品的部分摊位所提供的塑料袋是免费的。

表 4　小型超市统计情况(一个小时内　单位：个)

小超市	新塑料袋	旧塑料袋	环保布袋	购物篮	用手
迪亚天天	7	3	6	0	18
快客	9	5	8	0	14

三、农贸市场使用塑料袋情况分析(第三小组)

我们还去菜市场进行了调研。龙潭农贸市场、乐家菜市场新购塑料袋的比例分别达到总量的 67.5％ 和 64.4％。结合我们的调查问卷，最为直接的问题就是鱼、肉等产品，用塑料袋盛装，袋子脏了就可以丢弃，加上很多菜市场依然会使用超薄塑料袋和无偿使用塑料袋的违规情况，所以在鱼、肉类的摊位无一人不使用免费的塑料袋。

表 5　农贸市场统计情况(一个小时内　单位：个)

菜市场	新塑料袋	旧塑料袋	布袋	购物篮	用手
龙潭农贸市场	52	12	8	1	4
乐家菜市场	47	10	14	0	2

表 6　龙潭农贸市场不同摊位塑料袋使用数量(一个小时内　单位：个)

类别	新塑料袋	旧塑料袋	布袋	购物篮	用手
青菜	13	6	4	1	3
肉类	20	0	0	0	0
水果类	19	6	4	0	1

表 7　乐家菜市场不同摊位塑料袋使用数量(一个小时内　单位：个)

类别	新塑料袋	旧塑料袋	布袋	购物篮	用手
青菜	12	4	8	0	1
肉类	22	0	0	0	0
水果类	13	6	6	0	1

四、研究分析与讨论(第四小组)

1. 人们在超市和农贸市场使用塑料袋情况对比

通过数据分析，我们调查的所有超市平均购买新塑料袋的比例为 22.5％，而农贸市场的此项数据为 42.7％，农贸市场平均购买新塑料袋的比例明显高于超市。可以看出这种情况的主要原因：(1)农贸市场的管理

199

比较薄弱，与执行力度密切相关；（2）人们的环保意识有待于加强。

2. 从执行力度分析

我们通过实地观察发现，超市在塑料袋的有偿使用方面的执行情况明显优于农贸市场（菜市场）。超市严格执行塑料袋的有偿使用制度，而农贸市场的执行情况参差不齐，一些摊位还存在着使用超薄塑料袋和无偿使用塑料袋的违规情况。况且这种情况并没有得到相关的部门以及农贸市场管理人员的制止和处罚。

3. 问卷数据与现场观察数据的对比分析

问卷调查数据表明，购物时使用布袋的比例高达 69.9％，而实地观察使用布袋等的结果只有 29％左右；调查中购物时使用新塑料袋的比例为 12.7％，而在实地观察中使用新塑料袋的比例也 30％以上，这说明人们减少使用塑料袋的愿望和实际行动还是有相当大的差距的。

4. 塑料袋替代品不足，配套措施不到位

在调查中我们发现，有 62.2％的人认为塑料袋替代品不足，必须使用塑料袋的地方中，认为鱼肉类等必须使用塑料袋的人占 67.9％，认为垃圾的占 48.6％和熟食占 34.4％。其原因是：鱼肉类本身比较脏，有很大腥味，用布袋装完必须对布袋进行清洗，除去异味，这样工作量很大，垃圾一般不方便携带，而北京市楼房自"非典"后已经无垃圾道或者已封闭，人们已经习惯了"袋装垃圾"，将垃圾和塑料袋一起扔掉。我们认为，如果在这些方面要减少塑料袋的使用，就必须寻找替代品，才能从根本上解决问题。

人们滥用塑料袋

塑料袋的危害

调查活动

小组讨论

展示宣传作品

学生制作环保袋

市场调查使用环保袋情况

人们使用的环保袋

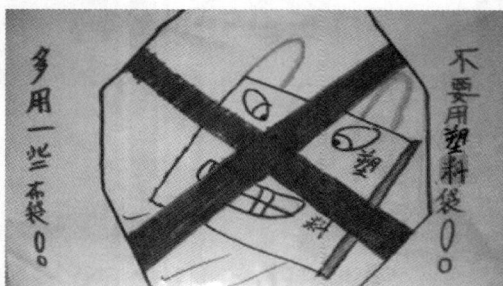

五、总结

通过问卷调查和实地观察两种方式，我们对北京市区居民在实施"限塑令"后使用塑料袋的情况进行了研究。研究发现，大部分接受调查的居民都能够了解"白色污染"的危害，并且理解、支持"限塑令"。但是，我们发现居民对"限塑令"的主观认识和客观实施之间存在着很大的差异。问卷调查的结果显示居民已经有了不用或少用塑料袋的意识，但是实地观察的结果表明只有为数不多的居民自带购物袋。这说明，人们仅具有不用或少用塑料袋的观念，而还没有将此观念转化为实际的行动。因此，我们还要加大宣传力度，采取各种措施，促使居民在实际行动中做到不用塑料袋、少用塑料袋。

另外，从企业商家对"限塑令"的执行情况而言，超市在有偿使用塑料袋方面的执行情况明显优于农贸市场。在超市中，商家基本实现了不使用超薄塑料袋和塑料袋的有偿使用。而在农贸市场中，有些商家仍在继续使用超薄塑料袋，并且免费赠送塑料袋。因此，政府部门还要加大对商家的监管力度，尤其是加大对农贸市场的监管力度。

"限塑令"的实施并不是要让居民有偿使用塑料袋，而是要以一种强制的方式让居民认识到"白色污染"的危害，提高居民环保的意识，并且转化为实际的行动，即不用或少用塑料袋。"限塑令"的实施不仅要靠政府部门的监管，企业商家的执行，更要靠广大居民的自律精神。只有广大居民把不使用塑料袋、少使用塑料袋当成一种生活习惯，积极配合"限塑令"的实施，这样才能真正达到"限塑令"的目的。"限塑令"本来只是一种提醒和告知，它的效用得以很好的发挥在于我们对这一提醒和告知的正确理解，在于我们的自律精神和责任意识。

六、实际收获和体会

这次活动，较好地达成了预期的目标，同学们的收获很大，主要表现在：同学们亲历了查阅文献、上网查询和实地调查，以及数据整理和统计等工作，培养了同学们开展科学小研究和从事社会实践活动的能力，提高了同学们从事科技实践活动的兴趣。同学们在活动中受到的锻炼很大，如王琳同学在活动后的体会文章中写道："最后，我在调查中克服了种种困难，圆满地结束了我的调查。其实你只要认真地去做，勇敢地去面对困难，你一定会成功的。"李肖同学写道："通过老师的指导，我才明白了许多难以解决的事情，比如说采访、调查、统计……我希望学校以后有更多这样的活动能锻炼自己。"

由此看到，本次活动是成功的，我们的收获也是多方面的，同学们也喜欢这样的活动。因此，我们将继续开展后继研究，以争取更大的成效。

活动建议与设想

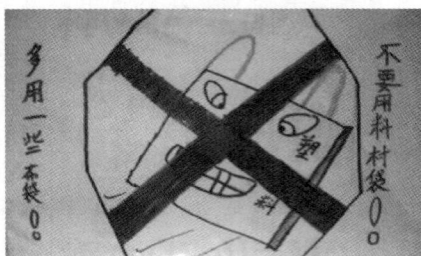

学生的建议

倡议书

我与专家手拉手

设计教师：中国农业科学院附属小学　雷琛琛　欧阳朝霞

教师指导学生活动的设计

（一）整体活动简介

在我校组织开展的"科技活动月"中，学生纷纷搜集了有关科学家的各种资料。孩子们能够如数家珍地谈论自己崇拜的科学家，渐渐有了自己感兴趣的研究领域，但一回到实际，谈起自己进行科学研究又变得不自信，总认为科研是科学家的事情，自己作为小学生是遥不可及的，甚至有的学生还认为科研又苦又累。面对这样的情况，我开始思考怎样才能促使学生转变偏见呢？本次活动应运而生。活动通过学生的自主探究，来提升学生能力，同时体会生物科技的魅力和意义，从而理解科研工作，并产生崇敬科学和以祖国为荣的情感。

中国农业大学是我国现代农业高等教育的起源地。2003 年 5 月 4 日，国务院总理温家宝视察中国农业大学，发表了重要讲话。农业生物技术国家重点实验室于 1990 年建成，是一个以应用基础科学研究为主，并承担高层次人才培养任务的农业生物技术领域综合性国家级开放实验室。实验室为促进我国农业生产的科技进步作出了显著的贡献。植物生理学与生物化学国家重点实验根据我国经济和社会发展对农业可持续发展的重大需求，结合国际植物科学的发展趋势，系统、深入地开展植物科学领域的创新性基础和应用基础研究。

北京植物园位于西山卧佛寺附近，1956 年经国务院批准建立，面积 400 公顷，是以收集、展示和保存植物资源为主，集科学研究、科学普及、游览休憩、植物种质资源保护和新优植物开发功能为一体的综合植物园。北京植物园由植物展览区、科研区、名胜古迹区和自然保护区组成，园内收集展示各类植物 1 万余种（含品种）150 万余株，承担着推广、应用、普及植物科学知识，提高广大游客的园林文化素养的重要任务。历年来，植物园多层面探索科学普及工作的途径，依托科普馆、展览温室及丰富的植物种类，多次举办专类植物展览和科普夏令营活动，分别被授予全国青少年科技教育基地、北京市科普教育基地及海淀区科普教育基地等光荣称号。

中国农业科学院成立于 1957 年，作为国家级农业科研机构，肩负着全国农业重大基础与应用基础、应用研究和高新技术产业开发研究的任务，在解决农业及农村经济建设中基础性、方向性、全局性、关键性重大科技问题，以及科技兴农、培养高层次科研人才、发展农业科技出版事业、开展国内外农业科技交流与合作等方面发挥着重要的作用。

根据以上情况，我校借助邻近农科院，并且有部分学生家长为农业大学和植物园实验室专家这一优势，根据学生的年龄特点，设计了系列活动，帮助学生走近现代生物科技，结合我国科技、经济飞速发展的现状，了解辉煌的背后无名英雄们的默默付出，激发学生对科研人员的敬意，培养为建设国家而不懈努力的社会责任感。

(二)活动方案

1. 活动目标

（1）知识与技能目标：走进生物技术，了解科学研究的基本方法，如实验法、社会调查法。

（2）过程与方法目标：在专家和教师帮助下，合作开展探究活动，独立严谨地完成任务，知道科学探究的基本方法。

（3）情感态度价值观目标：在小组活动中，独立不依赖他人，体会到科学的严谨性和科学性，产生对科学的崇敬。

2. 活动重、难点

（1）重点：参与研究，收获知识，掌握方法，发展能力。

（2）难点：基于个人认知水平和实践能力完成科学研究，达到教学目标。

3. 活动资源及技术准备

（1）物质准备：提示板、记录表、报告单、白纸、彩笔等。

（2）组织准备：每组 5—6 人。

（3）基地准备：联系科研院所和实验室负责人，商讨场地、内容和指导专家。从前期联络、材料、工具等方面，说明为开展本活动需要进行的各种准备。

4. 活动流程

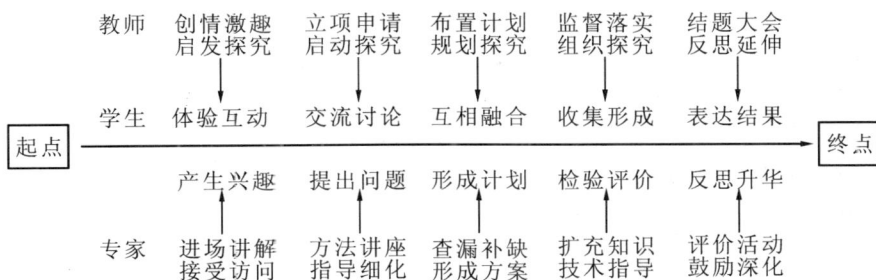

（三）活动实录

第一阶段：创情激趣，启发探究

1. 创情激趣

A. 展示照片：植物园温室、农业大学和农科院实验室以及田地、巨型南瓜、袖珍西瓜等。提问：谁看出在哪拍的？

B. 点明课题：从今天开始，我们就来走进生物科技"与专家手拉手"。

【设计意图】给学生以挑战寻常认知的材料，创设情境，激发其内在动机。

2. 启发探究

A. 我们即将开展有关生物科技的探究活动，在活动中你可以探索你在平日生活中发现的有关生物科技的问题。若暂没有，没关系，咱们先一起去农业大学、植物园和农科院里看看，提议大家在活动中带上"发现卡"用文字或图画（也可以图文并茂）记录你认为有趣的发现，没有数目限制。

要求：简练形象，让读者明确你发现了什么，体会到它有趣的地方。

谁能补充，在活动中我们应注意什么？

【预设】注意安全、爱惜植物、文明有礼、可以带记录工具、认真听……

【设计意图】帮助学生明白活动目的和注意事项，避免活动沦为一般的参观浏览，发挥资源的真正价值。

B. 学生参观体验，教师随行参与、组织并记录活动情况。

【预设】学生没发现，没提问。

【策略】提示学生：什么是你平时生活中没见过的？

可以问专家，请问您这是什么？为什么会这样？询问专家工作中的感受。

【设计意图】通过有目的、有计划的真实生动的体验活动，帮助学生找到兴趣点，为"提出问题"奠定基础。

C. 结束：今天的活动到此结束，相信大家都有不少收获，请认真整理"发现卡"。

第二阶段：立项申请，启动探究

1. 立项申请

立项申请

尊敬的各位评审团成员，您好：

我们组的各位组员在参观农科院后，发现了如下有趣的现象或事物：

发现卡 1	发现卡 2	发现卡 3	发现卡 4	发现卡 5	发现卡 6

经过充分讨论和思考，我们一致同意＿＿＿＿＿＿＿＿＿＿是我们组的研究主题，因为：＿＿＿＿＿＿＿＿＿＿＿

我们计划研究分为以下几步：

＿＿＿＿＿＿＿＿＿＿＿＿＿＿＿＿＿＿＿＿＿

＿＿＿＿＿＿＿＿＿＿＿＿＿＿＿＿＿＿＿＿＿

将用到以下材料和工具：

预计研究将在＿＿＿＿＿＿＿＿＿＿完成。

希望您批准我们的研究项目成立，同时为我们联系＿＿＿＿为指导教师，欢迎您提出宝贵的意见和建议。

此致

敬礼
（全体成员签名：

（日期：　　年　　月　　日）

师：你知道吗？其实科学家的研究常从兴趣开始的，从今天开始就请大家像科学家一样严谨地研究吧。首先请各组同学，交流发现，完成立项申请表。

【策略】若是由于意见不统一，可以提示少数服从多数或因势利导；若是由于无法选择，可以从学生"发现卡"中设计 3 个选项供学生选择；若由于不会表述，则告诉学生可以采用立论式、非立论式、驳论式。只要选题理由充分，允许不同小组研究同一主题，如此还可以促进组内合作与组间竞争。

【设计意图】帮助学生梳理发现，引导学生在讨论思考后将兴趣提升为研究主题，同时体会科学研究的严谨性。

2. 启动探究

A. 基于申请，邀请专家参与立项大会。请各组代表介绍本组立项申请，并回答评审和同学的提问。

B. 请农科院的部级专家杨其才教授，结合自身多年从事科学研究的经验给大家讲一讲：科学研究的过程，有价值的科学研究主题的标准，以及科学家是如何把兴趣变成研究主题的。

C. 讲座结束后，发每人 4 张便利贴(学生为叶形、教师为方形、专家为心形)，组织在生生、师生以及与专家的互动中，对各组选题提出意见和建议。

D. 评价完毕后，请各组综合各方面意见和建议，在专家指导下修改选题。

E. 最后由专家宣布大会决议：经专家组合议，各组选题成立，科学研究正式启动。

【预设】换新主题。

研究计划

班级：　　　　组名：　　　　　　　指导教师：

我们组的研究主题是：

在与专家交流后，明确我们要在实验前清楚如下知识：

学会如下技术：

准备如下材料和工具：

我们将按照如下进度完成各阶段研究任务：

日期	内容	目标

我们小组内分工如下：

成员	任务

我们承诺将按照计划行动，欢迎专家、老师和同学们的随时监督指正。

此致

敬礼

（全体组员签名：　　　　　　　　　　）

（日期：　　年　　月　　日）

【策略】只要选题理由充分，允许更换为更有研究价值的新主题。

【设计意图】明确有价值的选题的标准，学会将兴趣点转化为研究选题的方法，同时深刻体会科学研究的严谨性。

第三阶段：布置计划，规划探究

主题名称：		指导教师	
班级：	姓名：	组长：	
小组成员			

我们研究这个主题的原因是	
我们进行研究的目的是	
我们是这样进行研究的	
我们的研究成果	
我们的体会	
专家意见	

请与各自的指导专家联系，共同完成研究计划。

【预设】专家方案难，学生方案浅，知识和技术空白大。

【策略】专家提供知识和技术列表，布置学生预习，并联系学校信息技术和科学教师，提供场地和技术辅导。

【设计意图】避免学生对科学研究水土不服，或专家大包大揽。

第四阶段：监督落实，组织探究

1. 监督落实

A. 预习交流：组织各组的预习成果。

【设计意图】让学生建立相关的基础知识和能力，为研究顺利进行奠定基础。

B. 请各组完成研究记录和报告。

【设计意图】帮助学生积累数据，培养耐心和专心的态度，从过程中体会科研工作的辛苦和艰难。

2. 组织探究

协助专家，组织协调各研究组收集数据。

A. 藻类炼油组：掌握分离纯化微生物的方法，并能够应用于提取小球藻。

B. 神奇紫茉莉组：研究紫茉莉对杂草的抑制作用。

C. 花卉医生组：调查目前绿化花卉的主要病害。

【策略】教师关注各组进度和每次活动的内容与落实，统一协调争取保持同时结束。若专家有事可请研究生辅导；若场地不允许或放假，可转移至学校无土栽培温室或班内、家中，同时发家长信争取家长支持。

【设计意图】充分发挥组织者和服务者角色，为学生创设探究的环境。

第五阶段：结题大会，反思延伸

1. 结题大会

今天所有参与活动专家都请来参加成果汇报大会。请各组一一展示自己的研究成果，展示后各位听众和评委们可以进行点评和意见交流。

【设计意图】展示成果，丰富认识，深化理解。

活动反思提示

班级：　　　姓名：

1. 你对本次活动是否感兴趣？如果不敢兴趣，请说出理由。

2. 你的指导教师是谁？你想对他（她）说些什么？

3. 你认为自己做的如何？

4. 在活动中，你遇到的最大困难时什么？

5. 通过本次活动，你最大的收获是什么？

6. 如果还有这样的活动，你愿意继续参加吗？如果不愿意，请说出理由。

2. 反思延伸

A. 请你参考提示，认真反思，同时把点滴感受写下来。

B. 全班交流感受，并请专家点评各组表现同时提出寄语。

C. 结束：你是否发现科学研究的严谨与魅力？希望你能在今后继续保持这份严谨的态度。

孩子们，请让我们向指导我们完成整个探究活动的专家，促进祖国繁荣昌盛的科研工作者，献上少先队员最崇高的敬礼。

【设计意图】总结提升，使学生深刻认识到科学技术的重要性，理解父母的工作，并且产生崇敬科学和以祖国为荣的真挚情感。

（四）活动评价

借助成果袋，采用多人多方面评价体系，尊重学生的个性和研究成果。

文本积累：调查表、发现卡、申请、计划、各种资料、评价表和研究报告。

成果：生菜、油菜等成品及研究、调查报告和心得体会。

评价表

姓名	探　究	合　作	参　与	
			发　言	倾　听
A	积极独立运用多种工具观察植物，并且帮助同伴进行观察活动，观察记录规范真实详尽。	思维灵活、方法多样、能主动研究并解决问题。	能主动、独立运用凝练的话语和适当的运作，介绍成果、交流感受、互动提问。	认真专注，积极思考，能与发言者相互交流，甚至发现新问题。
B	独立顺利完成观察活动，有个人的观察记录，记录内容规范，较全面。	能与他人合作共同解决问题。	能在提示引导，主动、准确阐述成果、感受和提问。	认真专注，清楚发言者的主要思想，能进行互动对话。
C	在他人的帮助下完成观察活动，简单记录。	参与小组的研究活动，体验并明确研究过程。	虽然很少参与全班讨论，但能积极参与小组讨论，明确表达自己的观点。	倾听过程中偶有注意力不集中现象，清楚发言者的主要思想。
D	没有参与该活动。	没有参与该活动。	没有任务发言。	注意力分散，一无所知。
自评				
互评				
师价				
总分				

213

姓名	探究	合作	参 与	
			发 言	倾 听
同伴教师 点评				
个人收获 反思				

学生活动报告

（一）科研报告

微藻的分离和培养

——第一小组研究报告

一、研究的问题	我在上庄水库钓鱼时，水库中局部的绿色漂浮物"水华"引起了我的好奇。带着这些问题，我回家返校后跟同学聊起，大家也很好奇，于是我们就去请教了老师，并在老师的指导下，查看了大量有关"水华"的资料，明白了"水华"是淡水中的一种自然生态现象，是由藻类引起的，是水体富营养化的表现。更令我们感兴趣的是，"水华"微藻特别是小球藻含有丰富的脂肪酸，能用来制备生物柴油。因此，我们想对下面三个问题进行研究： （1）"水华"中含有哪些藻类？ （2）可否分离出能用来制备生物柴油的藻类？ （3）微藻在实验室内的最佳培养条件？
二、假设	"水华"微藻可能含有螺旋藻、小球藻等多种藻类，如果能分离出油脂含量高、可用于生产生物柴油的小球藻，则进一步对小球藻的最佳培养条件，即最适温度、酸碱度、碳源、氮源等进行确定，为将来小球藻的大规模培养奠定基础。如果分离不到油脂含量高、可用于生产生物柴油的小球藻，而能分离出螺旋藻等其他藻类，则可进一步测定其细胞内的成分，研究作为保健品的可能性。

三、研究计划	
四、实验材料准备	所使用的材料主要是无离子水、葡萄糖等。所使用的主要仪器有：显微镜、照相机、冰箱、超净工作台、光照培养箱、离心机、pH 计、分光光度计、灭菌锅、冷冻干燥机、电子天平等。
五、观察数据和实验记录	(1)上庄水库中的"水华"含有三种形态不同的微藻：螺旋藻、球藻和颤藻(杆状)，见图1。 (2)分离和纯化出一种小球藻(图2) 图1 "水华"三种不同形态的微藻　　图2 分离和纯化后的小球藻 (3)小球藻的生物量可达10克干藻粉/升培养物，油脂含量达40%。

小球藻最佳培养条件的确定

小球藻在有光和无光下均可生长，在 28℃、pH6（酸碱度）、碳源为葡萄糖、氮源为尿素或硝酸钾或氯化铵的条件下，小球藻生长量最大，结果见图 3(a)～(e)。这些性状表明这种小球藻可用于制备生物柴油。

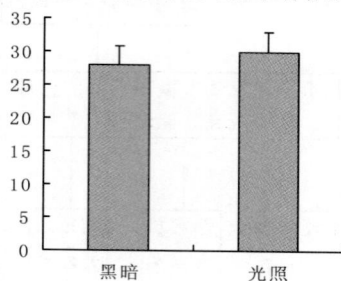

图 3(a)　光照和黑暗条件下小球藻生长量的比较

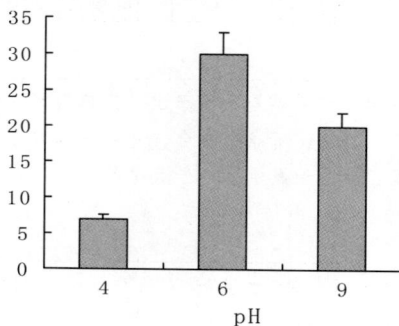

图 3(b)　小球藻在不同 pH 下的生长量

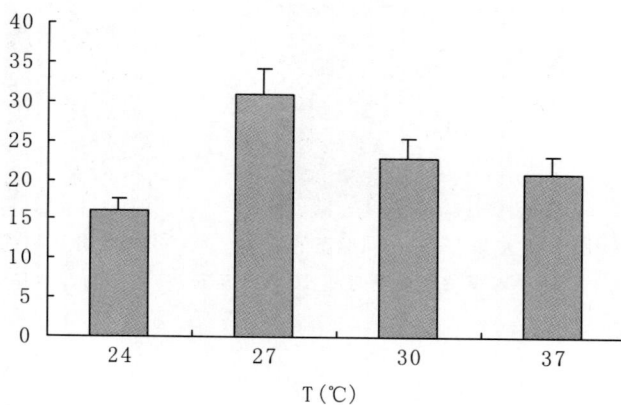

六、实验结果分析

图 3(c)　小球藻在不同温度下的生长量

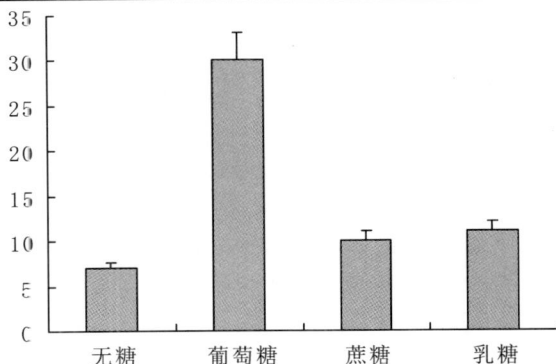

图 3(d)　不同碳源条件下小球藻生长量

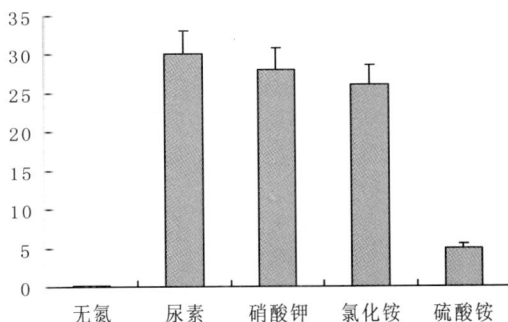

图 3(e)　不同氮源条件下小球藻的生长量

七、研究结论	**1. 研究结论** (1)上庄永库"水华"中含有螺旋藻、颤藻及球藻三类形态不同的微藻。 (2)分离一种小球藻，生物量可达 10 克干藻粉/升培养物和油脂含量 40%，可用于制备生物柴油的研究中。 (3)确定了小球藻生长的最适培养条件，即在 28℃、pH6(酸碱度)、碳源为葡萄糖、氮源为尿素或硝酸钾或氯化铵的条件下，小球藻生长量最大。在有光和无光下均可生长。 **2. 下一步的想法** 根据资料报道，通过一些物理或化学处理，可提高微藻的油脂含量。在下一步的工作中，将用紫外光处理小球藻，从中选出油脂含量高的小球藻。 3. 研究工作中的收获和感受 通过这个试验，我们明白了上庄水库中的"水华"是由微藻组成的，微藻是一种单细胞植物。学会了用显微镜观察微藻，学会了分离和培养微藻的方法，并分离到油脂含量较高的小球藻，可用于制备生物柴油的研究中。这些知识都是以前在课本书中学不到的。我们还想继续做些有关微藻方面的研究。

小学篇

外来入侵植物紫茉莉对杂草的抑制作用

——第二小组科研报告

一、研究的问题	几千年来，人们从地球不同的地区引进植物，一些外来植物作为食物引进，如玉米、小麦、马铃薯、西红柿等，而另一些作为观赏、美化环境来引进。但有一些外来入侵植物引进后和本地植物竞争营养、水分和生存空间，如观赏植物中的马缨丹、紫茉莉、一枝黄花、蛇目菊等等，它们虽然有着漂亮的外表，但进入我国的野外环境，却成为我国本土植物的强敌，挤占生物资源与空间，甚至打破原有的生态系统，因此，它们被列入了外来入侵植物的黑名单。 紫茉莉是一种常见的外来入侵植物，原产中南美洲，引入我国多年以来，已经表现出明显的野性，分泌物排挤本地物种。紫茉莉的这种分泌物其实就是向环境中释放某些化学物质，影响周围其他植株生理生化代谢及生长过程，这种植物之间的相生相克的作用也就是"植物化感作用"。于是，我们就想，可不可以利用紫茉莉的化感作用来控制杂草，这样的话，不仅可以节省许多清除杂草的劳动，还可以减少化学农药残留对于自然的危害，又能合理的利用外来入侵植物，减少外来入侵植物对中国生态安全存在的隐患。
二、假设	20世纪70年代中期，奥地利科学家 Rice 和 Molisch 首次阐明植物化感作用的本质是植物通过向体外释放化学物质而影响邻近植物。从那以后，植物化感作用的研究一直十分活跃，并且频频取得研究成果。目前，化感作用的研究主要集中在外来入侵物种与农作物之间，对杂草的抑制作用少见报道，紫茉莉对杂草的抑制作用未见报道。 通过本实验证实外来入侵植物紫茉莉具有植物化感作用，可以抑制杂草的生长，可以应用于城市园林植物伴生杂草的控制，并为开发新型的、对环境友好的除草剂提供了进一步的依据。
三、研究计划	**准备阶段：**（7月上旬） 1. 参观北京教学植物园，思考并发现问题，向老师咨询，在老师的指导下查阅资料，了解外来入侵植物的特征、植物的化感作用。进一步明确实验方向，确定具体实验内容，设计实验方案。 2. 选择对中国生态安全存在隐患的外来入侵植物紫茉莉，和分布广泛对农作物和园林危害严重的四种杂草的种子反枝苋、马唐、藜和牛筋草为实验对象。 3. 为实验做好准备，参观实验室熟悉并了解与试验相关的实验实施和仪器。 **实验阶段：**（7月中旬） 1. 采集植物材料，调配植物浸提物，同时进行紫茉莉水提液对杂草种子的萌发的影响的实验。

	2. 观察紫茉莉水提液对杂草的抑制情况。 **撰写实验报告：**（8 至 10 月份） 　　1.8 至 9 月份撰写论文。 　　2.10 月上旬论文讨论与修改最后成文
四、 实验 材料 准备	**实验所需材料** 　　1. 本课题选择了生性强健，适应性强，花色丰富，抗性强，能够自播繁殖的品种紫茉莉这种外来入侵植物的全草作为研究对象。（均采集于北京教学植物园） 　　紫茉莉（*Mirabilis jalapa Linn.*）属于一年生草本花卉，根肥粗，倒圆锥形，黑色或黑褐色。主茎直立，圆柱形，多分枝，无毛或疏生细柔毛，节稍膨大。花期 6～10 月，果期 8～11 月。该花数朵顶生，花色有白、黄、红、粉、紫，并有条纹或斑点状复色，有似茉莉的清淡香味。 　　2. 杂草选择了分布广泛、以寄生害虫、危害严重的恶性杂草反枝苋、马唐、藜、牛筋草四种杂草的种子作为研究对象。（均由中国农科院植保所提供）反枝苋（*Amaranthus retroflexus* L.）、马唐（*Digitaria sanguinalis* (L.) Scop）、藜（*Chenopodium album* L.）、牛筋草（*Eleusine indica* L.）属禾木科一年生草本，分布全国各地，是对园林和农业危害严重的杂草之一。 **水提液制取所需的材料、仪器和设备** 　　△ 人工气候箱　　△ 天平　　△ 液氮　　△ 电子卡尺　　△ 超声仪 　　△ 研钵、研棒　　△ 其他：培养皿、滤纸、烧杯、高锰酸钾等。
五、 观察 数据 和实 验记 录	 |	0.1g/ml	0.5g/ml	1g/ml
---	---	---	---
▨ 马唐	21%	51%	94%
■ 藜	20%	34%	98%
□ 反枝苋	13%	27%	91%
□ 牛筋草	13%	17%	96%	 提取液浓度 图 1　紫茉莉水提液对四种杂草的抑制作用

219

小学篇

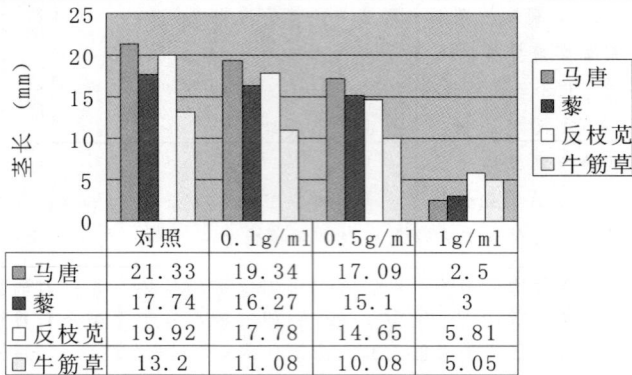

	对照	0.1g/ml	0.5g/ml	1g/ml
马唐	21.33	19.34	17.09	2.5
藜	17.74	16.27	15.1	3
反枝苋	19.92	17.78	14.65	5.81
牛筋草	13.2	11.08	10.08	5.05

图 2　紫茉莉水提液对杂草茎长度的抑制作用

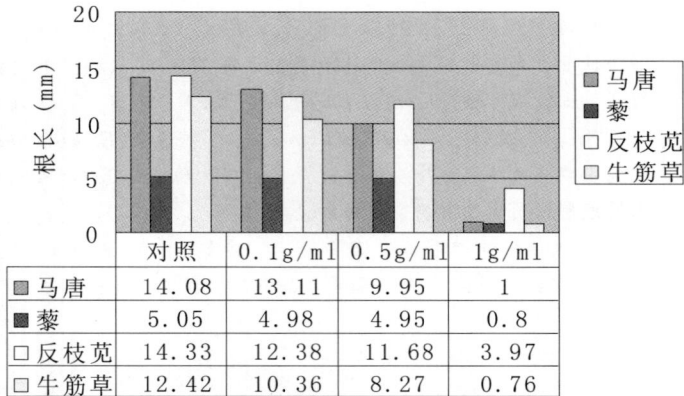

	对照	0.1g/ml	0.5g/ml	1g/ml
马唐	14.08	13.11	9.95	1
藜	5.05	4.98	4.95	0.8
反枝苋	14.33	12.38	11.68	3.97
牛筋草	12.42	10.36	8.27	0.76

图 3　紫茉莉水提液对杂草根长度的抑制作用

六、实验结果分析

1. 紫茉莉水提液对四种杂草种子萌发的抑制作用

将马唐、藜、反枝苋和牛筋草在三种紫茉莉浸提液，即 0.1g/mL、0.5g/mL、1g/mL 中发芽 5 天后发现，浸提液对四种杂草的种子都有不同程度的抑制作用。如表一所示，1g/mL 紫茉莉浸提液对杂草的抑制率优于0.5g/mL 浸提液对杂草的抑制率；而 0.5g/mL 浸提液的抑制率则优于0.1g/mL 浸提液对杂草的抑制率。说明在目前浓度范围内，浸提液浓度越高对杂草抑制效果越好。

2. 紫茉莉水提液对杂草茎长度的抑制作用

0.5g/mL 和 1g/mL 紫茉莉浸提液对四种杂草的茎都有着不同程度的抑制作用。紫茉莉浸提液对杂草茎的抑制作用在 0.1g/mL 和 0.5g/mL 时不是很明显。当浓度升高到 1g/mL 则对杂草茎有明显的抑制。紫茉莉 1g/mL 浸提液对杂草茎伸长的抑制率优于 0.5g/mL 浸提液的抑制率。紫茉莉 1g/mL 浸提液抑制马唐的茎最好。

	3. 紫茉莉水提液对杂草根伸长的作用 紫茉莉浸提液浓度在 0.1g/mL 和 0.5g/mL 时对四种杂草的根生长的抑制作用有限，但 1g/mL 浸提液对杂草根的抑制则很明显。但都有着不同程度的抑制作用。紫茉莉 1g/mL 浸提液对杂草根的抑制率优于 0.5g/mL 浸提液对杂草根的抑制率。其中，1g/mL 紫茉莉浸提液抑制马唐和牛筋草的根最好，而反枝苋的作用不如马唐和牛筋草。另外，尽管藜的对照的根长度就相对较短，但在 1g/mL 浓度下紫茉莉浸提液的抑制作用还是比较明显的。
七、 研究 结论	通过这个实验，我们可以得到这样的结论：紫茉莉的器官中存在着化感物质，植物的化感作用可以抑制杂草的生长，紫茉莉可以应用于城市园林和农田伴生杂草的控制，同时为开发新型、对环境友好的除草剂提供了很好的依据。 利用化感作用控制杂草是一个有前景的新途径。由于这种控制措施是利用植物在生态系统中的自身防御系统或抗逆能力，不会带来农药残留等的环境问题，故利用化感作用抑制田间杂草是一种具有潜力的可持续发展的杂草控制方法，肯定是植物保护的发展方向之一。 据统计，目前我国的外来入侵植物有 200 多种，本实验为外来入侵植物的利用提供了借鉴。如果对入侵植物能合理利用，变害为宝，将是一件非常有益的事。

北京主要绿色花卉病害的调查
——第三小组研究报告

一、研 究的问 题	北京是现代化的大都市，美丽的城市离不开鲜花的装扮。花卉深得都市人们的喜爱，各种花卉遍布人们的庭院、阳台，大街、广场，鲜花装饰的城市、鲜花装饰的生活生机勃勃，美丽芳香。我们喜欢鲜花装扮的城市，喜欢鲜花装扮的生活。 可是，有时走在公园或街道的绿化地区，发现有些鲜花仿佛生病一样，叶片干枯，花朵也没了精神。看着这些美丽的花朵，我们特别想知道：它们都怎么了？后来问过植物园里绿化的伯伯才知道，原来这些花得了病。我们特别想探讨的问题是：北京主要用于绿化的花卉上都有哪些病害？这些病害是由什么引起的？
二、 假 设	由于最早引起我好奇的是路边月季花的叶片上的黑色的斑，所以我们猜想是不是因为它们生长在路边，川流不息的汽车排出的尾气使它们中了毒？生长在公园的花卉是不是也会这样呢？结果我们发现公园的花卉也有各种奇怪的叶片：有的长黑斑，有的长白斑，上面好像还有粉末。我们请教专家才知道这是因为花卉得了病。我们大胆假设不同的花卉病害是不同的，不同症状的病害由不同的病原引起的，带着这些问题，在老师的指导

221

小学篇

三、研究计划	下，采集发病的花卉，观察病原菌。 利用节假日，在父母和指导老师的陪伴下到中国农科院蔬菜花卉所花卉种植基地、北京植物园、海淀公园、颐和园、世界公园、紫竹院公园、世界花卉大观园、莱太花卉市场、大森林花卉市场、大兴蜂鸟花卉园、大兴花卉园等地采集了大量的花卉样本，并调查了花卉病害的发生情况。 **1. 花卉的霜霉、白粉病、白锈病病害样本的采集和原观察程序** 在公园、花卉园中采集病叶，用塑料袋装好，起保湿作用，以防叶片失水，不利于观察病原菌。带回实验室后，对于白粉、白锈病病样，取一片载玻片，滴上 1 滴水，用刀片蘸点水，然后轻轻将叶片上的白色霉层刮下来，蘸到载片上的水滴中(刮上菌的刀片在水滴中轻轻蘸几下，病原菌就会蘸到水滴中)，轻轻盖上盖玻片，放到显微镜下观察，对照病原鉴定书籍，先在低倍镜下找到病原菌(10 倍物镜，10 倍目镜下)，再调到高倍镜(20 倍物镜，10 倍目镜下)下观察形态，拍照。对于霜霉病，因为霜霉病在高湿条件下才会在叶背面产生霉层，才可以进行病原菌的显微观察，因此，从田间采集回病叶后，将病叶放在保鲜盒中，喷上少许清水，密封保湿 1 天，第二天打开盒子即观察到病叶的叶背有灰黑色的霉层，用刀片轻轻将霉层刮到载玻片的水滴中，盖上盖玻片，放在显微镜下观察，拍照，观察程序同白粉病菌。 **2. 叶斑病、褐斑病、炭疽病等病害样本的采集和观察程序** 田间发现该类病害，先拍照获取症状照片，然后将病样用塑料袋装好带回实验室。因为该类病原菌在病叶上生长得较紧密，所以刀片刮菌时，需稍微用力，但又不能将叶片刮破，如果刮破叶片，在显微镜下观察时，视野中会有大量叶片组织的碎片，不利于观察病原菌和拍照。同前一样，先制作水片，然后观察。将载玻片上滴一滴清水，然后用刀片蘸水轻轻刮病样上的病原菌，放入载玻片的水滴中(刮上菌的刀片在水滴中轻轻蘸几下，病原菌就会蘸到水滴中)，轻轻盖上盖玻片，放到显微镜下观察病原菌的形态，需要借助相关蔬菜花卉病原菌的相关书籍，观察程序先低倍镜后高倍镜，同前所述。
四、材料准备	(1)显微镜 (2)载玻片、盖玻片、刀片、滴瓶 (3)照相机
五、观察数据和实验记录	(1)标本采集记录 (2)标本的采集和病原菌的观察 (3)观察病害标本，描述症状，拍摄症状数码照片；观察病原菌，拍摄数码照。

六、实验结果分析	花卉是北京市重要的绿化植物，病害是影响花卉美观及其寿命的主要限制因素之一。月季、牡丹、芍药、菊花等是北京市城市绿化的主要花卉品种，我们在中国农科院蔬菜花卉所花卉种植基地、北京植物园、海淀公园、颐和园、世界公园、紫竹院公园、世界花卉大观园、大兴蜂鸟花卉园等地采集发病的花卉样本，通过制作标本、显微镜观察鉴定病原，结果发现四种花卉上主要病害共有20余种，包括白粉病、霜霉病、褐斑病、叶枯病、白锈病等。通过对这些病害的显微观察，认识了引起相应病害的主要病原菌10余种。这些结果为北京市城市绿化花卉病害的防治提供了有用的信息。
七、研究结论	通过这些调研实践，我认识了显微镜、学会了操作显微镜和制作花卉病原菌观察水片的过程、了解了北京主要绿化花卉发生病害的情况，其中包括月季、牡丹、芍药、菊花等花卉的白粉病、霜霉病、褐斑病、叶枯病、白锈病、炭疽病等10余种病害，同时也明白作为一个能够给花卉诊断病害的"医生"有多么得不简单，他们需要学习各方面的知识。这次调研实践，让我懂得了鲜花在城市生活中的意义，为了北京绿化花卉的健康，为了美丽的北京更加美丽，希望所有的花卉病害都能够早日治愈。

（二）学生的感受和体会

我要当植物"工程师"

崔征洋

今天的社会大课堂活动，我和同学们去参观了很多地方，有科普展览中心、温泉垂钓中心和温泉公园等。其中我最喜欢的是温室公园。

温室公园真大

柚子和橘子真馋人

温室公园里有很多种植物，有柚子、橘子、香蕉等好吃的水果，有菊花、月季等美丽的花卉，还有耐旱的仙人球呢。我还看到了无土栽培的蔬菜，还有一个大南瓜，因为太大，专门给它套了个网袋，还做了个支架，防止它掉下来。大自然真是奇妙呀，这么多种植物，五颜六色，又好看，又能提供给我们很多好吃的。

我最爱吃的香蕉

我忽然想到，我们能不能让橘子变得更甜？让鲜花变得更美丽？让香蕉可以不怕冷在北方果园里种植？让小麦变得像仙人球一样耐旱呢？我爸爸是一个生物专家，听我爸爸讲过，所有的植物都是由细胞构成的，细胞里有决定生物性状的基因，如果改变这些基因，就能按照人类的需求改变植物的性状。

为了实现这些理想，我一定要好好学习，长大了也像爸爸一样成为一名生物专家，当一个按照人类的需求改变植物性状的植物"工程师"。

套着袋子的大南瓜

火红的月季

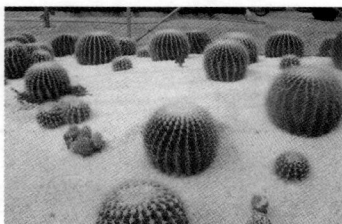

"沙漠"上的仙人球

（三）小论文

北京上庄水库水华微藻的分离和培养

六（7）班　金兆鑫

[摘要]　微藻是一类单细胞植物，其所产油脂的脂肪酸组成与植物油类似，在未来将可以替代柴油直接应用于汽车等。从上庄水库中采取"水华"样品，显微镜观察发现上庄水库的自然水体中含有螺旋藻、颤藻及球藻三类形态不同的微藻，通过平板分离法从中分离到一种小球藻，在有光和无光下均可生长，并确定了小球藻生长的最适培养条件，即在28℃、pH6（酸碱度）、碳源为葡萄糖、氮源为尿素或硝酸钾或氯化铵的条件下，小球藻生长量最大。小球藻的生物量可达10克干藻粉/升培养物，油脂含量达40％，这些性状表明这种小球藻可进一步用于制备生物柴油的研究。

一、前言(为什么选择这个题目及研究意义)

我非常喜欢钓鱼,在节假日里总是恳求父母带我到鱼塘和水库去钓鱼。今年暑假(7月),我和家人来上庄水库垂钓。上庄水库位于北京西北郊,距城区30公里,由旧河道筑堤拦水而成,全长4.2公里。上庄水库美丽的景色使我激动不已,但局部的绿色漂浮物"水华"也引起了我的好奇:"水华"是什么?"水华"对人有害还是有益?带着这些问题,我回家返校后跟同学谈起,大家也很好奇,所以我们去请教了老师,并在老师的指导下,查看了大量有关"水华"的资料,明白了"水华"是淡水中的一种自然生态现象,是水体富营养化的表现,是由藻类引起的。藻类包括两类:一类是属于细菌类的蓝藻,另一类是作为低等植物的微藻如小球藻、螺旋藻、硅藻等。"水华"发生时,水一般呈蓝、绿或暗褐色。在自然界中"水华"会自然消失,并不会给水产动物和人类带来危害。更令我感兴趣的是,水华微藻特别是小球藻含有丰富的脂肪酸,能用来制备生物柴油。

生物柴油是指以油料植物(大豆、油菜子等)和微藻等水生植物的油脂,以及动物油脂、废餐饮油等为原料制成的液体燃料,几乎不做任何改变便可在柴油驱动的各型汽车及发动机内随时加入使用,是优质的石油柴油代用品。而我们日常中所说的柴油是从石油中提炼而来的。随着世界各国经济的快速发展,石油资源日益减少,开发和利用生物柴油,已受到很多国家的高度重视。生物柴油在1988年由德国聂尔公司发明,以菜籽油为原料提炼而成。1991年后,欧洲开始利用植物油工业化规模生产生物柴油。美国利用生物燃料的研究工作起始于20世纪70年代末80年代初。日本利用废弃食用油生产生物柴油的能力已达到每年40万吨。1981年我国已有用菜籽油、棉籽油、乌桕油、木油、茶油等植物油生产生物柴油的试验研究。但由于动植物油来源有限,特别是用植物油生产生物柴油,对粮食价格上涨和粮食安全带来威胁。微藻生物柴油的研究始于上世纪80年代,但没有受到真正重视。近两年来,世界各国都将大量的人力、物力和财力投入到微藻生物柴油的研究和开发中,微藻生物柴油的研究成为一个新的研究热点。

微藻是一类单细胞植物,由于细胞微小,能像微生物一样的进行培养,因此微藻也归为微生物。微藻能利用太阳光和CO_2进行光合作用,合成自身生长所需的各种有机物质和无机物质。微藻的太阳能利用效率高,个体小,生长繁殖迅速,对环境的适应能力强,容易培养。微藻所产油脂的脂肪酸组成与植物油类似,不仅可以替代石油做生物柴油直接应用于工业上,还可以作为植物油的替代品。有报道称,美国等科学家已经培育出这种"高油藻类"，西班牙一个公司目前利用绿藻每天能够从 2 立方米的水中生产 6 千克"生态石油"。比起种植油料作物，如大豆和油菜类，藻类油的单位面积产量是它们的 50 倍以上。清华大学吴庆余等通过对购自美国的原始小球藻（*Chlorella prototothecoides*）的筛选，获得了一株可以异养培养，含油量高达细胞干重 55% 以上的藻株，具有可观的工业化生产价值。

目前，国内优良藻种大多是从美国、日本、中国台湾等地进口而来。香港大学已成功分离到一些具有较大潜力的优势藻种，使人们进一步看到了利用微藻生产生物柴油的希望。但是对于内地来说，虽然具有丰富的水域条件，但值得投入生产的优良藻种比不多，所以优良藻种的广泛筛选是一项值得大力投入的研究工作。

二、试剂与仪器设备

1. 仪器设备：所使用的主要仪器有：显微镜、低温冰箱、超净工作台、光照培养箱、离心机、pH 计、分光光度计、灭菌锅、冷冻干燥机等。

2. 分离和培养微藻所采用的培养基有 BG11 培养基和 Basal 培养基，这两种培养基分别见表 1 和表 2。

表 1　BG11 培养基

工作液	g/L
$NaNO_3$	1.5
$K_2HPO_4 \cdot 3H_2O$	0.04
$MgSO_4 \cdot 7H_2O$	0.075
$CaCl_2 \cdot 2H_2O$	0.036
$C_6H_8O_7 \cdot H_2O$	0.006
$Fe(NH_4)_3(C_6H_5O_7)_2$	0.006
EDTA	0.001
Na_2CO_3	0.02
$A5^+Co^*$	1mL
H_2O	999mL

表 2　Basal 低糖培养基

工作液	g/L
$Glucose-H_2O$	10
KNO_3	1.25
KH_2PO_4	1.25
$MgSO_4-7H_2O$	1
$FeSO_4-7H_2O$	0.0498
$CaCl_2-2H_2O$	0.111

工作液	g/L
EDTA	0.5
H_3BO_3	0.1142
$MnCl_2-4H_2O$	0.0142
MoO_3	0.0071
$CuSO_4-5H_2O$	0.0157
$CO(NO_3)_2-6H_2O$	0.0049
pH	6.1

三、试验过程和结果

1. 取样和观察

2009 年 7 月 15 日观察到上庄水库的局部出现"水华",并采取"水华"样品（图 1）。回到实验室后,将"水华"样品滴加到载玻片,加盖玻片后在显微镜下观察,发现"水华"含有三种形态不同的微藻：螺旋藻、球藻和颤藻（杆状）,见图 2。

（a）上庄水库"水华"   （b）"水华"样品

图 1

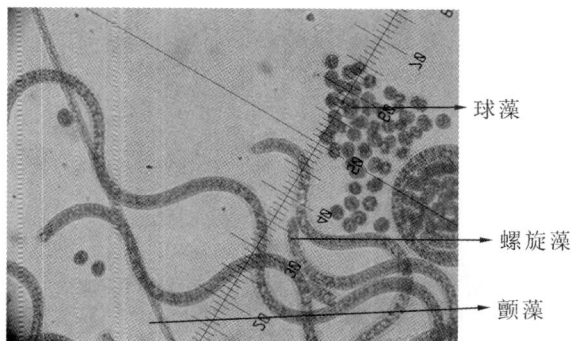

图 2 显微镜下"水华"三种不同形态的微藻

227

小学篇

2. 微藻的分离

用接种环蘸取水华样品，在含有培养基的平板上划平行线，然后将平板放在光照培养箱中，28℃培养 7～10 天，待平板上长出微藻单菌落，用牙签挑取单菌落，在新的平板上划线，直到长出纯化单一的菌落（图 3a）。并用牙签挑取一个单菌落放到载玻片，加水稀释，加盖玻片后在显微镜下镜检。如图 3b 所示，显微镜下的微藻呈球形，大小 3～4 微米，单细胞或有时数个细胞聚集在一起，色素体一个，根据这些特征初步鉴定为小球藻（*Chlorella vulgaris*）。

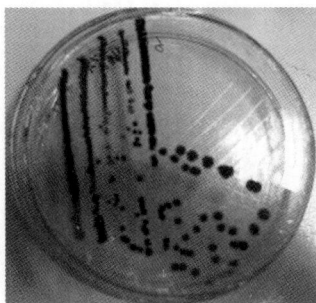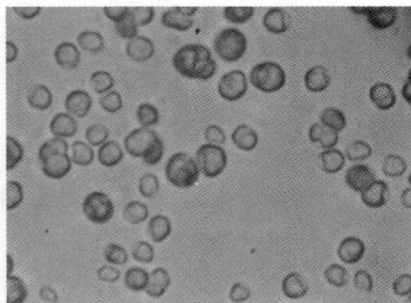

（a）平板上长出的微藻　　　　　　（b）显微镜下的小球藻

图 3

3. 培养条件对微藻生长的影响

小球藻的生长在很大程度上取决于培养条件，其中碳源、氮源、光照、温度、酸碱（pH）对小球藻的生长起着重要作用。将小球藻培养在不同温度、不同碳氮源、不同 pH 等条件下，确定小球藻的最适培养条件。

（1）光照对小球藻生长的影响

将小球藻接种到 2 个同样大小、并且含有相同培养基的三角瓶中，将一个三角瓶直接放在光照培养箱中培养，另一个则用黑色塑料袋包裹后放在光照培养箱中培养（图 4）。培养 5 天后，通过测定光密度（OD_{540}）来确定小球藻的生长量。OD 值越大，说明生长量越大。如图 4 所示，在光照和黑暗条件下，小球藻都可生长，其中在光照条件下小球藻更绿，生长速度更高。

培养前　　　　　　　　　　　培养5天后

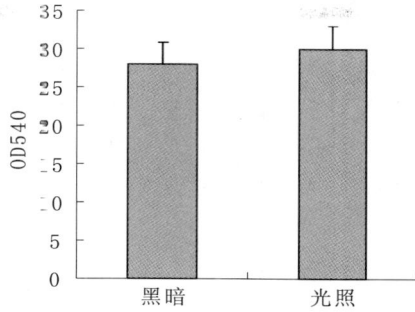

图 1　小球藻在光照和黑暗条件下生长

（2）温度对小球藻生长的影响

将小球藻培养在 24℃、28℃、30℃ 及 37℃ 四个不同温度下，5 天后测定光密度确定小球藻的生长量。如图 5 所示，小球藻在 28℃ 下生长最好，37℃ 下也仍可很好地生长，说明小球藻适应的温度范围很广。

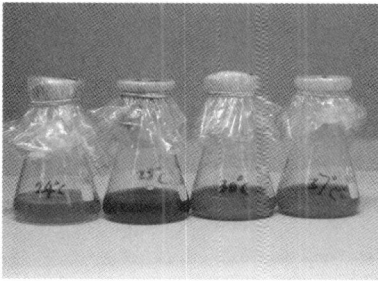

（a）小球藻在不同温度下的生长

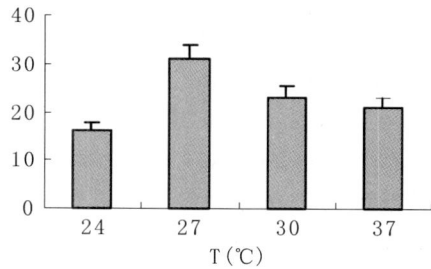

（b）小球藻在不同温度下的生长量

图 5

（3）酸碱（pH）对小球藻生长的影响

将小球藻培养在 pH4、pH6 及 pH9 三个不同 pH 条件下，5 天后测定光密度确定小球藻的生长量（图 6）。在 pH6 条件下，小球藻长得最好，小球藻在 pH9 条件下比 pH4 条件下长得好，说明小球藻适应碱性的能力强。

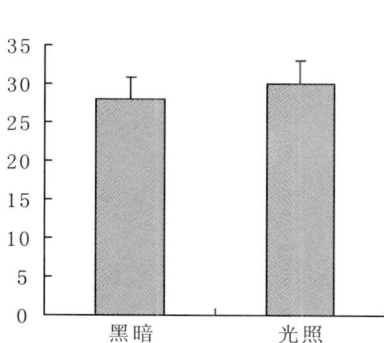

（a）小球藻在不同 pH 下的生长

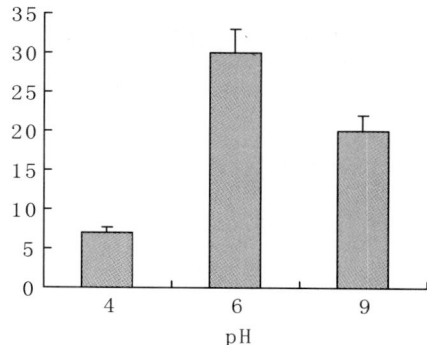

（b）小球藻在不同 pH 下的生长量

图 6

（4）碳源对小球藻生长的影响

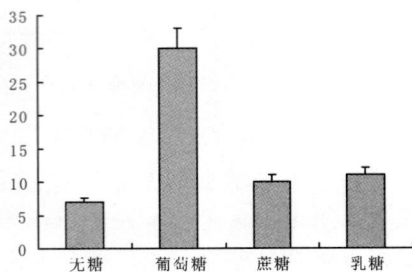

碳源和氮源是微藻生长的主要营养物质。在含有矿质元素及氮源的液体中，分别添加20％葡萄糖、20％蔗糖、20％乳糖及不添加任何糖源作为培养基，28℃下培养5天观察结果。如图7所示，小球藻在以葡萄糖为碳源时生长最好，无碳源时也可生长，说明小球藻靠光合作用合成碳源进行自养生长。

（a）不同碳源对小球藻生长的影响　　（b）不同碳源条件下小球藻生长量

图 7

（5）氮源对小球藻生长的影响

在含有20％葡萄糖和矿质元素的培养基中，分别添加尿素、硝酸钾（KNO_3）、氯化铵（NH_4Cl）及硫酸铵（NH_4SO_2）作为培养基，28℃下培养5天观察结果。如图8所示，小球藻在尿素中生长最好，硝酸钾和氯化铵次之，硫酸铵作氮源时虽能生长但长势不好，而无氮源时不能生长，说明氮源是小球藻生长必需的。

（a）小球藻在不同氮源中的生长　　（b）小球藻在不同氮源中的生长量

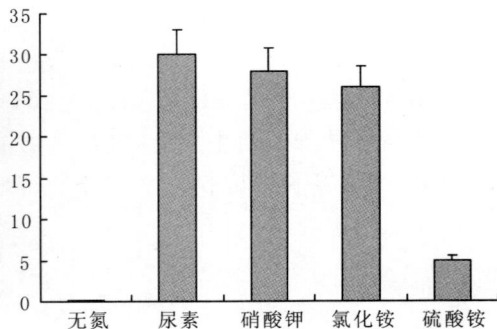

图 8

4. 小球藻的生物量和油脂含量

将小球藻接种在4个各装有250mL Basal＋20％葡萄糖的三角瓶中，在28℃条件下振荡培养7天，然后离心收集藻细胞，并进行冷冻干燥，干燥后的藻粉称重，此重量即为微藻的生物量。本试验所得小球藻的生物量为 10 克藻粉/升培养物。图 9 是小球藻干粉图。

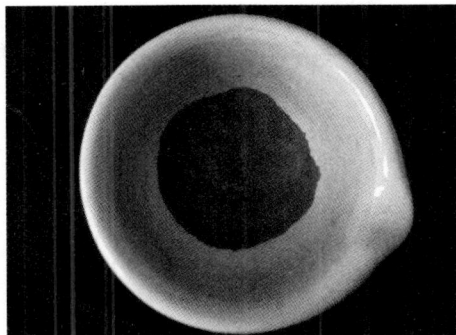

图 9　小球藻藻粉

　　将小球藻粉用石英砂研磨，然后加入有机溶剂正己烷，则油脂就会溶解在有机溶剂正己烷中，油脂与有机溶剂分层（图 10），进一步将正己烷在 60℃下蒸发，留下的固体物就是油脂（图 11），并称重。本试验结果表明小球藻油脂占干藻粉的 40%。

图 10　油脂（下层）

图 11　固体油脂

四、小结和创新点

　　1. 观察到北京上庄水库"水华"中含有螺旋藻、颤藻及球藻三类形态不同的微藻。

　　2. 从上庄水库"水华"中分离到生物量达 10 克藻粉/升、油脂含量达 40%的小球藻，可以用于制备生物柴油的研究中。

　　3. 对小球藻的最适培养条件进行了研究，小球藻在 28℃、pH6（酸碱度）、碳源为葡萄糖、氮源为尿素或硝酸钾或氯化铵的条件下，小球藻生长量最大。小球藻在光照和黑暗条件下均可生长，属于既能自养也能异养培养的微藻。

五、主要参考文献

[1]忻耀年等．生物柴油的生产和应用．中国油脂，2001，26(5)：72～77

[2]孙平、江清阳、袁银南．生物柴油对能源和环境影响分析．农业工程学报，2004，19(1)：5

[3]赵宗保．加快微生物油脂研究为生物柴油产业提供廉价原料川．中国生物工程杂志，2005，25(2)：8～11.

[4]缪晓玲、吴庆余．微藻油脂制备生物柴油的研究，太阳能学报，2007，28(2)：219～221

[5]张学成、时艳侠、孟振．小球藻紫外线诱变及高产藻株筛选．中国海洋大学学报，2007，37(5)：749～753

[6]薛飞燕、张栩、谭天伟．微生物油脂的研究进展及展望．生物加工过程，2005，3(1)：23～27

六、附图

图1　美丽的上庄水库是垂钓的乐园
　　　——作者在垂钓

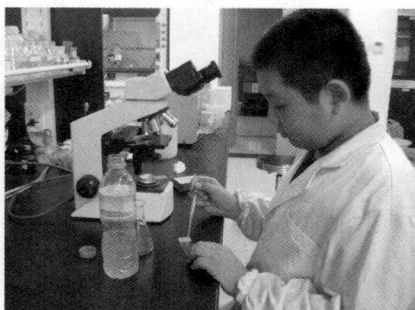

图2　取水华样品制备载玻片

图3　显微镜观察水华微藻

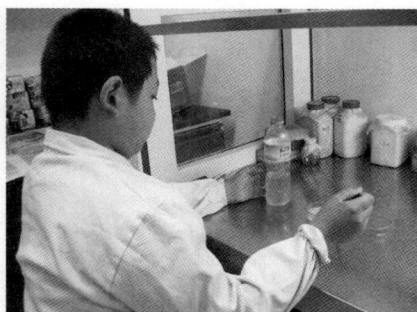

图4　超净工作台中平板划线分离水华微藻

图 5　超净工作台中液体接种小球藻

图 6　用 pH 试纸调节培养基的 pH 值

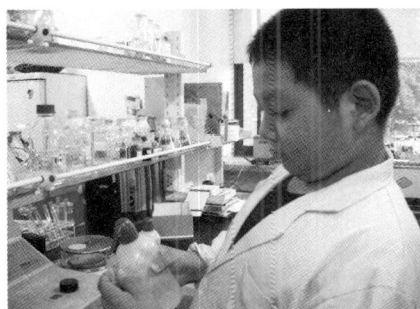

图 7　用分光光度计测定小球藻
　　　生长量前的准备工作

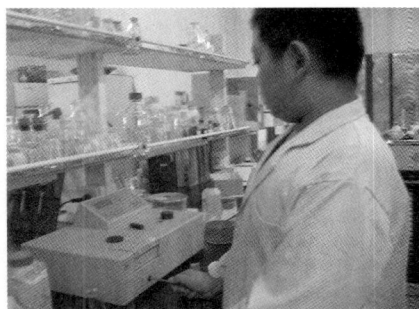

图 8　用分光光度计测定小球藻生长量

外来入侵植物紫茉莉对杂草的抑制作用研究

六（8）班　毛依然

一、问题的提出

几千年来，人们从地球不同的地区引进植物，一些外来植物作为食物引进，如玉米、小麦、马铃薯、西红柿等，而另一些作为观赏、美化环境来引进。但有一些外来入侵植物引进后和本地植物竞争营养、水分和生存空间，如观赏植物中的马缨丹、紫茉莉、一枝黄花、蛇目菊等等，他们虽然有着漂亮的外表，但进入我国的野外环境时，却成为我国本土植物的强敌，挤占生物资源与空间，甚至打破原有的生态系统，因此，他们被列入了外来入侵植物的黑名单。

紫茉莉是一种常见的外来入侵植物，原产中南美洲，引入我国多年以来，已经表现出明显的野生性，分泌物排挤本地物种。紫茉莉的这种分泌物其实就是向环境中释放某些化学物质，影响周围其他植株生理生化代谢及生长过程，这种植物之间的相生相克的作用也就是"植物化感作用"。于是，我就想，可不可以利用紫茉莉的化感作用来控制杂草，这样的话，不仅可以节省许多清除杂草的劳动，还可以减少化学农药残留对于自然的危害，又能合理的利用外来入侵植物，减少外来入侵植物对中国生态安全存在的隐患。

二、实验目的

通过对外来入侵植物紫茉莉水体液对反枝苋、马唐、藜、牛筋草四种杂草中抑制效果的研究，为无公害除草及入侵植物的利用提供理论依据。

三、实验材料、仪器和设备

• 实验所需材料

1. 本课题选择了生性强健，适应性强，花色丰富，抗性强，能够自播繁殖的品种紫茉莉这种外来入侵植物的全草作为研究对象。（均采集于北京教学植物园）

紫茉莉（*Mirabilis jalapa Linn.*）属于一年生草本花卉，根肥粗，倒圆锥形，黑色或黑褐色。主茎直立，圆柱形，多分枝，无毛或疏生细柔毛，节稍膨大。花期6～10月，果期8～11月。该花数朵顶生，花色有白、黄、红、粉、紫，并有条纹或斑点状复色，有似茉莉的清淡香味。

2. 杂草选择了分布广泛、以寄生害虫、危害严重的恶性杂草反枝苋、马唐、藜、牛筋草四种杂草的种子作为研究对象。（均有中国农科院植保所提供）

（1）反枝苋（*Amaranthus retroflexus* L.）属苋科一年生草本植物，生于山坡、路旁、旷野、荒地、田边、沟旁、河岸等处。反枝苋的适应性极强，是危害农作物和园林花卉的恶性杂草。

（2）马唐（*Digitaria sanguinalis*（L.）Scop）属禾本科一年生草本植物。喜湿喜光，潮湿多肥的地块生长茂盛，种子边成熟边脱落，生命力强。成熟种子有休眠习性，是农田、果园、苗圃的重要杂草之一。

（3）藜（*Chenopodium album* L.）属藜科一年生草 sg 植物。广布于世界各国，生于田间、路边、荒地、宅旁等地，是危害农作物和园林花卉的恶性杂草。

（4）牛筋草（*Eleusine indica* L.）属禾本科一年生草本植物，分布全国各地，是对园林和农业危害严重的杂草之一。

• 水提液制取所需的材料、仪器和设备

（1）人工气候箱

（2）天秤

（3）液氮

（4）电子卡尺

（5）超声仪

（6）研钵、研棒

（7）其他：培养皿、滤纸、烧杯、高锰酸钾等。

四、实验原理

本实验利用紫茉莉的化感作用来治理杂草，试验采取了水提法，因为化感物质的释放途径由根系分泌物、植物地面部分的茎与叶受淋洗之后，会被释放到土壤里。在自然状态下，除了水之外，没有其他溶剂能够把植物的化学物质淋洗出来，此提取方法符合自然界的实际情况。

五、实验步骤与方法

• 水提液的制备

1. 采集植物材料紫茉莉，将植物洗净，并洗净后的植物切成1.5厘米的小段；

2. 用液氮处理植物材料，用研棒将植物材料捣碎；

3. 称重，分别加入1倍、5倍、10倍于植物材料的蒸馏水浸泡，然后将植物浸泡液放入超声波震荡器震荡1小时；

4. 用8层纱布过滤后的供体水溶液，分别得到1g/mL、0.5g/mL、0.1g/mL的水提液。

• 水提液对杂草种子萌发的影响

1. 取反枝苋、马唐、藜、牛筋草种子，用0.1％的高锰酸钾消毒3分钟。

2. 分别取约50粒种子分别放入培养皿，两层滤纸作为培养床。

3. 每个培养皿分别放入紫茉莉1g/mL、0.5g/mL、0.1g/mL的水提液5mL，对照等量的蒸馏水，每个处理三个重复。

4. 放置25℃的人工气候箱内，5天后记录种子萌发的情况。

5. 记录水提液对杂草种子萌发的影响。（发芽率、用电子卡尺测量根、茎的长度）

六、结果与分析

1. 紫茉莉水提液对四种杂草种子萌发的抑制作用

将马唐、藜、反枝苋和牛筋草在三种草紫茉莉浸提液，即0.1g/mL、

0.5g/mL、1g/mL 中发芽 5 天后发现，浸提液对四种杂草的种子都有不同程度的抑制作用。如表 L 所示，1g/mL 紫茉莉浸提液对杂草的抑制率优于 0.5g/mL 浸提液对杂草的抑制率；而 0.5g/mL 浸提液的抑制率则优于 0.1g/mL 浸提液对杂草的抑制率，说明在目前浓度范围内，浸提液浓度越高对杂草抑制效果越好。

我们然后利用以下公式计算了紫茉莉水提液对四种杂草的抑制率，即：

抑制率＝（对照发芽种子数－处理发芽种子数）/对照发芽种子数×100％

表 1　紫茉莉水提液对四种杂草的抑制作用实验数据

	对照			0.1g/mL			0.5g/mL			1g/mL		
	种子数	萌发数	萌发率	种子数	萌发数	萌发率	种子数	萌发数	萌发率	种子数	萌发数	萌发率
马唐	50	47	94％	50	37	74％	50	23	46％	50	3	6％
藜	50	44	88％	50	35	70％	50	29	58％	50	1	2％
反枝苋	50	45	90％	50	39	78％	50	33	66％	50	4	8％
牛筋草	50	46	92％	50	40	80％	50	38	76％	50	2	4％

所得结果如图 1 所示，从抑制率来看 1g/mL 浸提液对四种杂草的平均抑制率达 94％，0.5g/mL 浸提液对四种杂草的平均抑制率是 37％，0.1g/mL 浸提液对四种杂草的平均抑制率为 18％。另外，紫茉莉在 0.5g/mL 浸提液浓度时抑制牛筋草的效果最好，而在 1g/mL 时对四种杂草的抑制率类似。

2. 紫茉莉水提液对杂草茎长度的抑制作用

如图 2 所示，0.5g/mL 和 1g/mL 紫茉莉浸提液对四种杂草的茎都有着不同程度的抑制作用。紫茉莉浸提液对杂草茎的抑制作用在 0.1g/mL 和 0.5g/mL 时不是很明显，当浓度升高到 1g/mL 则对杂草茎有明显的抑制。紫茉莉 1g/mL 浸提液对杂草茎伸长的抑制率优于 0.5g/mL 浸提液的抑制率。紫茉莉 1g/mL 浸提液抑制马唐的茎最好。

3. 紫茉莉水提液对杂草根伸长的作用

图 3 同样显示紫茉莉浸提液浓度在 0.1g/mL 和 0.5g/mL 时对四种杂草的根生长的抑制作用有限，但 1g/mL 浸提液对杂草根的抑制则很明显。但都有着不同程度的抑制作用。紫茉莉 1g/mL 浸提液对杂草根的抑制率优于 0.5g/mL 浸提液对杂草根的抑制率。其中，1g/mL 紫茉莉浸提液抑制马唐和牛筋草的根最好，而反枝苋的作用不如马唐和牛筋草。另外，尽管

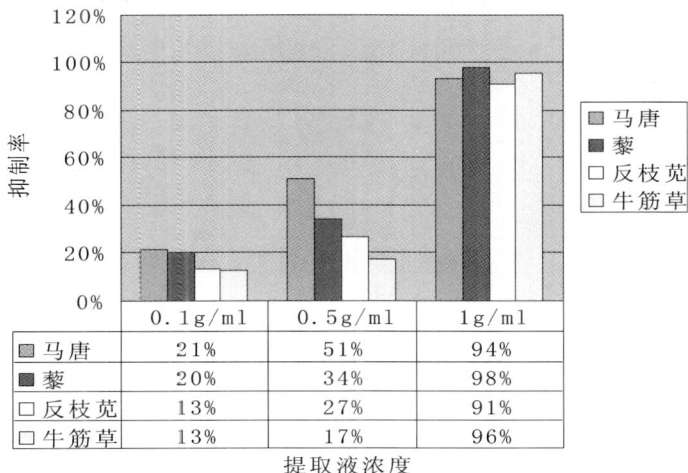

	0.1g/ml	0.5g/ml	1g/ml
▨ 马唐	21%	51%	94%
■ 藜	20%	34%	98%
□ 反枝苋	13%	27%	91%
□ 牛筋草	13%	17%	96%

图 1　紫茉莉水提液对四种杂草的抑制作用

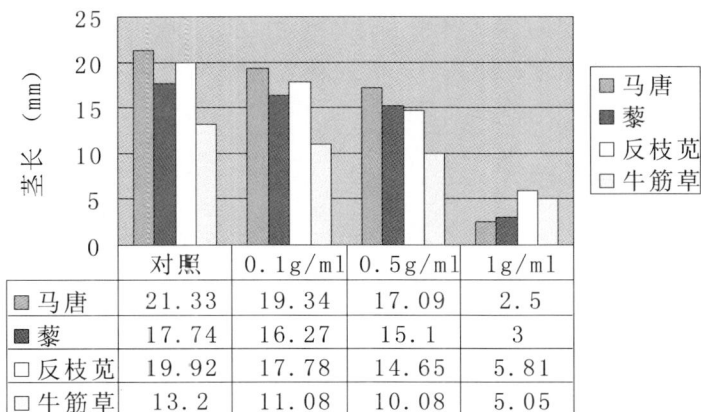

	对照	0.1g/ml	0.5g/ml	1g/ml
▨ 马唐	21.33	19.34	17.09	2.5
■ 藜	17.74	16.27	15.1	3
□ 反枝苋	19.92	17.78	14.65	5.81
□ 牛筋草	13.2	11.08	10.08	5.05

图 2　紫茉莉水提液对杂草茎长度的抑制作用

藜的对照的根长度就相对较短，但在 1g/mL 浓度下紫茉莉浸提液的抑制作用还是比较明显的。

七、结论与讨论

1. 通过这个实验，我们可以得到这样的结论：紫茉莉的器官中存在着化感物质，植物的化感作用可以抑制杂草的生长，紫茉莉可以应用于城市园林和农田伴生杂草的控制，同时为开发新型、对环境友好的除草剂提供了很好的依据。

2. 利用化感作用控制杂草是一个有前景的新途径。由于这种控制措施是利用植物在生态系统中的自身防御系统或抗逆能力，不会带来农药残留

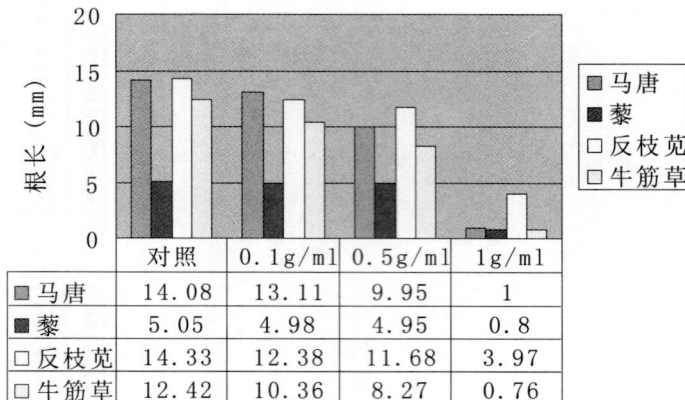

	对照	0.1g/ml	0.5g/ml	1g/ml
马唐	14.08	13.11	9.95	1
藜	5.05	4.98	4.95	0.8
反枝苋	14.33	12.38	11.68	3.97
牛筋草	12.42	10.36	8.27	0.76

图 3　紫茉莉水提液对杂草根长度的抑制作用

等的环境问题，故利用化感作用抑制田间杂草是一种具有潜力的可持续发展的杂草控制方法，肯定是植物保护的发展方向之一。

3. 据统计，目前我国的外来入侵植物有 200 多种，本实验为外来入侵植物的利用提供了借鉴，如果对入侵植物能合理利用，变害为宝，将是一件非常有益的事。

八、体会与感想

通过这次试验，我学到了不少知识，例如化感作用、外来入侵植物，这些原来我都是不知道的。我想，化感作用的确有很大的用处。假如这次的实验能够在"处理杂草"这一方面起到一定用处，那我认为这是一件很令人骄傲的事情。希望以后我能做更多的像这样的贡献。

九、参考资料

1. 娇宠变强敌——观赏植物、宠物中的入侵物种，《博物》青春版，2009

2. 徐海根、强盛主编，《中国外来入侵物种编目》，中国环境科学出版社，2004

3. 中国入侵生物网 www.bioinvasion.org.cn

4. 紫茉莉入侵特性及其入侵风险评估，《西北植物学报》，2008 年，28(4)

十、致谢

1. 感谢二位指导老师对本课题的选题、实验设计和论文修改提出的宝贵意见与指导。

2. 感谢北京教学植物园为本实验开展课题研究，以及提供的场所、设备和植物材料。

3. 感谢父母和学校对我参加本次课题研究的大力支持。

附件 1

实验日记

毛依然

2009 年 7 月 11 日　　　　晴朗

来教学植物园已经几回了，这里百花齐放，鸟儿欢唱，我喜欢听冯老师讲有趣的花卉，和冯老师一起讨论这些有趣的植物和杂草，对这里的一花一草越来越有感情。今天是实验的第一天，一到植物园，冯老师就把我带到了植物园中，开始采集植物。从这里拔上两株紫茉莉全草，再从那里拔上两。. 紫茉莉有粉色和紫色两种，以前觉得很漂亮，现在了解了它是一种外来入侵植物，而且会对作物比如小麦和白菜的生长有危害作用，所以，现在看到它，有点像是化了妆的小妖女，不过，我们是要让她发挥有益的作用——就是化感作用。一共拔了 6 株紫茉莉，拿到实验室做我的植物实验！

在实验室中，把紫茉莉洗净，切成小段，用液氮冻碎，液氮由于温度极低，所以会把刚拔出来的梗和杆迅速变软，便于切碎。倒入液氮的时候，雾气腾腾，有点像是在舞台了，但是要很小心，因为液氮的温度很低，是－196℃，比冷冻箱里的冻冰棍可凉得多呢，最好有大人帮忙，不然溅到皮肤上，会造成类似烫伤一样，损坏皮肤的。倒入液氮后，立即切碎盆里的紫茉莉全草。

加水，要按照对照量的 1 倍、5 倍和 10 倍量。加水，需要用量杯，这是个很细致的工作，需要耐心，水一下不能加得太快，当然，有冯老师在身边，会给我很多及时的提醒。再放入超声波震荡仪震荡了 1 个小时（我们一家借此机会吃午饭了），把液体放入培养皿中，杂草种子兑入紫茉莉溶液之前，用高锰酸钾消毒，以减少误差。然后放入培养皿中，一共 4 种杂草：马唐、藜、反枝苋和牛筋草，每一种杂草分别用 1 倍、5 倍、10 倍和对照量的紫茉莉溶液浸泡，所以一共有 48 个培养皿，再把它们像抱着宝贝一样，小心翼翼放入人工气候箱，要等五天后再来观察它们。

7 月 12 日至 14 日

这几天的等待中，上网查找资料，读一读有关紫茉莉作为外来入侵植

239

小学篇

物的危害、植物的化感作用，有了一些理论上的认识。看文章的同时，心里也在惦记着培养箱里的那些杂草，不知道，紫茉莉是否会对它们在施展慢功，把它们多抑制一些吧！

7月15日

该第二次的实验了，我把培养皿从人工气候箱中拿出来——没想到杂草的种子5天后就会发出芽！怪不得从网上查找而得的资料都写着什么"严重危害农田和园林的有害杂草……"要是没有我配的紫茉莉溶液，它们可能会长得更长的，不过这些芽比绿豆芽细多了！

数发芽率的时候，不太容易数。如果播种的时候没有拨得分散一点，就会长得密密麻麻，会把眼数花的。就慢慢数吧，很漫长。

发芽的长度，用卡尺量，这样可以精确到0.1mm，在冯老师这里做实验，不仅能学到很多的东西，还学会了利用很多实验室里比较精密的工具，比如卡尺、天平、量杯等。要量的小芽很多……想想居里夫人，还有自己的父亲、冯老师他们都是在实验室里度过了不知多少个春秋，多少成就和发明，都是这样的多年积累和磨练出来的。每次量完记下数字，供以后统计用。

统计完毕，试验结束了，还不能忘记把盘子清洗干净，用洗涤灵，比刷家里的碗还要仔细，这样的劳动也是我的实验的一部分，这可以为其他同学做实验提供好条件。

以后的工作就是在计算机上把实验数据写下来，填在表中，用Excel表做成柱状图表，一边清晰地揭示紫茉莉对各种杂草的抑制作用，再进行分析和思考，并经常地向老师们请教和沟通，并写出论文。

附件 2：

照 片

这一组照片按实验顺序排列。

在植物园中，拔下几株紫茉莉供实验用

把紫茉莉全苗刁碎

倒入液氮

倒入液氮后，在研钵中刁研棒搅碎

用天平称重

用天平称重

用蒸馏水配制不同浓度紫茉莉浸提液

利用超声波振荡器，使紫茉莉浸提液更加溶于水

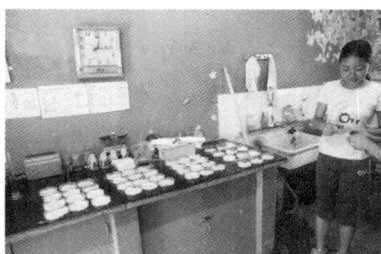

为培养皿贴标签

贴好了标签的培养皿

用高锰酸钾消毒杂草种子

按不同浓度配制溶液

把不同浓度的紫茉莉浸提液
倒入培养皿，然后撒种子

全部做完，将培养皿
放入人工气候箱内

人工气候箱的温度设置为 25℃

不同杂草的种子和不同浓度紫茉
莉浸提液

从培养皿上都做好的标签，可以
看出它们的发芽率都是不同的

把经过紫茉莉浸提液抑制后，杂草发出的芽分散并数数

用卡尺量发芽的长度

把量好的数据，填入事先准备好的表格中，要很细致，不能有误差

最后一步，是把实验用完的培养皿洗得很干净

北京主要绿色花卉病害的调查研究

五(4)班　李进一

[摘要]　花卉是北京市重要的绿化植物，病害是影响花卉美观及其寿命的主要限制因素之一。月季、牡丹、芍药、菊花等是北京市城市绿化的主要花卉品种，我们在中国农科院蔬菜花卉所花卉种植基地、北京植物园、海淀公园、颐和园、世界公园、紫竹院公园、世界花卉大观园、大兴蜂鸟花卉园等地采集发病的花卉样本，通过制作标本、显微镜观察鉴定病原，结果发现四种花卉上主要病害共有20余种，包括白粉病、霜霉病、褐斑病、叶枯病、白锈病等。通过对这些病害的显微观察，认识了引起相应病害的主要病原菌10余种。这些结果为北京市城市绿化花卉病害的防治提供了有用的信息。

　　北京是现代化的大都市，美丽的城市离不开鲜花的装扮。花卉深得都市人们的喜爱，各种花卉遍布人们的庭院、阳台、大街、广场，鲜花装饰的城市、鲜花装饰的生活生机勃勃，美丽芳香。我们喜欢鲜花装扮的城

小学篇

市，喜欢鲜花装扮的生活。

可是有时走在公园或街道的绿化地区，发现有些鲜花仿佛生病一样，叶片干枯，花朵也没了精神。看着这些美丽的花朵，我不禁想问，它们都怎么了？后来问过园林绿化的伯伯才知道，原来花卉也会有很多病害。我很想了解这些美丽鲜花生病的故事，于是利用节假日，我在父母的陪伴下来到中国农科院蔬菜花卉所花卉种植基地、北京植物园、海淀公园、颐和园、世界公园、紫竹院公园、世界花卉大观园、莱太花卉市场、大森林花卉市场、大兴蜂鸟花卉园、大兴花卉园等地采集了大量的花卉样本，并调查了花卉病害的发生情况。

根据这次对花卉的调研，认识了北京绿化花卉生长中的一些主要病害，为我的科普实践增添了色彩。祝愿美丽的北京，花如潮、歌如海。

一、花卉病害样本的采集、鉴定程序

1. 花卉的霜霉病、白粉病、白锈病的观察程序

在公园、花卉园中采集病叶，用塑料袋装好，起保湿作用，以防叶片失水不利于观察病原菌。带回实验室后，对于白粉病、白锈病病样，取一片载玻片，滴上1滴水，用刀片蘸点水，然后轻轻将叶片上的白色霉层刮下来，蘸到载片上的水滴中（刮上菌的刀片在水滴中轻轻蘸几下，病原菌就会蘸到水滴中），轻轻盖上盖玻片，放到显微镜下观察，对照病原鉴定书籍，先在低倍镜下找到病原菌（10倍物镜，10倍目镜下），再调到高倍镜（20倍物镜，10倍目镜下）下观察形态，拍照。

对于霜霉病，因为霜霉病在高湿条件下才会在叶背面产生霉层，才可以进行病原菌的显微观察，因此，从田间采集回病叶后，将病叶放在保鲜盒中，喷上少许清水，密封保湿1天，第二天打开盒子即观察到病叶的叶背有灰黑色的霉层，用刀片轻轻将霉层刮到载玻片的水滴中，盖上盖玻片，放在显微镜下观察，拍照、观察程序同白粉病菌。

2. 叶斑病、褐斑病、炭疽病等病害的观察程序

田间发现该类病害，先拍照获取症状照片，然后将病样用塑料袋装好带回实验室。因为该类病原菌在病叶上生长得较紧密，所以刀片刮菌时，需稍微用力，但又不能将叶片刮破，如果刮破叶片，在显微镜下观察时，视野中会有大量叶片组织的碎片，不利于观察病原菌和拍照。同前一样，先制作水片，然后观察。将载玻片上滴一滴清水，然后用刀片蘸水轻轻刮病样上的病原菌，放入载玻片的水滴中（刮上菌的刀片在水滴中轻轻蘸几下，病原菌就会蘸到水滴中），轻轻盖上盖玻片，放到显微镜下观察病原菌的形态，需要借助相关蔬菜花卉病原菌的相关书籍，观察程序先低倍镜

后高倍镜，同前所述。

二、花卉病害调查鉴定结果

(一)月季

1.褐斑病

(1)田间发生症状

该病样采集于北京市海淀区北京植物园，发生情况较为严重，发生于月季各品种中。叶面斑点近圆形或不规则形状，暗褐色，中央黄褐色，叶背斑点褐色，斑点周围轮廓界线不明显。

叶片正面症状　　　　　　叶片背面症状　　　　　　病原菌显微照片

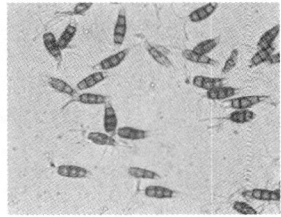

(2)病原菌

茶褐斑拟盘多毛孢（*Pestalotiopsis guepini*）分生孢子有 4 个隔膜，中央 3 个细胞褐色，顶细胞和基细胞无色，顶细胞上着生一根短的附属丝，基细胞上着生 2~3 根附属丝，分生孢子纺锤形，直或略弯。

2.霜霉病

(1)田间发生症状

病样采集自北京植物园，发生面积较广，叶片正面及背面都有红褐病斑，病斑面积较大，连成一片。

(2)病原菌：蔷薇霜霉（*Peronospora sparsa* Berk.）

孢囊梗呈二叉状分枝，孢子囊卵圆形或椭圆形，游动孢子生于孢子囊内。

叶片正面症状　　　　　　病原菌显微照片

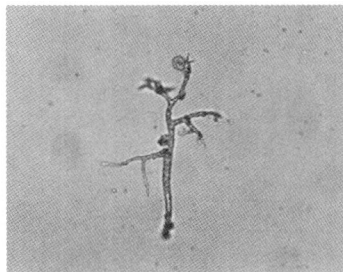

3. 白粉病

（1）田间发生症状

采集自中国农业科学院蔬菜花卉所，叶正面有白色粉状物质，经过老师指导，才知道这种病害叫做白粉病，整片的月季全部发病，严重叶片像撒了一层白色的面粉，最后整个叶片全部枯黄死亡。

（2）病原菌：白粉孢（*Oidium erysiphoides*）

分生孢子梗串珠状，分生孢子椭圆形，长卵形。

叶片正面症状   病原菌显微照片

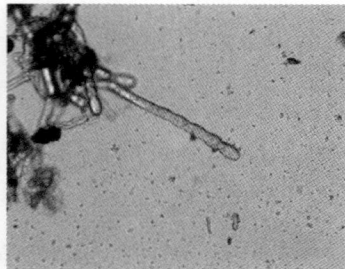

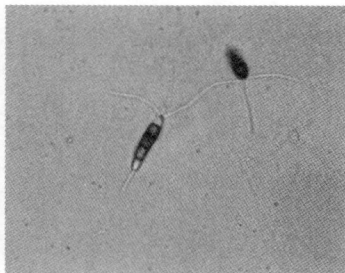

4. 叶枯病

（1）田间发生症状

我们在中国农业科学院蔬菜花卉所南温室，发现了月季叶枯的症状，沿叶缘发生浅黄色干枯，干枯边缘有褐色晕圈。在温室发生范围较广。

（2）病原菌：茶褐斑拟盘多毛孢（*Pestalotia quepini*）

分生孢子有 4 个隔膜，中央 3 个细胞褐色，顶细胞和基细胞无色，顶细胞上着生一根短的附属丝，基细胞上着生 2～3 根附属丝，分生孢子纺锤形，直或略弯。

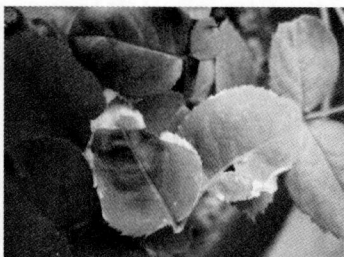

叶片正面症状   病原菌显微照片

5. 黑斑病

（1）田间发生症状

这种病害是月季栽培中较为常见的病害，栽培种植和绿化在街道公园中的月季均会发生，该标本采自北京植物园。主要是月季叶片正面形成圆形，近圆形黑色病斑，病斑周围轮廓线不明显，较为模糊。

（2）病原菌：蔷薇盘二孢（*Marssonina rosae*）

它的载孢体盘状，分生孢子舟形，基部平截，一个隔膜，上下两个细胞不等，微弯。经过老师指导，将它确定为蔷薇盘二孢。

叶片正面症状   叶片背面症状   病原菌显微照片

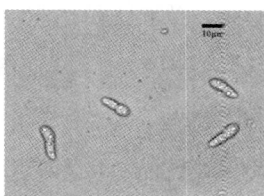

6. 月季炭疽病

病原菌：胶孢炭疽菌（*Colletotrichum gloeosporioides*（Penz.）Sacc.），分生孢子盘圆形或椭圆形，黑褐色，未见刚毛；产孢细胞瓶梗型，分生孢子长椭圆形，两端钝圆，直或略弯，无色，单胞。

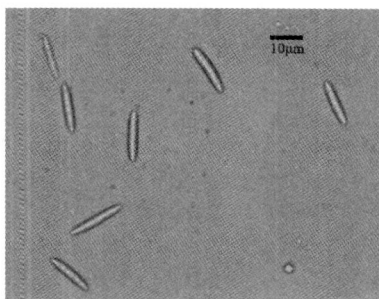

病原菌显微照片

（二）芍药

1. 白粉病

（1）田间发生症状

芍药白粉病普遍发生于芍药、牡丹等花卉上，发病花卉叶片正面均形成白色粉状霉斑，后愈合布满全叶，少数叶背生，芍药发病后叶片严重枯黄死亡失去观赏价值。本标本采自中国农业科学院蔬菜花卉所南温室。

（2）病原菌：粉孢属（*Oidium* Link）

分生孢子梗直立，不分枝，无色。分生孢子单胞，长椭圆形，无色。

叶片正面症状   病原菌显微照片

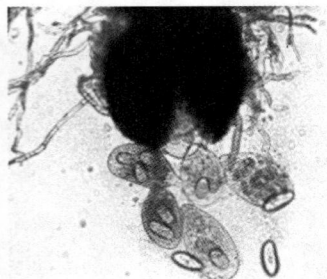

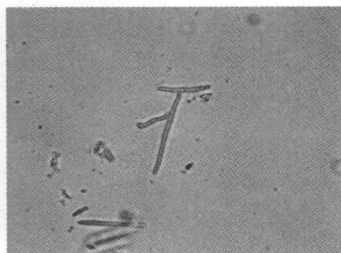

2. 轮纹病

(1)田间发生症状

我们在北京植物园发现这种轮纹病，在中国农科院蔬菜花卉所花卉基地也有发生。主要在芍药叶片叶脉间形成圆形近圆形或不规则形褐斑，病斑表面生成了深灰色粉层，常多斑愈合。

(2)病原菌：黑座假尾孢(*Pesudocercospora variicolor*)

这种病原菌的分生孢子梗不分枝，曲膝状。分生孢子倒棍棒状或圆柱形，直或弯曲，有3个以上隔膜。

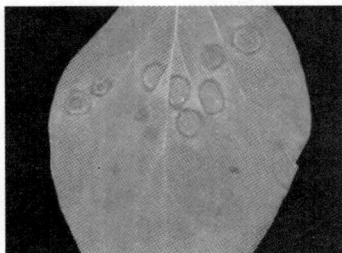

叶片正面症状   病原菌显微照片

3. 黑斑病

(1)田间发生症状

这种黑斑病同穿孔病，轮纹病相同，在中国农业科学院试验基地、世界花卉大观园、北京植物园等地均有发现。叶片表面产生黑斑，病斑没有明显的轮廓线，叶背面斑点为深褐色，严重时产生黑色霉层。

(2)病原菌

枝孢属(*Cladosporium* sp.)，分生孢子梗褐色，不分枝或偶有分枝，分生孢子单生，黑褐色，形状及大小变化很大，卵圆形，圆筒形或不规则形，有0～3个隔膜，孢痕明显，初步确定为枝孢属(*Cladosporium* sp.)。

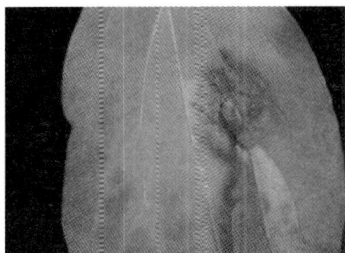

叶片正面症状

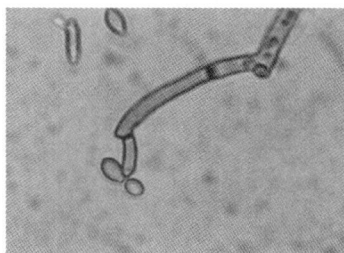

病原菌显微照片

（三）牡丹

1. 炭疽病

（1）田间发生症状

采集自北京市海淀区北京植物园，发生情况也较为严重，致使牡丹叶片产生枯萎，卷曲，病斑呈褐色。

叶片正面症状

叶片背面症状

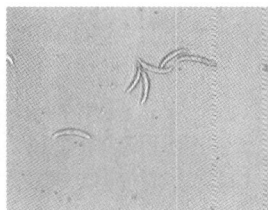

病原菌显微照片

（2）病原菌：辣椒刺盘孢（*Colletotrichum capsici*（Syd.）Butl.）

病原菌产生于分生孢子盘，分生孢子镰刀形，无色，透明，单胞，或在中央具有一个油球。经过老师指导，我们将其确定为辣椒刺盘孢。

2. 叶斑病

（1）田间发生症状

主要发生于叶片，在叶片表面形成黑褐色病斑，病斑穿孔。后期穿孔面积较大，危害较为严重。

叶片正面症状

叶片背面症状

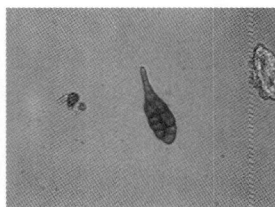

病原菌显微照片

（2）病原菌：链格孢（*Alternaria alternata*）

这种病原菌的分生孢子梗单生或极少分枝。分生孢子单生，倒棍棒形，卵形，倒梨形或近椭圆形，淡褐色至褐色，表面光滑，具有3～8个横隔膜和1～4个纵、斜隔膜，短喙柱状，淡褐色。

3. 牡丹煤点病

（1）发生病症

主要危害叶片。初为圆形至近圆形小斑，浅褐色，病斑逐渐扩展至相互连接，形成不规则形大斑，病斑褐色至深褐色，深浅不一，形成轮纹，不很明显；发病后期，病斑上密生深褐色至黑色小点，成轮纹状排列，病斑中央易碎裂。

（2）病原菌：（*Pilidium concavum* Desm.）

载孢体为真子座，表生，上半部盾壳状，底部仅由一层厚壁细胞的角胞组织构成，器壁膜质，顶端不规则开裂，但不作裂缝状开口。产孢细胞为内生芽生瓶梗式产孢。分生孢子纺锤形的至镰刀形，两端尖细至弯曲，无色，单胞，光滑。

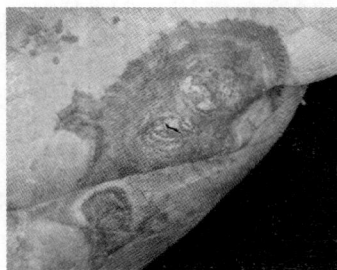 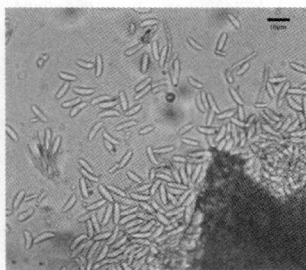

症状　　　　　　　　　　　　　病原菌

（四）菊花

1. 白锈病

（1）田间发生症状

发现这种病害的菊花主要种植在大兴区采育镇，在菊花正面产生褪绿近圆形小斑点，背面产生大量的黄色瘤痂状物质。

  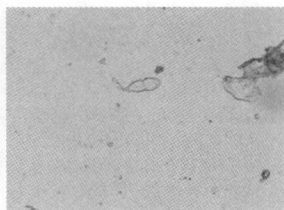

叶片正面症状　　　　　　叶片背面症状　　　　病原菌显微照片

（2）病原菌：堀氏菊柄锈菌（*Puccinia horiana* P. Henn）

冬孢子堆生于叶背面，突起，浅黄褐色，冬孢子双胞，微有缢缩，淡色，顶圆形或尖突。基部狭，柄不脱落。

2. 霜霉病

（1）田间发生症状

菊花霜霉病也是在大兴区采育镇发现的，主要是在菊花背面产生霜霉状粉层，菊花正面变黄，褪绿。这种病害危害较广，让农民叔叔苦不堪言。

叶片正面症状　　　　　　　叶片背面症状　　　　　　　病原菌显微照片

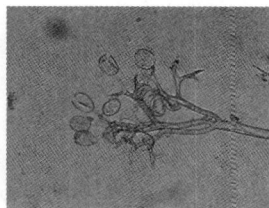

（2）病原菌：菊花霜霉（*Peronospora sparsa* Berk.）

菊花霜霉的孢囊梗呈二叉状分枝，孢子囊生于孢囊梗上，后期脱落，游动孢子生于孢子囊内。

3. 灰霉病

（1）田间发生症状

菊花灰霉病是在种植时较易发生的病害，主要在叶尖处产生 V 型病斑，病斑黄褐色，后期干枯，在叶片表面产生灰色霉层。病斑周围叶片变黄，褪绿。

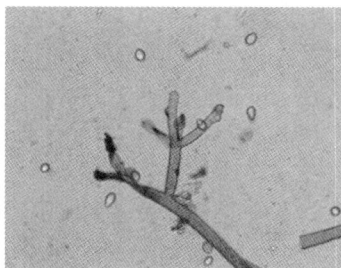

叶片症状　　　　　　　　　病原菌显微照片

（2）病原菌：灰葡萄孢（*Botrytis cinerea*）

在显微镜下观察到的分生孢子梗在主轴近端处对生分枝，基部偶尔膨大，颜色为深褐色，由底部向顶部渐细，颜色变深，分生孢子梗顶端偶有膨大，较少。分生孢子短椭圆形，卵形。

（五）丁香棒孢轮纹病

1. 田间发生症状

主要危害叶片。初期为褐色小斑，病斑逐渐扩展，形成病斑近圆形至不规则形病斑，褐色至深褐色，病斑灰白色与褐色相间，形成同心轮纹，周围有黄色晕圈，明显。发病后期，病斑背面长有灰黑色菌丝体。

2. 病原菌

山扁豆生棒孢（*Corynespora cassiicola*（Berk. et Curt.）Wei）

分生孢子梗单生或数根丛生，直立或弯曲，不分枝，褐色，光滑，可连续层出多次使孢子梗形成节节状，顶端有时膨大。分生孢子顶生，单生，也有孢子成链状排列，倒棍棒形、圆柱形，直立或弯曲，淡褐色，光滑，有多个分隔，顶端钝圆，基部近截形，脐点明显。

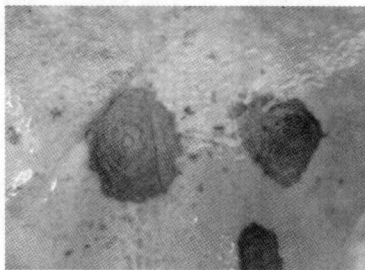

症状

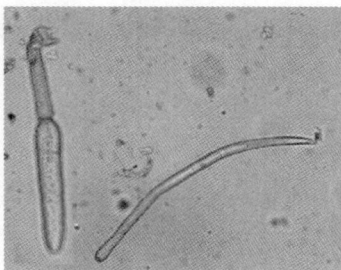

病原菌

三、结论

通过这些调研实践，我认识了显微镜，学会了操作显微镜和制作花卉病原菌观察水片的过程、认识了北京主要绿化花卉发生病害的情况，其中包括月季、牡丹、芍药、菊花等花卉的白粉病、霜霉病、褐斑病、叶枯病、白锈病、炭疽病等10余种病害，同时也明白作为一个能够给花卉诊断病害的"医生"有多么的不简单，他们需要学习各方面的知识。这次调研实践，让我懂得了鲜花在城市生活中的意义，为了北京绿化花卉的健康，为了美丽的北京更加美丽，希望所有的花卉病害都能够早日治愈。

四、致谢

首先感谢我的父母在这次调研实践中给我的支持，他们为我准备调研相机，教会我使用相机，也教会我怎么在陌生的环境下与人沟通，让我的实践顺利进行。另外，我要感谢我们的指导老师们，不辞辛劳在节假日带我在中国农科院蔬菜花卉所花卉种植基地、北京植物园、海淀公园、颐和园、世界公园、紫竹院公园、世界花卉大观园、大兴蜂鸟花卉园等地采集发病的花卉样本。他们培养了我对科学的兴趣，并教授给我许多植物学和微生物学的知识！还有这次调研学习得到了中国农业科学院蔬菜花卉所的张雪岩老师的热情指导，从样本采集后如何处理、如何制作病原菌的观察水片、如何操作使用显微镜等方面对我的细心帮助，在此表示感谢！

小学篇

"西苑小导游"特色课程的开发与实施报告

设计教师：海淀区西苑小学　庞　奕

教师指导学生活动的设计

（一）整体活动简介

"西苑小导游"综合实践活动特色课程的开发，重视学生直接经验的形成，强调学生对知识的综合运用，发展学生的个性特长优势，关心学生能力的增长和情感、态度的形成。通过从点到线及面的学习中国文化历史知识，培养学生学习历史文化的兴趣；帮助学生了解中国文化，传承中国文化精髓，保护传统文化；通过学生分组设计导游提纲，开拓学生思路，锻炼学生的创新思维；通过小组合作，提高团结、互助的小组协作能力；在总结交流中，锻炼学生收集信息、整理信息的能力；通过外出导游中的中英文讲解，锻炼学生的口语表达能力；加强学生与人交往、交流学习的能力，使学生有全新的体验与尝试，提升学生的综合素质与服务意识，更好地健全人格，服务于社会。

（二）学生活动方案

按活动的流程，分为六大阶段。具体内容分述如下：

第一阶段：学习历史概况。学习颐和园、圆明园历史知识，为日后的考察活动提供先备知识。

第二阶段：善用社区资源。组织学生到颐和园、圆明园参观采访，使之学会搜集资料的渠道和方法。

第三阶段：分小队实地考察。学生分小队选定颐和园、圆明园内各景点，实地采访、调查、拍摄，进一步上图书馆，利用网络资源搜集资料。

第四阶段：小导游培训。集中训练队员的语言表达、实地讲解、服务规范、奥运宣传的能力。

第五阶段：小导游服务实践。队员的综合能力、应变能力、服务能力、讲解水平、个人风貌的全面展示。

第六阶段：交流学习心得。通过小导游日记、个人博客、座谈、总结、展览、编辑"西苑小导游"手抄报集、活动现场展示等形式交流学习心得，建立学习的成功感和满足感。

第一阶段以理论课为主，旨在通过系统的学习，提供必需的先备学习条件。在此基础上，展开第二阶段的活动使学生掌握利用社区、图书馆、网络等资源搜集学习、研究资料的渠道和方法。具备了上述条件，学生就可以分小队选定园内各景点，实地采访、调查、拍摄。第四阶段旨在通过系统的训练实践提供必需的先备条件。为增加学生学习的成功感和满足感，整个实践活动分阶段通过"西苑小导游"日记、博客、座谈、总结、展览、编辑手抄报集等活动进行交流学习。

(三)主题实践活动内容的确定选择(师生共同选题)

"西苑小导游"是综合实践课堂教学与社会实践的结合，教师提供颐和园学习资料，让学生自由分组，充分利用图书馆、网络等社区资源，通过研究型的协作学习，从生活环境出发，鼓励学生自学，强调学习、实践的过程和参与度。

整个活动过程中，研究学习、实践活动中，教师尽可能创造环境和条件让学生自主学习、志愿服务，教师的角色不是主导者，而是辅导者。通过颐和园和圆明园建筑、历史、文化、政治等方面知识的学习，增强对祖国悠久历史文化学习的兴趣，进而达到从点到线及面的学习中国古文化历史知识。

(四)学生分组、个体研究情况

"西苑小导游"实践活动整体设计构成一个系统化的主题式实践活动，同时又是一项有实际教育意义的社会大课堂教育课程，其过程与评价都严格置于整个小导游活动的设计当中。

实践活动评价采取形成性评价(60％)与总结性评价(40％)相结合的形式。形成性评价主要是观察并记录学生的参与程度，记录学生在实践过程中的表现；总结性评价主要对学生最终的实践成果进行评核。整个评价形式，从活动开始为学生建立成长资料，对他们在活动中的各种表现及时记录，为形成性评价和总结性评价的各个细项内容的评量提供确切科学的资料，减少评量过程的主观性。

西苑小导游综合实践活动以活动为主体，利用课堂教学多媒体网络环境介绍颐和园建筑、历史、文化、政治等方面知识和小导游服务礼仪内容，为实践活动做准备。

活动课组织学生亲自走进颐和园，分小队在德和园、长廊、苏州街、佛香阁、铜牛、十七孔桥、文昌阁等古老的建筑历史文化中考察研究、调查采访和拍摄。通过考察对比，学生将手中的资料与实际联系起来，再一次进行有效的资料筛选，为自己进行小导游活动的核心部分做准备。

在活动的前期准备中，通过播放录像、颐和园导游部工作人员现场讲解等方式来进行情境设置以激发学生兴趣，让学生了解导游工作，了解导游员。由此引出了学生对不同问题的观察与探究，调动学生观察学习的兴趣与潜力，为核心活动做好心理准备。

在活动的核心部分，学生走出教室，拿着自己展示活动的个体方案，走进社会进行真正的导游实践。带队老师随机拍摄活动片段和图片，使学生进入活动情境。过程当中，老师会鼓励胆量小的学生挑战自我，努力学习，完成孩子们自己设定的阶段性目标。当学生们勇敢地走出第一步时，他们欣喜地发现，原来自己也可以向生活中的导游员一样，可以为游客讲解，给他人带来快乐。当孩子们看到游客们肯定和表扬的留言，自己带团成功后，学生自信心会大大增强，这时老师会进一步知道他们向下一个体验的目标迈进。

小导游活动是社会大课堂全面综合的展现，课程实施过程中，学校各学科教学实践活动都参与进来。语文教师带领学生走进楹联、长廊故事、四大名著的研究学习；数学教师带领学生用笔和相机记录颐和园建筑结构特点，进行统计分析；英语教师帮助辅导学生英语导游；美术教师带领学生用手中的画笔，记录颐和园美丽的景物；书法教师带领学生用笔墨模仿颐和园的墨迹等。我们的活动很多，就像校园里盛开的海棠花一样缀满枝头。

每次活动结束后，学生首先整理自己收集的信息，把导游经历记录下来，然后在交流汇报课上分小组汇报。大家经历不同，体会不同，每个人都有很强的表达欲望，这也是整个活动最活跃的阶段。每次活动同学们都很有收获，他们的导游日记写到"很喜欢小导游这个工作，我们付出汗水，收获着幸福和快乐"。

学生活动报告

(一)研究报告

德和园大戏楼调查报告

1. 德和园大戏楼的建造年代

德和园大戏楼是清光绪十七年(1891年)于颐和园内仿畅音阁规制建造

的戏楼。它是中国目前保存最完整、建筑规模最大的古戏楼。它与故宫博物院畅音阁大戏楼和河北承德避暑山庄内的清音阁大戏楼合称为"清代的三大戏楼"。

2. 德和园大戏楼的所处位置

位于颐和园仁寿殿西北，宜芸馆东。清代宫廷每逢庆典都有演戏活动，乾隆以后此风愈盛，戏楼、戏台也就成了宫廷及御苑中不可缺少的一种建筑物。慈禧太后嗜好京剧，听鹂馆内小戏台已不适应当时的需要。因此另选仁寿殿与乐寿堂之间的怡春堂旧址兴建德和园大戏楼。

3. 德和园大戏楼的建筑设计

德和园大戏楼是我国至今保存最完整规模最大的戏楼。它高21米，底台宽17米，分上、中、下三层，从上往下数依次为"福、禄、寿"三台戏。慈禧太后要是办寿的话，三层可同时演戏，演员在一层表演，二三层主要是根据剧情需要布景而用的。戏楼三层之间有天井相连，第三层设有辘轳绞车作为升降机关，演员可以通过它演神仙从天而降的场面，同时在第一层木板底下还有地井，演员可以通过它演一些妖怪破土而出的场面，创造一种出神入化的感觉。更为先进的是在舞台底部除了有地井以外还有水井，可以引活水上台，如"水漫金山寺"等戏曲场面就会运用到它。同时水井还起到聚音的作用，以增加演出的共鸣效果，相当于现在用的麦克风。戏楼的对面是慈禧听戏的场所——颐乐殿，一旁的偏殿是慈禧赏给王公大臣们听戏的场所。

4. 德和园大戏楼与中国京剧的发展

尽管大戏楼成了慈禧太后个人的享乐之地，但她的爱好也无意中促进了京剧流派的发展。慈禧太后为了听戏，很是舍得花钱，这也为戏剧艺术的发展提供了物质基础。慈禧太后不仅要求戏楼规模宏大，演员的行头道具也要特别讲究，必须华美富丽。

根据《清宫升平署档案》记载，光绪三十四年六月十八日（公元1908年7月16日），《莲营寨》在颐和园德和园大戏楼首演。年逾花甲的谭鑫培扮演刘备，年届三旬的杨小楼扮演赵子龙。慈禧太后坐在大戏楼对面的颐乐殿看戏。看来两个主要演员唱的都很卖力，整个演出也很成功，慈禧一高兴，赏银二百六十四两。第三天，也就是六月二十日（7月18日），谭、杨二人再演此戏，慈禧太后这一次赏银三百零四两。可见慈禧太后非常满意。

能得到"老佛爷"的封赏，标志着伶人艺术水平到达了一种高度，以此为动力，京剧艺人对艺术的追求不断精益求精。所以说，慈禧太后对京剧的喜好，促进了京剧的繁荣和发展。像杨小楼、谭鑫培这样的京剧名角，都曾在这里为慈禧太后献过艺，因此人们也为德和园大戏楼起了一个美称，把它誉为中国国粹京剧的摇篮。

(二)学生的感受和体会

学生感受

一天天，一次次，我们小导游团所有同学，每次为游客讲解完都兴奋得不得了，我们让中外游客更加了解了中国文化，心里有一种美滋滋的感觉。

——苗　森

我们热情大方的讲解吸引了游园的中外游客，得到了许多鼓励和阵阵掌声，大家开心极了。

——韩澄浩

小导游不仅使我对中国古典园林、悠久的文化历史有了更多的了解，还锻炼了我的语言表达能力和与人交往的能力。

——吴雨诗

奥运会志愿者这个词将永远刻在我心中，"我参与，我奉献，我快乐"的奥运精神将永远伴随着我，时刻提醒着我：一定要尽自己的最大努力，去帮助别人，做一名对社会有用的人。

——丛抒晨

我爱"西苑小导游"的称号，有此称号是我的荣誉和骄傲，它能让我品尝到真正导游的滋味，能让我对自己更有信心。我爱训练的日子，因为我在"西苑小导游"训练中进步了，我感觉到了，我觉得步子迈得更大了。也许就是如此，虽然平常，却让我深深记忆。

——李泽东

游客留言

感谢西苑小导游为我们提供的义务讲解服务，祝他(她)们师生阳光一般的生活！

——黑龙江　哈尔滨　李继敏

我认为你们表现得很不错，非常感谢！希望你们可以继续为更多的人服务，献出你们的力量，并且在学习中也有更好的表现！

——江苏　徐州　赵　敏

"西苑小导游"精彩的讲解和热情的微笑，使我们的旅途非常愉快！

——山西　太原　李远峰

西苑小学组织的红领巾小导游活动很有意义，可以让学生得到锻炼，让更多的游人了解祖国的文化，了解颐和园的文化底蕴，对培养学生的爱国情怀很有好处。

——辽宁　沈阳　顾乃波

很高兴新一代青少年对祖国历史有很好的了解。希望新一代人能不忘国耻，把祖国建设得更美好、更先进、更伟大！

——美国　胡苕文

听了小朋友的讲解，我们教育从小学生抓起，了解历史知识，发扬中国历史文化。很好，希望更加努力，发扬光大。

——天津　吴丽君

非常感动，很认真的小朋友，英文素质非常优秀哦！

——中国　台北　吴培荣

（英文留言版）

I heard the explanation of the girls and I enjoyed very much! thank you!

> guy from ISRAEL
>
> IDO from ISRAEL
>
> Email：guybider@gmail.com
>
> shidosb@gmail.com

> Amy & Jeff Mckema Horida-USA

Great job!!

Good luck in the Olympics.

> Andiee Hatchinsol
>
> Auckland，new zeolone
>
> Fanteshc
>
> —You guys loches

Thank for your guidance. This was very nice. Keep learning English. Regards from CROATIA.

> Marko and manja
>
> Horvat _ zg@yahoo.com

Fantastic!

Wonderful guidness.

> Lena，Sweden
>
> Jeanette Sweden

They make great progress everyday, I should study for them. I am very proud of them. I know every traveler likes them and thanks for them.

> Mr. Fang

（三）其他

"西苑小导游"综合实践活动课程自开展以来，接待海内外游人上万人次，深受学生的喜爱，家长的支持，得到了中外游客的广泛好评，并多次在中央电视台、北京电视台、《中国教育报》、《中国儿童报》、《少先队小干部》、《人民政协报》、《北京少年报》等新闻媒体专题报道，受到了社会各界的一致认同和称赞。

在小导游实践活动中，学生通过完整系统的颐和园文化历史考察活动，极大丰富了对颐和园文化历史的认识，加深了对北京、对祖国的热爱，学会了与人共处和交流，学会了利用社区资源、网络自学，学会了为中外游客服务，增强了他们的爱国意识、交往能力、服务水平、协作精神。

学生走出学校，进入实际的社会情境，直接参与并亲历各种社会生活和社会活动领域，参与社区和社会实践活动，锻炼实践能力，增强社会责任感。学生通过和他人的接触、交流，学会理解他人的生活习惯、个性特点、职业情况，懂得尊重人、体谅人；通过体验个人与群体的互动关系，懂得他人和社会群体在个人生存与发展方面的重要性，体验被关怀的温暖，对他人的帮助心存感激。社区服务与社会实践是一个道德认识的过程、道德情感升华的过程、道德实践的过程和人的社会化过程。

小导游社区实践活动没有固定的教材、教室，不为空间所困，不为时间所限，它提供给学生的是一种需要亲身参加的实践活动，以此来熏陶和启迪他们，把基本的做人做事的道理通过自身的主动参与转化为内在品质，把德育目标内化为基本素质。通过与人交往、合作，形成团结、合作的精神。并经常留意身边需要帮助的人，自觉而乐意地为他们服务，掌握志愿服务的有关知识和技能，对他人富有爱心。

这一次次的锻炼实践，使得孩子们受益匪浅。在小导游课程学习和服务工作中学生走向社会、融入社会、服务社会、快乐体验、健康成长、全面发展。这一次次的组织协调，让学校和周边的社区增进了密切的联系，增深了了解，达成了共识。双向的联系是交互的，一方面我们从社区中吸取了教育资源，根据社会的需要推动了学校的工作；另一方面，学校发挥自己的优质教育学校优势，实现教育为孩子服务、为家长服务、为社会服务的宗旨。

触摸青铜 感受历史 激发情感

设计教师：房山区琉璃河中心校 杨东方 徐新影 赵晓禹

（一）整体活动简介

2010年4月1日，我们琉璃河中心小学部分师生组织了"走进西周燕都遗址博物馆"的远足活动。这是我们中心小学"走进西周燕都遗址博物馆"社会大课堂课程开发活动的重要组成部分。

学生在远足的路上

学生兴致勃勃地等待入场

学生在日常生活中对青铜和青铜器有所了解：有的学生在上学和放学的路上经常看到家乡琉璃河的标志——伯矩鬲的塑像；有的学生在看书读报时经常会听到和青铜器有关的词或句子，如"中国队成功问鼎""菜市场人声鼎沸""簋街是北京有名的美食一条街"等；在首师大版五年级《品德与社会》教材上册第三单元第二课《青铜时代的辉煌》一课的学习中学生还要初步感知和了解我国的青铜和青铜器。

结合国家课程——首师大版《品德与社会》五年级上册相关内容的学习，我们开展了"走进西周燕都遗址博物馆"社会大课堂课程开发远足活动。学生通过一系列活动进一步感受并了解了青铜器，同时通过对博物馆内陈列的青铜器的了解，知道了家乡琉璃河是一座拥有三千多年历史的古镇，是"北京之源"，热爱家乡，为家乡自豪的情感自然而然地产生了。同时通过这些主题教育活动，学生还受到了要做文明小观众，要不怕困难，坚持不懈的意志品质教育。

通过学生课前填写的调查表及课后的心得体会、绘画作品、手抄报等反馈信息的分析，可以得出结论，本次活动较好地达到了目的。

(二)学生活动方案

本次"走进西周燕都遗址博物馆——社会大课堂"课程开发活动的学生活动为：

走进博物馆前：
1. 准备好纸、笔和记录本，有条件的学生可以自带数码相机。
2. 明确本次远足参观活动的内容和目的：感受青铜器，了解青铜器，为课堂学习积累资料，丰富自己的课外知识。
3. 明确活动过程中的注意事项：要做文明小观众，注意交通安全，遵守秩序等等。

走进博物馆时：
1. 用心观察，认真记录，不懂就问。
2. 遵守博物馆的规定及秩序，做个文明小观众。

走进博物馆后：
1. 结合自己参观后的收获、体会或感受等，完成自己的调查资料。
2. 可以用写心得体会、绘画作品、编绘手抄报等，多种形式来完成自己的调查资料。

(三)主题实践活动的确定选择

本次实践活动师生共同确定了如下主题：

1. 阅读教材

(1)什么是青铜？我国广泛使用青铜是在什么时候？

(2)家乡的骄傲——伯矩鬲是怎样的一件青铜器？

(3)你还知道了哪些青铜器？有什么用处？

2. 走进西周燕都遗址博物馆

(1)你都看到了哪些青铜器？（不要只是简单地记录青铜器的名称，要注意给看到的青铜器分类）

(2)咱们家乡琉璃河除了伯矩鬲成了首都博物馆的镇馆之宝外，还出土了哪些珍贵的青铜器？

(3)除了青铜器之外，你还看到了哪些文物？

3. 课堂教学

我们了解这些青铜器的目的是什么？

(四)学生分组及个体研究情况

小学生年龄小，对距离日常生活较远的青铜器及相关文物的研究会遇到一些困难。因此，本次活动学生在分组上只分为两个大组，每组的成员

较多，这样便于学生在教师的指导下，尽量采用合作的办法解决遇到的问题

一组：青铜器小组

重点探究和解决如下问题：什么是青铜？青铜器主要分为哪几类，有什么用途？咱们的家乡琉璃河都出土了哪些有名的青铜器？

青铜器小组的同学在拍照

青铜小组在伯矩鬲实物模型前

二组：其他文物组

重点探究和解决如下问题：除了青铜器，那个时代的人们还使用哪些器具？都是用什么材料做成的？有什么用途和特点？

其他文物小组的同学在观察

其他文物小组的同学在观察漆器

在实践活动中，教师注意让每一名同学都能用实际行动参与到探究活动中来，同时对在活动中表现突出的学生给予鼓励并表彰。

走进西周　碰触历史　感悟文化

设计教师：房山区琉璃河中心校　于秀明　郭红然

教师指导学生活动的设计

（一）整体活动简介

为了充分发挥"社会大课堂"在学生健康成长过程中的重要作用，促进学校内涵发展，琉璃河中心小学部分师生举办了"走进西周燕都遗址博物馆"的远足活动。

本次活动分三个阶段：

第一阶段：准备阶段

1. 教师准备

（1）教师探索课程与资源单位——西周燕都遗址博物馆的联系点，并开发出了《西周燕都遗址博物馆　社会大课堂课程资源开发课程新表》。

（2）教师走进西周燕都遗址博物馆。

（3）学生调研。

（4）根据课程与西周燕都遗址博物馆的联系点开发出相应的课例。

（5）制定学生活动预案。

2. 学生准备

（1）完成学生调查问卷。

（2）纸、笔和记录本，有条件的学生可以自带数码相机。

（3）通过书籍、网络等形式了解关于陶器、青铜等知识，为课堂学习做积累。

（4）做好心理准备，在路途中要有不怕苦不怕累的心理准备，在参观途中要学会做一名文明小观众。

第二阶段：学生走进博物馆

本活动于 2010 年 4 月 1 日进行，学生远足走进了西周燕都遗址博物馆。

学生在路二

进入博物馆

学生完成调查表

学生参观记录

无论是在远足的路途中，还是进入博物馆后，学生都表现出极大的热情和小学生良好的素质。有的同学体质比较弱，其他同学搀扶他到终点。小组分工明确，各司其职。学生态度认真，求知欲望浓烈，收到了良好的效果。

第三阶段：收获硕果

这次《走进西周燕都遗址博物馆》远足活动后，每个参加远足的同学都可谓是硕果累累。将他们的兴趣引入课堂，并实施了国家课程——首师大版三年级《综合实践活动》教材下册《揉揉捏捏做游戏》一课，泥、橡皮泥等材料在学生的手中"活了"，塑造了很多造型、用途多样的物品。

还有一些同学在课余实践将自己的这次远足感受以手抄报、观后感、调研报告等形式展现出来。

本次活动，忠于学生的认知规律，在实践中让学生体悟学习的快乐、历史的厚重，让爱国教育更加具体有形。

（二）学生活动方案

1. 活动背景

《新课程标准》将《综合实践》学科纳入国家课程内，其特性主要有整体性、实践性、开放性、生成性、自主性等五大特性。其中自主性体现在综合实践活动充分尊重学生的兴趣、爱好，为学生的自主性的充分发挥开辟了广阔的空间。学生自己选择学习的目标、内容、方式及指导教师，自己决定活动结果呈现的形式，指导教师只对其进行必要的指导，不包揽学生的工作。

综合以上特性，在北京社会大课堂活动的开展基础上，结合琉璃河地区的基本状况以及多年来和西周燕都遗址博物馆建立的良好关系，确定西周燕都遗址博物馆为资源单位，这次走进博物馆，是学科融合和学生自主学习的具体体现。

2. 活动目的

(1)充分利用地方资源，激发学生热爱家乡、热爱祖国的情感，培养学生爱护家乡、建设家乡的愿望。

(2)开展研究性学习，培养提出问题、解决问题的能力，进而提升学生的学习能力。

(3)形成有学生特色的研究成果，丰富学校校本课程。

3. 活动主题

走进商周，碰触历史，感悟文化。

4. 资源单位

西周燕都遗址博物馆。

5. 活动的具体内容

(1)活动地点的选择

西周燕都遗址博物馆，座落在琉璃河镇董家林村燕都古城遗址的东墙外，座东朝西，气势宏伟，建筑面积 2888 平方米。

该馆于 1990 年筹建，1995 年 8 月建成并向游人开放。博物馆共有序厅、青铜器厅、墓葬车马坑厅、青铜酒器兵器厅、陶器玉器漆器厅等，主题突出，特色鲜明，突出表现了北京建成 3000 多年的历史风貌。

西周燕都遗址博物馆，是社会教育的重要基地，是学校教育的重要补充。它已成为全国各地人民认识华夏，了解北京，了解房山的一个重要窗口。参观西周燕都遗址博物馆，了解 3000 年的历史文化，一定会领略到中华文化的博大精深和深刻的历史内涵。

(2)活动的具体内容

A. 教师探索课程与资源单位——西周燕都遗址博物馆的联系点，并开发出了《西周燕都遗址博物馆　社会大课堂课程资源开发课程新表》。

B. 教师走进西周燕都遗址博物馆。

C. 学生调研。

D. 根据课程与西周燕都遗址博物馆的联系点开发出相应的课例。

E. 制定学生活动的安全预案。

F. 学生走进西周燕都遗址博物馆，完成调研和调查问卷。

G. 课程实施。

H. 结合自己参观后的收获、体会或感受等完成自己的调查资料，可以用写心得体会、绘画作品、编绘手抄报等多种形式来完成自己的调查资料。

（三）主题实践活动内容的确定选择

1. 阅读教材

什么是陶艺？陶瓷产生源于什么？陶艺的发展与演化？

陶艺成型的方法有哪些？制陶的意义是什么？

你知道陶器的制作工序吗？

陶器的保养和鉴别方法都有哪些？

2. 走进西周燕

你都看到了哪些陶器？（除了要记录你见到陶器的名称，还要仔细观察陶器的造型）

了解博物馆中陶器的用途？

除了观察陶器造型外，你还看到了哪些文物，他们的造型如何？

3. 课堂教学

陶器的历史和在现代生活中的应用。

（四）学生分组、个体研究情况

本次活动将学生分为五组，每个小组五人，一名小组长，四名组员。由学生和教师共同选题后，小组长负责分配任务。各组任务分配如下：

第一组：什么是陶艺，陶艺的发展与演化，以及陶瓷产生源于什么。

第二组：陶瓷的成型方法和制作工序。

第三组：陶器的用途都有哪些。

第四组：陶器的分类和各自的代表。

第五组：陶器的保养和古陶器的鉴别。

各组共同的选题为看到的博物馆中陶器的造型以及陶器的用途。

学生活动报告

（一）调查报告

第一组：什么是陶艺，陶艺的发展与演化以及陶瓷产生源于什么

陶艺是陶瓷艺术的简称，是一门既古老又现代的艺术。陶瓷形态的基本材料是土、水、火。人只有掌握了水土糅合的可塑性、流变性，以及成型方法和烧结规律，才能促成陶艺形态的产生和演化，使陶瓷器物产生美的形式。

陶瓷的产生源于实用。首先在于可使人们煮熟食物，并方便地储存液体食物。

第二组：陶瓷的成型方法和制作工序

陶艺的成型方法有：手捏法、泥条法、泥板法，挖空法，压模法，拉坯法等。

陶器的制作工序为：选土→淘泥→制坯→干燥→修坯→上色→焙烧

选土：选用黏度高的陶土，一般用高岭土。

淘泥：将土倒入水中，和均匀，从中淘出精细的泥土。

制坯：将选出来的泥土成型，作成陶瓷胎型。

土燥：将陶瓷胎放在架子上干燥，是阴干。

修坯：干燥后，再用工具修理平滑。

上色：在表面用画笔画上图案，瓷器和有的陶器会在画好图案之后施若干层釉。

焙烧：将画上图案并施完釉的陶瓷器放入炉中焙烧。

就这样，陶瓷器就制成成品了。

第三组：陶器的用途都有哪些

陶器的用途：首先在于可使人们煮熟食物，并方便地储存液体食物，直至今天我们的餐桌上依然沿用着陶瓷器皿。陶器的用途远远不止如此，卫生间里的陶瓷洁具、装修用的瓷砖，也都是陶瓷制品。同时，陶瓷作为一种艺术表现形式，其作品在现代生活中比比皆是。

第四组：陶器的分类和各自的代表

从质地上分为：红陶、灰陶、黑陶、白陶、印纹硬陶。

从装饰上分为：彩陶、彩绘陶、绳纹、印纹、镂孔等。

（1）红陶

红陶在中国出现最早，红陶烧成温度在900℃左右，根据考古发掘资料，黄河流域距今8000千年的斐李岗文化和距今5000年的仰韶文化、大汶口文化时期，都以泥质红陶和夹砂红褐陶为主。

（2）彩陶

彩陶是仰韶文化的一项卓越成就，是用赭、红、黑和白等色绘饰的陶器。彩陶艺术，具有浓厚的生活气息和独特的艺术风格。它是在陶器未烧以前就画在陶坯上，烧成后彩纹固定在器物表面不易脱落。有的在彩绘之前，先涂上一磕白色陶衣，使彩绘节纹之前，先涂上一层白色陶衣，使彩绘花纹更为鲜明。彩陶花纹主要是花卉图案和几何形图案，也有少数动物纹。人物纹样和植物纹样较少见。

（3）黑陶

黑陶出现于龙山文化时期。黑陶的烧成温度达 1000℃ 左右，黑陶有细泥、泥质和夹砂三种，其中以细泥薄壁黑陶制作水平最高，有"黑如漆、薄如纸"的美称。这种黑陶的陶土经过淘洗，轮制，胎壁厚仅 0.5~1mm，再经打磨，烧成漆黑光亮，有"蛋壳陶"之称，表现出惊人的技巧，饮誉中外。这时期的黑陶以素面磨光的最多，带纹饰的较少，有弦纹、划纹、镂孔等几种。

（4）灰陶

灰陶在新石器时代早期斐李岗文化遗址中已经出现，仰韶文化、龙山文化时期都有一定数量的灰陶，特别是用于蒸煮的器皿，多为夹砂灰陶。到夏代(二里头文化早期)以灰陶和夹砂陶占据主要位置。

（5）白陶

白陶是指表里和胎质都呈白色的一种陶器。它是用瓷土或高岭土烧制成的，烧成温度在 100℃ 左右。白陶基本上都是手制，以后也逐步采月泥条盘制和轮制。白陶器出现于龙山文化晚期，商代为鼎盛时期。商代后期白陶大量发燕尾服，安阳殷墟出土数量最多，并且制作相当精致。到了西周，由于印纹硬陶器和原始瓷器的较多烧制与使用，白陶器即不再烧造了。

（6）硬陶

硬陶的胎质比一般泥质或夹砂陶器细腻坚硬，烧成温度比一般陶器高，而且在器表又拍印以几何形图案为主的纹饰，所以统称为"印纹硬陶"。西周是印纹硬陶发展的兴盛时期，其胎质原料根据化学组成分析，基本接近原始青瓷。因印纹硬陶所用原料含铁量较高，胎色较深，多呈紫褐、红褐、黄褐和灰褐色。印纹硬陶坚固耐用，绝大多数是贮盛器。商代印纹硬陶在黄河中下游地区和长江中下游地区都有发现。西周至战国时期印纹硬陶主要盛行于长江中下游地区及南方的福建、台湾、广东、广西等地。

（7）釉陶

汉代出现了一种在釉料中加入助熔剂——铅的釉陶，又称"铅釉陶"。铅釉陶的制作成功，是汉代制陶工艺的杰出成就。釉料中加入铅，可以降低釉的熔点，还可使釉面增加亮度，平正光滑，使铁、铜着色剂呈现美丽的绿、黄、褐等色，但经绿釉为最多，绿如翡翠，光彩照人。

墓葬中出土的铅釉陶器表面，有时现出银白色光泽，有人误称为"银釉"。根据考古工作者的科学研究发现，"银釉"形成的原因是由于釉面长期受潮，釉层表面析出多层次的沉积物，在光线的折射下，产生的银白光泽。

第五组：陶器的保养和古陶器的鉴别

(1)陶器的保养

陶器文物长久埋于地下，表面吸附的大量硬结锈斑，可以作为年代久远的象征。只要存放条件较好，一般情况下可以不清除。陶器表面硬结的碳酸钙或石膏类物质的检查，可用5％的盐酸溶液在硬结物表面滴上几滴，如果发出"唑唑"的响声，就可以接着用该溶液继续浸渍，用尼龙刷子刷洗。如果硬壳难溶将酸液加热至180℃～200℃浸刷，石膏硬壳会渐渐变成粉状物，很容易刷洗掉。在田野发掘时，会遇到砖室墓底铺一层白奎质积炭土层，胎质酥粉的陶器在这种环境中，孔隙内会填满碳酸钙与白垩土混杂物，这类器物切不可用酸类溶液清除，会蚀毁陶胎。可用中性的5％六偏磷酸钠溶液去除。硫酸盐类物质需要浓硝酸滴在硬结物上，待硬结物软化后，用机械方法剔除。硅酸盐类的则用1％氢氟酸施在硬结物上除去。陶器中吸附的可溶盐类和用酸类处理过的器物要用蒸馏水浸渍反复冲洗。对带釉的陶器，可用盐酸清除，切不可用硝酸或醋酸，以免腐蚀釉料。其他附着的污垢用3％过氧化氢溶液去除。

破碎的出土陶器，需经过碎片的拼对、粘结、补配、仿色作旧等过程，才能恢复器物的原貌。粘结材料主要有硝基纤维素、聚苯乙烯、丙酮溶液、聚甲基丙烯酸甲酯、丙酮溶液、914环氧树脂快干胶、GJ301快干胶等。最方便快捷的还要属热熔胶。

(2)古陶器的鉴别

鉴定古代陶器，主要是从古代陶器的产地、器型、图案花纹、制作工艺等入手。其基本原则和方法是：

A. 产地

每一种古代陶器，都有一定的出土地点和分布范围。

B. 器型

不同时代有不同的审美标准、生活习惯及技术条件，制约着不同时代陶器的造型。因此，弄清陶器器型产生、发展、演变和消失的历史，则为古陶器的鉴定提供了可靠的基础。

C. 图案花纹

陶器上的纹饰，无论题材内容和表现手法与瓷器、玉器、古砚上的纹饰一样，都强烈地反映着当时人们的审美观念和情趣，都有鲜明的时代风格和特点，都可以成为我们鉴定陶器时的参考因素。

D. 制作工艺

陶器的成型和加工工艺，往往在陶器上留下痕迹。这些痕迹，亦具有一定的时代性和地区特色。

E. 胎质

陶器和瓷器一样，都非常重视胎质的研究。

F. 文字款识

款识是指刻、划、印或写在陶器身上的文字，表明它的时代、窑口、制作者和使用者等等。

(二)学生的感受和体会

丰富多彩的青铜器

四(2)班 吴 昊

今天，我们进行了一次远足旅行，是去西周燕都遗址博物馆。

进了大门最引人注目的是青铜器董鼎。上了二楼，青铜器是琳琅满目，各具特色。就先说匕首，有小型匕首、中型匕首、大型匕首。有长剑，还有矛和盾。

表现了中国各代人民的智慧。

一次难忘的活动

四(3)班 焦洪亮

前几天，学校组织我们远足去西周燕都遗址博物馆参观。

我们大概用了一个小时左右到达了目的地。博物馆大门口写着"西周燕都遗址博物馆"几个大字，远处望去气势雄伟。刚一进大门便看到了青铜器董鼎。再往里走就进了博物馆的馆门，是序厅，接着是青铜礼器厅，又到了墓葬车马坑厅，上了二楼是青铜酒器兵器厅，最后到了陶器玉器漆器厅。

回来的路上，我反复地想：我们的祖先多伟大呀！

观西周燕都遗址博物馆

四(1)班 张 潇

进入琉璃河镇黄土坡村，向东行约500米，迎面有一座屏风巨型影壁，翘檐庑顶，壁心镶嵌的是白色大理石，上面镌刻"西周燕都遗址博物馆"，由著名考古学家苏秉琦先生题书。

绕过影壁，进入馆门，其宽阔的院落内有甬路，有花卉，有草坪。草坪中央正对展馆方向，置放着一尊铜鼎，作为西周燕都的象征。博物馆绿化得好，环境显得十分整洁、幽雅、宁静。

博物馆四周环以严整围墙树木，当中的主体建筑呈方形，顶部由一高四低五组四角攒尖式大屋顶覆盖，呈棕红色色调，四壁均为白色。馆舍两侧，各设一座方形亭式建筑，与主题相呼应。整座博物馆布局严谨协调、庄严肃穆，给人以古香古色、典雅凝重之感。

博物馆共有序厅、青铜器厅、墓葬车马坑厅、青铜酒器兵器厅、陶器玉器厅等。展览主题突出，特色鲜明，以陈列大量出土的西周燕国文物为主，重点展示古燕国的文化，突出表现了北京建城于3000多年以前的历史风貌。

西周燕都遗址博物馆，已成为全国各地人民认识华夏，了解北京，了解房山的一个重要窗口。参观琉璃河西周燕都遗址，了解3000年的历史文化，一定会领略到中华文化的博大精深和历史的深刻内涵。

参观商周遗址

四（1）班　徐仟慧

2010年4月1日，我们学校参观了商周遗址，商周遗址给我留下了深刻的印象。

我们进入大门后，看到了一座雄伟的博物馆，这就是西周燕都遗址博物馆。进入大厅，我看到了许多青铜器、鼎、原来燕王用的酒杯、车马的骨头、人的骨头等，这些人都是为战死的国王或级别比较高的人陪葬的。商周是中国的一个年代，商朝存在的时候是公元前1600年—公元前1046年。

这次去商周遗址，我了解了商朝和周朝的很多文物，这次去让我的视野开阔了许多，这次去让我对北京的历史又增加了许多。我爱你商周遗址，我爱你琉璃河的历史。

参观西周燕都遗址博物馆

四（1）班　李思敏

在2010年4月1日我们学校组织去西周燕都遗址博物馆参观。

西周燕都遗址博物馆位于房山区琉璃河镇董家林村，距京城大约40公里，距京石高速公路琉璃河出口大约2公里。博物馆建于西周燕都遗址的墓葬区，占地大约20667平方米，楼阁式建筑，仿唐风格。馆内有展厅、文物库和两处墓葬处、两处车马坑。展示的文物有陶、铜、原始青瓷、玉、漆、佣、石等器物数千件。其中包括北京历史上最大的青铜器董鼎和矩舄，刻有43字铭文，记载燕马公长子克受封燕侯史实的克罍及克盉等国家级文物。

考古发现，燕都国墓是琉璃河商周遗址的重要组成部分。墓地位于城址东南部的黄土坡村。现已发掘西周时期墓葬共三百多座，墓葬按其规模可分为大、中、小三种类型。大中型墓都陪葬有车马，随主人生前身份高低在陪葬车马的数量方面有所差别。已发掘的车马坑有数十座，多属为长方形竖穴坑。车皆为独辕双轮，车马坑的方向和车马的相对位置并不固定。马匹排列整齐，坑中多有车马饲饰件。少数车马坑有殉人，殉狗现象。墓地发现两辆带有伞盖的马车，这在我国西周时期的考古发现中尚属首例。

通过展览，将会看到迄今为止北京地区最早建立的燕都城址的概况，并了解北京这座古老城市的变迁。燕国的历史，还有很多问题不清楚，考古工作还在继续。在春、秋工地，有兴趣的同志还可参观考古工地。墓葬、车马坑概述。

我依依不舍地离开了西周燕都遗址，我不但开阔了眼界，还学到了课本上学不到的东西。真是不虚此行。

（三）学生手抄报

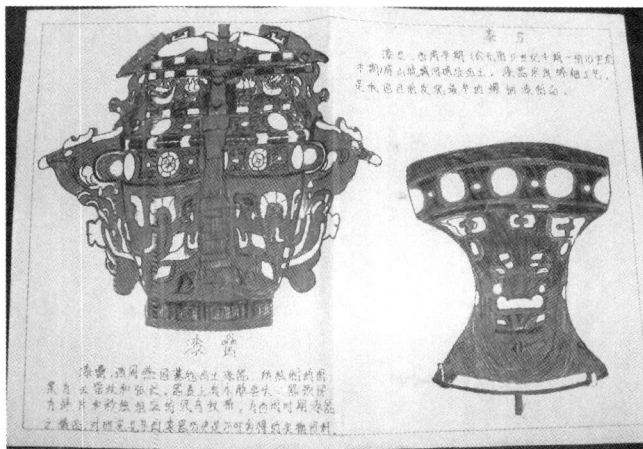

274

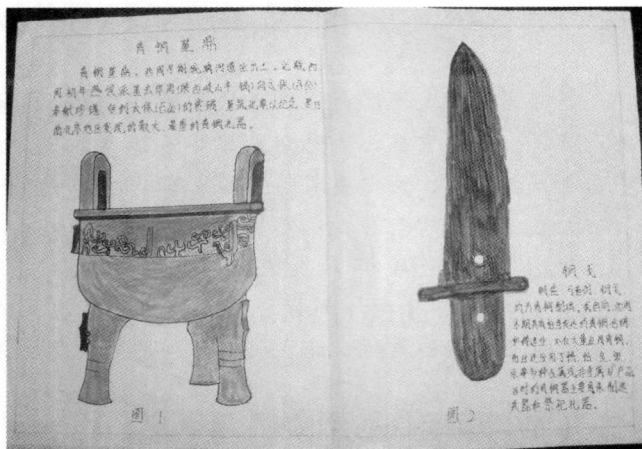

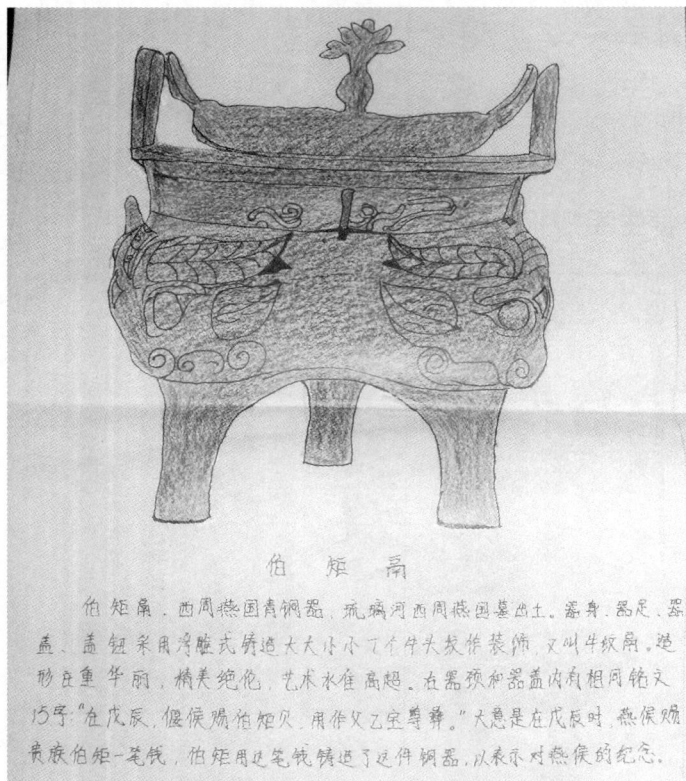

伯 矩 鬲

伯矩鬲，西周燕国青铜器，琉璃河西周燕国墓出土。器身、器足、器盖、盖钮采用浮雕式铸造大大小小了个牛头装饰装饰，又叫牛头鬲，造形庄重华丽，精美绝伦，艺术水准高超，在器颈和器盖内有相同铭文15字"在戊辰，偃侯赐伯矩贝，用作又乙宝尊彝。"大意是在戊辰时，燕侯赐贵族伯矩一笔钱，伯矩用这笔钱铸造了这件铜器，以表示对燕侯的纪念。

寻找校园里的噪音

设计教师：海淀区中关村第一小学　赵　宇

教师指导学生活动的设计

（一）活动内容介绍

学校每年都会在"求知计划"学习小组的带领下开展科技实践活动。今年的活动中，在五、六年级，我们结合学生的行为习惯培养设计了"寻找校园里的噪音"的主题实践活动。从科学课上学生学习到的有关声音的基础知识开始，进而了解到噪音的知识和测量方法，分小组到校园中去寻找噪音。

学生们在寻找噪音的过程中，体验了科学调查的过程，开始关注身边的问题，注意到了每个同学的行为对环境的影响。最后鼓励学生自己设计"静音标识"，并通过制作海报、进行讲演等活动向全校同学宣传健康环保知识，并能从自身做起，保护环境。

（二）活动基本情况

1. 活动范围及人数：活动主体为学校五、六年级学生，活动调查过程和宣传活动涉及全校四百多名学生和部分社区居民。

2. 活动开展时间：2009 年 2 月～7 月求知计划课程、综合实践课和部分学生业余时间。

3. 活动需求分析：环境保护问题日益受到了大家的重视，但是作为环境一部分的"声音环境"问题却很容易被人们所忽视，以致对人们的健康产生影响。从学校和学生的角度来看，噪声对同学老师的学习和工作效果都会产生影响，同时也涉及对学生行为习惯培养的重要方面。这就需要把环保健康的生活理念融入学校校园文化建设中。

（三）学生活动方案

1. 活动目标

（1）技术素养：通过让学生用画图和 Word 软件绘制静音标志牌和环保宣传海报，用 Excel 软件来进行调查数据的统计和分析，用 PowerPoint 软件来制作校园噪音调查报告和环保宣传演示文稿，来综合提高学生的信息技术素养，为学生提供"学以致用"的实践机会。

（2）合作能力：整个活动采取小组合作的形式，各个小组在"校园噪声调查"这个大的主题下，各组分工合作，有的小组测量操场，有的小组测量楼道，有的小组测量教学楼。每个小组中也有分工，有测量员、操作员、记录员。其中既需要有小组之间的分工合作，也会有小组成员之间相互协作，从而促使学生的人际交往能力和合作能力的提高。

（3）思辨能力：通过"寻找校园里的噪音"，引导学生关注自己身边的生活，发现问题，树立主人翁意识。活动结合环境与可持续发展教育，使学生能够正确认识人的行为与环境保护的关系。

2. 活动器材

英特尔 E07EI1 学生电脑	PASCO 2109 声级传感器
Intel®Mobile Celeron® Processor 900 MHz 芯片 Intel® 915GMS 内存 512M	量程 30 dB-110 dB 精度 ±2 dB(97 dB 1000Hz) 分辨率 0.1dB

3. 活动过程和步骤

［活动1］　了解声音：2 月 23 日～27 日

（1）通过"如何才能发出声音"的小实验，让学生对声音有感性认识。

（2）通过声音传感器，让学生对音量、音频、音色等声音的基本概念有更加科学的认识。

（3）使学生在观察、实验、讨论的过程中，对研究声音产生兴趣，为下一步噪音的研究做好准备。

［活动2］　了解噪音：3 月 2 日～6 日

（1）首先让学生从自身经验出发，谈谈对噪音的感受，从上次课声音的研究过渡到噪声的知识。

（2）让学生通过资料收集的方法，自主学习有关噪音的知识。

（3）让学生了解到噪声的危害后，再引导学生思考如何找到噪音，消除噪音，这样使学生真正感受到实践活动的意义。

[活动 3] **声音传感器的使用**：3 月 9 日～20 日

(1)学生对声音传感器相对比较陌生，首先要让学生理解什么是传感器，什么是声音传感。

(2)声音传感器的操作步骤较多，对于初次使用的学生可能会有一定困难，指导记录操作步骤，按顺序练习声音传感器的操作。

(3)让学生多动手练习测量，熟练掌握声音传感器的使用，找到操作过程中应注意的事项和有可能出现的问题。

[活动 4] **了解学校噪声问题**：3 月 23 日～4 月 3 日

(1)引导学生把问题聚焦到自己的身边，让学生练习通过访谈的方法收集信息。

(2)引导学生对产生现象的原因进行思考，而不是对某个人的批判。

(3)鼓励学生确定自己的研究问题，为下一步调查研究做好准备。

[活动 5] **寻找校园中的噪音**：4 月

(1)测量活动以 3～4 人的小组为单位进行，并鼓励组员之间、小组之间进行分工合作，比如不同的同学、不同的小组分别测量不同地点，最后大家数据共享。

(2)要向学生强调保证数据的真实性，和及时准确记录数据的重要性。

(3)电子表格可以根据学生的信息技术水平允许用 Word 或 Excel 来制作，在制作之前对学生的调查表格设计进行必要的指导。

[活动 6] **分析测量数据**：5 月

(1)指导学生使用 Excel 对调查数据进行统计分析。

(2)通过统计分析的过程引导学生找出学校声音环境的现状，培养学生的科学精神。

(3)统计分析不仅是要得出结论，还要引导学生对调查过程进行反思。

[活动 7] **调查结果汇报与宣传**：6 月

(1)宣传活动和讲演活动都可以以小组为单位进行，并鼓励学生相互合作，发挥各自的特长。

(2)宣传活动和讲演活动应鼓励学生综合利用前面活动过程中所积累下来的照片、电子表格、设计的静音标志等各种资料。

(3)宣传和讲演活动不要仅仅停留在环保理念的宣传上，要提示学生发出倡议，为同学指明具体的行为准则，同时自己更要以实际行动做出榜样。

4. 活动中遇到的困难与挑战

(1)学生对于声音及噪音的相关知识储备有限。与科学老师和科学课相结合，为学生补充相关科学知识和概念。

（2）实验仪器的取得。声音传感器属于较高级的实验设备，学校实验室中并没有配备，通过学校与家长资源得到了英特尔公司和 PASCO 公司的大力支持。

（3）活动时间的选择。由于要测量上操、课间、上课时等不同时间段的声音数据，所以要与学生、班主任老师和学校协调，灵活安排活动学生的测量时间。

学生活动报告

（一）学生活动成果及呈现

1. 实验数据采集

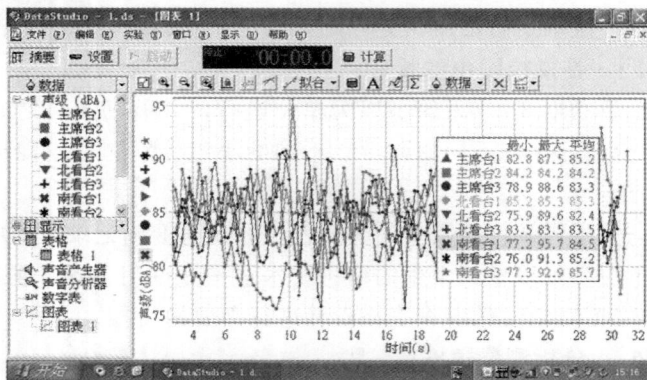

2. 学校噪音情况调查统计（Excel 统计图表）

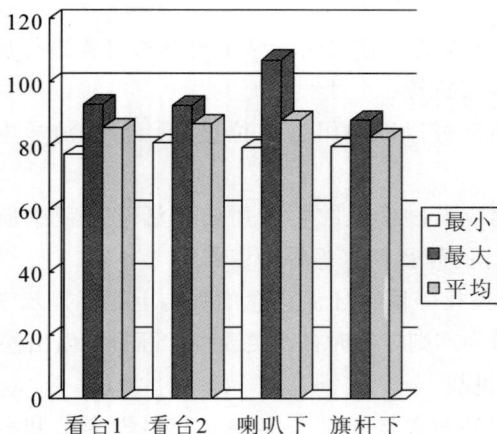

这是我们上操时做的调查，分别在这四个地方测了分贝。其中，最大的分贝（喇叭下）已经达到了 106.5 分贝，平均值最高达了 88.2 分贝，音量超出了额定标准，对喇叭旁边的同学的听力，造成了不小的影响。

课间统计噪音大小

这是我们午休吃饭时间在五(2)班和四(8)班测到的数据，其中最高分贝值达到了 103.31。可见，同学们也有时候控制不住自己，发出大的声音。这既影响了同学，又影响了在办公室判作业和休息的老师。

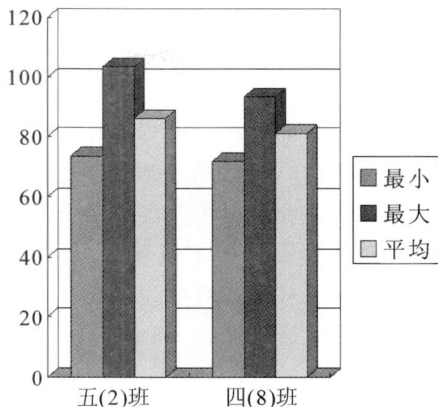

3. 静音标志（word 绘图工具）

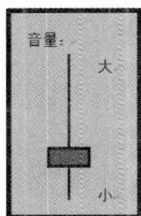

标志放在教室里，提醒同学们控制说话的声音。

4. 环保宣传海报（电脑绘画或手绘海报）

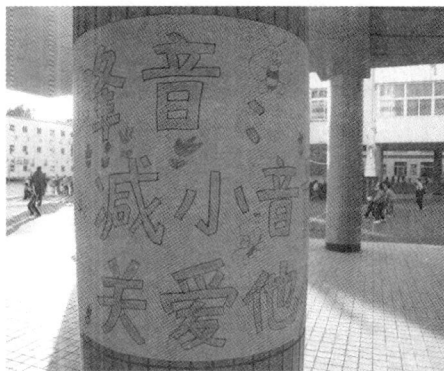

（二）活动效果的分析与反思

技术素养方面，100％的学生使用了求知计划课程中学到的图形和字处理，电子表格，多媒体技能，且大部分小组都能对所学技能进行综合运用；合作能力方面，在小组活动中学生能够主动进行分工合作，从学生的活动反思中可以看到学生体会到了合作的乐趣；情感态度方面，学生通过活动改进了自己的文明行为，"学会说话，学会走路"也成了学校德育教育的一个突出方面。

在整个"寻找学校里的噪音"的活动过程中，学生们始终保持了较高的活动热情，主题教育活动取得了很好的效果。学生通过观察自己身边的生活，发现问题，然后利用求知计划课程、综合实践课、活动课和课余时间开展探究创新活动，以主人翁的姿态倡导建设良好的校园环境。学生在活动过程中提高了信息技术素养、人际交往能力、合作能力、批判性思维、创新意识和环保意识，对学生的行为习惯培养和建设健康绿色的校园环境起到了很大的促进作用。

2009 年铜陵天文观测

设计教师：海淀区中关村一小　王　琰

教师指导学生活动的设计

（一）基本设想

2009 年 7 月 22 日，中国将出现 500 年一遇的日全食奇观。根据预报，这次日食是自 1814 年至 2309 年这近 500 年间，在中国境内全食持续时间最长的一次，最长可达到近 6 分钟之久。我国西藏、四川、云南、重庆、湖北、河南、湖南、安徽、江西、江苏、浙江 11 个省市自治区的部分地区将能观赏到日全食。日全食过程分五个阶段，即初亏、食既、食甚、生光和复圆。日食从初亏到复圆（全食终时刻减去全食始时刻是全食持续时间）历时两个多小时，但是最精彩的全食持续时间却很短。

我们选择哪里作为观测和拍摄地点呢？

铜陵地区 7 月份晴多雨少，而且交通条件便利，是此次日全食最佳观测点之一。中国科学院国家天文台二部主任、中科院天文科普网络委员会秘书长汪克敏带头参加此次观测活动，精心准备日全食的观测和科普活动——"铜都鉴日"摄影活动。我们中关村一小地处中关村科技园区腹地，充分利用中科院这个得天独厚的资源开展社会大课堂活动，积极参与了 2009 年日全食观测科普活动。

1. 装备计划

姓名	观测设备及用具	生活用品	常用药品
王海娜	Ed—80 望远镜	洗漱用品、毛巾、肥皂、长衣裤、湿纸巾、遮阳帽、驱蚊器等	感冒药、腹泻药、创可贴、防暑药、退烧药、消炎药等

姓名	观测设备及用具	生活用品	常用药品
孙楚德	佳能 30D 照相机、快门线、三脚架	洗漱用品、毛巾、肥皂、长衣裤、湿纸巾、遮阳帽、驱蚊器等	感冒药、腹泻药、创可贴、防暑药、退烧药、消炎药等
陈重斌	充电器、自制小孔成像装置、三脚架、相机	北京观测日偏食	北京观测日偏食
王屹洋	星图、手电筒、指星笔、电池	洗漱用品、毛巾、肥皂、长衣裤、湿纸巾、遮阳帽、驱蚊器等	感冒药、腹泻药、创可贴、防暑药、退烧药、消炎药等

2. 日全食观测计划

距离食甚分：秒	北京时间	操作	拍摄内容
一、初亏阶段			
1：09：09	8：00：00	检查项目：三脚架尽可能张开，以求稳定，相机固定好	
−0：59：41	8：18：49	检查设置：ISO100，1/500，raw，拍两张	初亏时间
−0：49：41	8：18：49	1/640 一张	注意调焦
−0：39：41	8：28：49	1/800 一张	
−0：29：41	8：38：49	1/1250 一张	
−0：19：41	8：48：49	1/1000 一张	
−0：09：41	8：58：49	1/1250 一张	
−0：05：41	9：05：00	1/1000 一张	最多 10 张
二、食既阶段			
−5：00	9：24：47	检查设置：ISO100，1/1250s（1/4000），raw，单张拍摄、手动M门	
		检查太阳在中间位置	
		检查快门线：固定，试拍	

距离食甚分：秒	北京时间	操作	拍摄内容
		检查三脚架：垂直锁紧	
		检查备用 CF 卡位置	
−1：30		拍摄一张	
−1：00		开始倒计时	
−0：30		拍摄	
−0：20	9：28：15	1. 检查位置：略偏上，偏左小半个直径（1 分钟移动量） 2. 观察约剩 60 度弧，锁紧水平，去减光膜、试拍	还剩二十秒，去减光膜
−0：02	9：29：45	ISO100、1/1250（1/4000）、手拍多张，不停地按	贝利珠（运气）
	9：29：47		食既时间
三、食甚阶段			
0：00	9：32：39	在取景器中观察日面，在视场中间	食甚时间
0：10		ISO100、调整快门 1/1250−1/100（1/4000−1 秒）各一张	日珥、内冕、外冕
		ISO100、调整快门 1/100−1/1600 各一张	日珥、内冕、外冕
		提醒：注意日冕形状，酌情调整相机角度，确认太阳在视场中间	
四、生光阶段——准备第二次拍贝利珠			
差 20 秒时准备拍贝利珠	9：35：10	ISO100、1/1600（1/4000 秒）快速调整到高速连拍差 2 秒时按快门	贝利珠（运气）
	9：35：31		生光时间
	9：35：35	加减光膜	
	9：45：35	拍摄	
	9：55：35	拍摄	

距离食甚分：秒	北京时间	操作	拍摄内容
	10：15：35	拍摄	
	10：25：35	拍摄	
	10：35：35	拍摄	
	10：47：35	检查太阳在视场正中	
复圆时间	10：53：46	拍摄	复圆时间
		拍摄平场，收工	

2. 实操演练

学生在实拍日全食之前，重要一点就是调节望远镜的焦距，使照片拍得很实不虚。学生要严格按照指定的观测时刻计划，采用不同曝光时间一遍一遍地拍摄太阳，对比照片进行调试。指导教师时刻提醒学生操作步骤，检查、监督学生不能取下遮光罩观测太阳和拍摄。

3. 实地观测和拍摄

(1)选择观测场地：开阔、无高大建筑遮挡、地面平坦。

(2)做好观测前的准备：安装望远镜，调试焦距；目镜接口固定照相机。试拍几张再次调试焦距。

(3)日全食开始，按照制订的观测计划进行实拍。

虽然那天铜陵的天公并不作美，无不有些遗憾，不过师生们依然收获多多，传看那并不算成功的照片，交流着自己的体会⋯⋯

学生活动报告

学生论文

日食的观测及其规律

六年级(8)班　陈重斌

[摘要]　本文描述了 2009 年 7 月 22 日在北京观测日食的经过，包括观测设备——小孔成像仪的制作，以及详细的观测过程，给出了一组日食观测图片，并根据观测图片分析了月亮当时的运行轨迹。最后通过近 100 余年的日食数据，结合沙罗周期和中国的农历，给出了一个预测日食发生的方法，此种方法的预测准确率为 3‰ 左右，并预测了 2010 年～2017 年的

日食发生情况。

[关键词] 日食 小孔成像仪 沙罗周

2009 年 7 月 22 日上午发生了一次百年难遇的日食，我国长江流域的大部分地区都能看到这次持续数分钟的日全食，北京虽然不在全食带上，但是可以看到一次时分超过 70％的日偏食，非常难得。我在北京进行了日偏食的观测。

"小孔成像仪"

天文馆推荐的日食观测方法有：专用观测镜法、小孔成像法、望远镜投影观测法等。我早早就买了太阳观测眼镜和太阳观测滤光片，并且自己动手做了一个"小孔成像仪"。

这个"小孔成像仪"的主体是利用一个长约 70 厘米的塑料长筒制成（一个火箭筒玩具），为了更好地遮挡住太阳光，塑料长筒外面又包裹一层黑纸。我又找到一个长纸筒，按照它的直径用硬纸板剪出一个圆板，在圆板上用针扎出一个直径约 0.5 毫米的孔，然后将圆板固定在长纸筒的一端，接着将这个纸筒固定在塑料长筒的前端。纸筒和塑料长筒之间还有一些缝隙，我又在塑料长筒和纸筒之间增加了几层纸，纸筒就可以随意伸缩了。最后在塑料长筒的后端贴上一张半透明纸，"小孔成像仪"第一代就做好了。

我首先在阳台上试观测。好不容易找到了太阳，可照相机固定不好，不能拍照。于是我又用一个和相机镜头差不多宽的纸筒粘在透明纸后面，照相机就可以固定了，而且由于在透明纸前面加了一个纸筒，太阳的成像更加清晰了。

我开始了第二次试观测。因太阳位置很高，必须举着"小孔成像仪"进行观测，而且找到太阳后无法固定，我于是把塑料长筒用塑料绳绑在一个三脚架上，"小孔成像仪"就可以调整方向并且可以固定了（图 1）。

285

图 1 "小孔成像仪"

图 2 试观测太阳图片

小学篇

现在我开始到外面去试观测。我带好"小孔成像仪"、相机到公园，在一个乒乓球台上支好三脚架。先用太阳眼镜看好太阳的位置，然后用"小孔成像仪"对准太阳。先把长筒随意调整，看到光芒就顺着光芒走，最后找到太阳就固定住"小孔成像仪"，再拿相机去拍照（图2）。我还可以去调整前面的纸筒，我发现：纸筒越往前，成像就越大，纸筒越往后，成像就越小，就越清楚。

北京7月22日　　　日偏食的观测

根据国家天文台测算的时间，7月22日北京的初亏时间为上午8点25分，食甚时间为9点32分，复圆时间为10点44分。

7月22日，我一早就起床了，早晨的天气还可以，可以看见太阳。我早早来到事先选好的观测地点——中关村广场，走到中间开阔的平台上，那里大约有50米高，视线正好可以越过对面的楼房。我支好"小孔成像仪"，准备观测。这时，云层越来越厚，太阳总是躲到云里不出来。我用"小孔成像仪"试着看了一下，目镜里黑乎乎的，什么也看不见。我又用太阳观测眼镜看了一下，也是什么都看不到。我决定直接用相机拍照。这时，平台上已经聚了很多人，大家都想看一下这百年难遇的日食。时间一分一秒地过去了，但是太阳还是不肯露出脸来。8：19，太阳闪现了一下，我拍到了第一张照片，此时太阳还没有残缺。8：25，初亏应该已经开始了，但是太阳仍旧躲在云层里不出来，大家都有些失望了。就在这时，8：29，太阳突然又闪现了一下，我马上拿起相机抓拍了一张，由于云层太厚，拍摄的效果不好（图3），但是可以看出太阳右上角已经有一点残缺了。此后，乌云一直遮挡着太阳，人们都为不能看到日偏食而扫兴。天渐渐变黑了，像晚上六七点钟的天色。马路上的车也都开启了车灯，很多设施也开启了照明系统，我推测已经到了食甚。我仰着头盯着太阳可能出现的地方，把相机调整好，随时等待拍摄。十分钟过去了，二十分钟过去了，太阳还是没有出来。平台上观测的人们渐渐地散去了。我一度也想要放弃了，但是我想这是百年难遇的好机会，一定不要给自己留下遗憾，而且离日食结束还有很长时间，我一定要坚持。时间慢慢地流逝，9：19，我突然看见了一束亮光，太阳终于出来了，我赶紧抓拍了一张，还没等我抓拍第二张，太阳就又被乌云遮挡住了，天上只剩下一团发光的云雾。平台上人们都兴奋起来，没有看到的人争先恐后地来看我拍的照片。我发现图片上的太阳只剩下了40%，而且还有一部分被乌云遮住了，看起来像一个小蜡烛的火焰。9：35，太阳又出来了。它像一个月牙，右面缺少了约70%，此时差不多已是食甚。此后，太阳出现的频率变多了，每次持续的时间也比较长了。9：44，太阳渐渐变大了，到了9：53，只有右下方缺少约

50％。10：12，太阳又变得像平常一样光彩夺目，让人不敢用肉眼直接观看，这时的太阳只是下面缺少了约20％。10：19，我拍到此次日食最后一张照片。10：44左右，日偏食结束，不过非常遗憾此时太阳仍旧在云里没有出来。

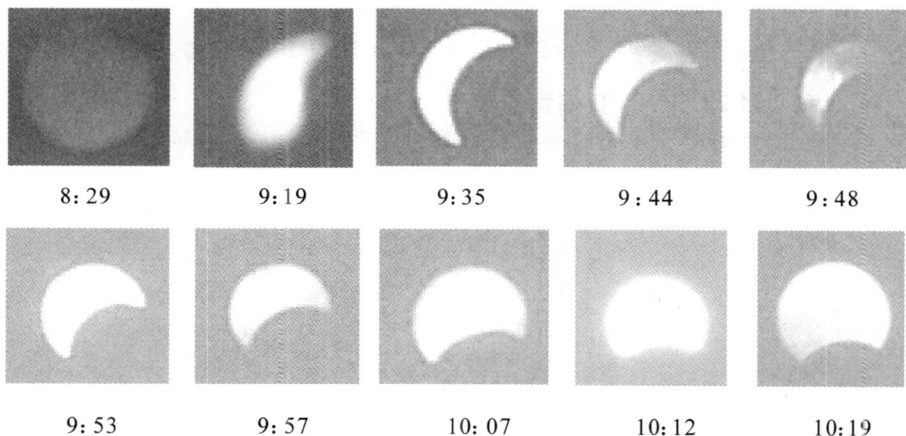

| 8：29 | 9：19 | 9：35 | 9：44 | 9：48 |
| 9：53 | 9：57 | 10：07 | 10：12 | 10：19 |

图3 北京日偏食的观测照片

通过对观测图片进行分析，得到日食时太阳与月亮的方位示意图（图4），图中红色的圆盘表示太阳，黑色的圆盘表示月亮。从图中可以看出月亮以很快的速度在移动着。通过观察8：29与9：19两个图片中月球的位置，可以看出月球此时是向太阳的左下方运动，而观察9：19到10：19的图片，可以看出月球又向着太阳的右下方运动，这两个运动轨迹连接起来可以大致看出月球是沿着一个椭圆的轨道绕地球旋转。

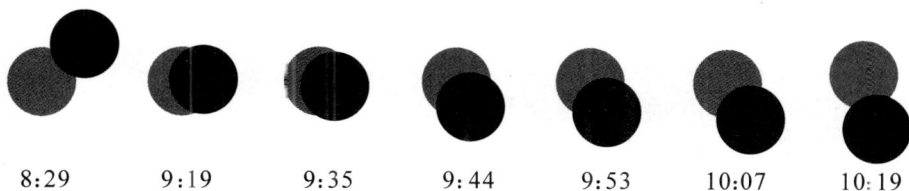

| 8：29 | 9：19 | 9：35 | 9：44 | 9：53 | 10：07 | 10：19 |

图4 日食时太阳与月亮的方位示意图

日食的规律

日食的形成是因为月球运行到太阳、地球之间而遮住了太阳[1][2][3]。人们发现日食的出现具有周期性，例如：古代巴比伦人发现的"沙罗周期"为223个朔望月，相当于18年零11日或18年零10日。

我从网上查到了20世纪的所有日食发生的日期[4]，打算验证一下沙罗周期。为此，我先对数据进行整理。首先把时间间隔接近沙罗周期的所有

小学篇

日期放在一行，称为一个沙罗序列；然后计算一行中相邻的两次日食的具体时差，记录在相邻的两个日食时间之间，形成一张表，见附表1。整张表制作完成以后，我发现时差有时为18年零10天，有时零11天，有时又零12天，我很奇怪，难道是我算错了？我还发现：间隔为18年零10天的两个日食之间总有5个闰年，18年零11天的有4个闰年。这个比较好理解，5个闰年比4个闰年多一天，所以有10天和11天的分别。可我又发现，间隔为18年零11天的两个日食之间有时也有5个闰年（如1902.05.07与1920.11.20），到底怎么回事呢？我冥思苦想了几个晚上，把数据一个个重新计算一遍，还是百思不得其解。

一天晚上我忽然想起文献里说日食都是发生在朔日（农历初一）[2][3][4]，为什么不查一下农历呢？不查不知道，一查就发现了一个奇异的规律，首先日食不仅在初一发生，三十也有，时间间隔为18年零12天的日食都是发生在农历三十的；并且几乎所有发生在三十的日食的下一次日食时间都比用沙罗周期预测的多1天（在附表1中发生在三十的日食都用下划线标志出来）。我猜测可能是因为发生在三十的日食大多发生在三十与初一之间，所以会多出1天吧。于是我总结了一个结合沙罗周期和中国农历的日食预测方法：

（1）根据某一次日食发生的时间推算出在未来的18年中有几个闰月，如果此次日食发生在闰年的3月至闰年的下一年，则会有4个闰月，发生在其他时间则有5个闰月。

（2）如果有5个闰月则在此次日食的时间上加18年零10天，如果有4个闰月则加18年零11天。

（3）如果此次日食发生在农历三十，还需要在刚才的计算结果上再加1天。

通过对1901年至2009年的日食情况进行分析，这种方法只出现5次预测不准确的情况，预测准确律为3‰左右。我试着预测了2010年～2017年的日食发生情况，见附表1的最后一列，第2行就是2010年1月15日的日食。这次日食的前一次的时间为1992年1月4日，1992年是闰年，日期是1月4日，马上就有一次闰月，18年中应当有5个闰月，所以应当加18年零10天，1992年1月4日是农历的三十，还要再加1天就是18年零11天，正好是2010年1月15日。

结论

通过这次日食的观测和对日食规律的分析，我觉得从事天文工作不仅需要耐心和毅力，还需要细心和大量的知识。

参考文献

[1]维基百科．日食[EB/OL]．http：//zh. wikipedia. org/zh－cn/日食．

[2]百度百科．日食[EB/OL]．http：//baike. baidu. com/view/5499. htm.

[3]贾荷陵．简明天文学．山东：山东人民出版社，2005：125～13

[4]维基百科．20 世纪日食列表[EB/OL]．http：//zh. wikipedia. org/zh－cn/20 世纪日食列表．

小学篇

探寻古城文化的影子

——走进北京孔庙与国子监

设计教师：朝阳区呼家楼中心小学　秦翠华

教师指导学生活动的设计

（一）整体活动简介

290

北京孔庙和国子监位于北京市东城区国子监街 13—15 号，始建于元代，合于"左庙右学"的古制，分别作为皇帝祭祀孔子的场所和中央最高学府。两组建筑群都采取沿中轴线而建，左右孔庙和国子监博物馆对称的中国传统建筑方式，组成了一套完整、宏伟、壮丽的古代建筑群，而古建筑本身也以其特有的方式记录和见证着古城北京作为政治、文化中心的历史，是学生们知北京、爱家乡的突破口。此外"炎黄传承"中华传统文化与建筑的研究是呼家楼中心小学的校本特色。因此我带领呼家楼中心小学五年级四班的全体学生参观了北京孔庙与国子监。参观之前我五进北京孔庙与国子监，深入资源单位，了解古建的具体情况完成自我充电学习，并与各学科老师沟通研究主题。学生通过调查思考预定下自己的研究课题：张黛玉、朱洺佳《角兽与文化中心的关系研究》，朱邵杰：《门钉与古城地位的研究》等等。并为活动结束后全校的北极科学考察讲座做准备。参观过程中我们围绕课题展开深一步的探究，查阅古建筑资料，请教古建专家与讲解员老师，讨论科学考察过程中学到的知识并对参观回来之后的讲座主题和内容框架进行磨合讨论。参观结束后我和学生撰写研究报考，并在讲座结束后举办了全年级参观作品展。

孔庙前小组参观合影

门钉文化个人考察照片

(二)学生活动方案

社会是学生学习的大课堂，如何巧妙利用社会资源为学生探究知识搭建桥梁是这次北京孔庙与国子监参观、探究学习活动中最值得思考的任务。于是我尝试做了以下几项工作。

1. 参观、探究预备阶段

我为学生设计了几个主题任务：参观前的"古建筑我知道"交流活动——指导学生提前查阅书籍，初步了解古建筑知识；参观过程中的寻宝行动——利用寻宝图完成指定任务，即教师有目的推荐参观地点，使全体学生对孔庙与国子监有整体感知；参观后作品集编写工作——出发前我们为学生布置了作业，要利用自己喜欢的方式记录自己的参观过程和收获，回来后完成课题小论文，最终出版一部我眼里的孔庙与国子监的作品文集。

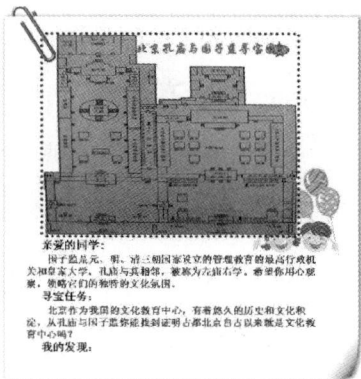

2. 参观、探究阶段

参观期间我督促学生用自己喜欢的方式记录参观过程和收获，并指导学生摄影及拍摄 DV，协助学生采样。

3. 参观、探究总结

学生返回后开始对自己探究收获进行分析，撰写论文，整理资料、照片，我组织学生编写作品集。另外我们于 10 月 15 日在五年级组举行了"我眼里的孔庙与国子监"的交流讲座，张黛玉、朱洺佳：《我眼里的角兽》；朱洺佳：《小朱眼里的门钉》等等。这些所见所感都是课堂上、教科书中不能传达出的。我想，这正是社会教给学生的知识，也是学生最愿意上、最有效的一节实践课程。

学生活动报告

(一)研究报告

角兽与古城文化的研究报告

五(4)班　朱洺佳　张黛玉

一、问题的提出

北京作为一座有着 3000 多年建城史的古城，自元建都以来就是全国的政治、文化、交流中心，这是书上和老师们常说的结论，首都作为政治和交流中心我们是认同的，但是从哪能看出它在那时已经是文化中心呢？

二、研究目的

我们想通过对孔庙与国子监大成殿飞檐上角兽的研究，找到古城北京在元朝已经成为全国的文化中心的证据，使同学们更了解我们的家乡北京，为自己是一名北京的小市民而自豪。

三、研究方法

孔庙与国子监参观、调查法、访谈法、查阅资料法。

四、研究时间

2009 年 10 月至 2010 年 3 月

五、研究过程

1. 搜集了解角兽的相关知识

在古建筑的屋角上我们都会看到一些排列有序的角兽。一般来说，屋脊上的角兽顺序是：（此内容选自：http：//bbs. wxlxg. com/viewthread. php? tid＝224、《图说中国古建》）

（1）骑凤仙人：相传正在走投无路之际，天降一只凤凰驮着齐闵王渡过了济水。骑凤仙人被安置在飞檐的最前端，就是寄托着天不绝人、遇难呈祥的意思。

（2）龙：龙是水族之王，是所有江河湖海的总管，能够震慑火灾，也是皇权的象征。

（3）凤：雄者为凤，雌者为凰，凤凰是百鸟之王，也是龙的伴侣。古人说是明君在位，有凤来仪。

（4）狮：狮是百兽之王，又是宗教里的"护法"，神佛的坐骑，因其威武勇猛，用来镇守宫殿。古建筑常在门前摆放石狮，其实就是高档的"看门狗"。

（5）海马：本意是来自海外的马，而不是来自海里的马，例如来自海外的辣椒、石榴、葱头，旧称"海椒"、"海榴"和"洋葱"。海马、苜蓿、葡萄，都是帝国强盛、远人慑服的象征，所以在汉代常用于器物装饰纹样，例如"海马葡萄"铜镜。现存北海团城的元代"渎山大玉海"酒瓮，也雕琢着出没于波涛的海马。

（6）天马：粗看与海马相似，细看多出一对翅膀。《史记》记述，汉武帝用《易经》卜卦，说是"神马当从西北来"，在获得乌孙国的宝马以后，命名为"天马"。

（7）狻猊：相传是比狮子还要凶猛的巨狮。《聊斋志异·象》里说，就连大象见了狻猊，都会吓得匍匐在地，任其选择肉肥的来吃。狻猊貌似狮子，其实就是超级的大型"看门狗"。

（8）押鱼：《辞海》解释，"押"有"执掌"之意。押鱼是执掌水族鱼类的统领。细看飞檐上的押鱼，遍体鳞甲，还有鱼尾呢。

（9）獬豸：是善于辨别忠奸的神羊，见到有人争斗，就会用角去觝击无理的一方，所以清代都察院里的监察御史，官服的"补子"上边绣着獬豸图案。

（10）斗牛：读音"抖牛"，是遍体鳞甲，牛头龙身的水怪。明代蒋一葵《长安客话》说，嘉靖年间，皇宫西苑的太液池里出现了斗牛，每逢阴雨天，就蜿蜒盘踞在金鳌玉蝀大桥上吓人。

（11）行什：读音是排行第十的"航十"，是一个后背长着翅膀的神猴，手里还拿着棒子，头上也戴着金箍，很像是孙悟空的形象。

2. 实地参观考查

参观过程中重点了解孔庙大成殿上的角兽，数一数并拍照留作资料。并请讲解员叔叔介绍大戎殿与角兽。

3. 对比分析

将大成殿上的角兽与故宫太和殿上的角兽进行对比研究。

故宫太和殿上的角兽　　　　　　　　孔庙大成殿上的角兽

六、研究结论和感受

在北京孔庙，我们小组重点观察了解大成殿房脊上的角兽，我们学会了从古建筑实物上提取信息以及同类事物对比的方法，同时在同组同学的相互支持与配合下，研究得出如下结论：

故宫太和殿房脊上共十个角兽，在最后增加了一个行什。数目越多，表示级别越高。拿故宫来说，太和殿用了十个，天下无二；皇帝居住和处理日常政务的乾清宫，地位仅次于太和殿，用九个；坤宁宫原是皇后的寝宫，用七个；妃嫔居住的东西六宫，用五个；某些配殿，用三个甚至一个。古代统治阶级是非常重视以建筑本身来区分等级地位。而北京孔庙大成殿自元初始房脊角兽即为九个，仅次于太和殿，足以证明统治者（皇帝）对孔子的尊重，而孔子又是儒家教育的代表，所以可见统治者对教育的重视。同时将孔庙建在北京皇城内，足以见北京在当时已经成为教育文化中心。

七、其他

回到学校后，我们与秦老师共同举行了"我眼里的孔庙与国子监"的讲坛，与同学进行了交流。

附件 1：

在带着任务实地参观和课上梳理深入思考后，学生们自己撰定的《我眼中的孔庙与国子监》文集。

我们眼中的孔庙与国子监

(二)学生的感受与体会

游国子监的感受

季萱菁

今年我去了国子监，这次国子监一游我受益匪浅，我刚一进大门就有一股文学气息扑鼻而来。国子监给我留下的第一印象就是外圈的柱子和琉璃是黑的，这使我很纳闷？

我相信你的想法与我一样，一般的古建筑用的是黄琉璃、红柱子，何况是充满文学气息的有许多才子的国子监呢？别急，咱们再看一下？怎么中间的这个又大又宏伟的建筑物的柱子是红的琉璃也是黄的呢？

于是我带着这个问题来到了建筑物面前，一看建筑物的名字叫"辟雍"，我长叹："噢……"我迫不及待走进了大殿，只见金碧辉煌的宝座展现在我的面前，我目瞪口呆真想坐上去试试，再抬头一看"雅涵於乐"四个大字映在我眼前。我心想这么宏伟的建筑一定有不平凡的人在里面办公，于是我带这个问题向旁边的讲解员阿姨迷惑不解地问："阿姨，这是谁办公的地方？"阿姨和蔼可亲地说："是皇帝讲课的地方。"我仔细地观察了那里的布局，真是不同凡响呀！不愧是皇帝讲课的地方。我又发现了一幅画，这幅画很壮观，我看了它旁边的注解后明白了，这是一幅表现当时皇帝祭祀孔子的盛大场面的画卷。看完后，我们又参观了原来考状元的场地。

古代的考场是一个个小方格子，这小格子只能容纳一个人，考生们要

295

在这里连考三天，考试期间不能出去，所以他们的吃喝拉撒也都要在这个小格里。

今天的行程要结束了，就像我前面所说，我学到了许多知识，同时也在提醒我要认真学习，古代的考生在艰苦的环境下还在刻苦学习。现在学习环境是那么好，我们一定要珍惜，好好学习。不光这一点，通过这次参观我也了解了我们的祖先是那么的聪明才智，建筑出如此雄伟的建筑。我们一定要向他们学习。

国子监一游

张晓雷

在一个假日里，我和妈妈来到了我盼望已久的国子监。一进入国子监，给我的第一印象是高大、雄伟。我进入国子监第一个看见的就是辟雍大殿，辟雍大殿是给古代监生们讲学的地方，是我国的第一学府。

刚一进入殿内，我第一眼见着的就是巨大的龙椅。龙椅非常大，有五张课桌那么大。听说龙椅是让皇上坐的，而且皇上还是这里上课的老师呢！

出了大殿后，我又走向了边上的小房子。原来，这些小房子是监生学习和休息的地方。我仔细一看，监生们的书桌和床是两块木板，一块在上一块在下，这样就是一个小小的写字台。床是两块木板合在一起。当时恐怕能有这样一张床，监生们都会感觉很知足了。可对于今天的我们来说，这就太简单了，躺在上面简直可以用痛苦来形容，难怪姥姥总说我是身在福中不知福呢！有了今天的好条件，我一定要好好学习！

我对国子监的知识很感兴趣，我喜欢国子监。

趣访国子监

董婧怡

一月里的一天，我和妈妈一起去了国子监游玩，给我留下印象最深的两处就是辟雍大殿前的小神兽和辟雍大殿。

这个小神兽就是螯。传说龙生九子，螯就是九子之一。相传螯龙头鱼尾，专门保佑读书人，让他们学业有成。国子监中的螯只能让状元（据说是古代科举考试中的第一名）踏上，有独占螯头的意思。传说中的文曲星就是站在螯头上的，右手持笔（喻义魁星点斗），左手持乌纱帽（喻步步高升）。

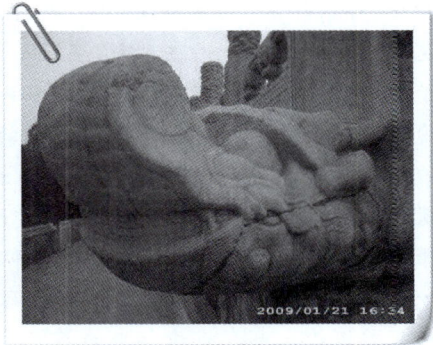

辟雍大殿让我最感兴趣的还是殿内为何没有柱子。听导游说，相传在乾隆年间，皇帝准备大兴土木建造辟雍大殿。派刘墉去设计，刘墉交上设计的图纸，乾隆皇帝看了以后很不满意，他嫌殿内的四根柱子在讲学时会遮挡了他的视线。聪明的和珅看出了皇帝的心思，便把四根柱子除去，在四个角建上角梁起支撑作用。皇上看了后非常高兴。据说光这一项就节省了近十万两黄金。

真是不虚此行。这一圈走下来，我明白了很多道理。原来国子监中的一草一木都会讲故事，太奇妙了。

"孔庙——国子监"游记

黎寅达

在一个阳光明媚的周末，我来到了北京孔庙和国子监博物馆。当时我对北京孔庙——国子监并不是很了解，但是它的名声很大，是学子不能不去的地方，所以我想看看古代北京的最高学府到底是什么样子的？在这里曾经发生了什么事情？那时的高等学府跟现在有什么区别？带着这些问题，我走进了北京孔庙和国子监。

北京国子监始建于元朝十年（公元1306年），是我国元、明、清三代国家设立的管理教育的最高学府。辟雍是国子监的中心建筑，是北京"六大宫殿"之一。国子监辟雍建于清乾隆四十九年（公元1784年），是我国现存唯一的古代"学堂"，是皇帝临雍讲学的场所。古人称之为"天子之学"。其建筑风格独特，为重檐黄琉璃瓦攒尖顶的方形殿宇。外圆内方，寓意天地方圆，传承不息；园池碧水环绕其间，四座石桥能达到辟雍四门，奇妙地构成"辟雍泮水"的建筑格局。殿内设置龙椅、龙屏等皇家器具，供皇帝"临雍"讲学之用。国子监二门内大型琉璃牌坊是北京唯一一座专门为教育而设立的牌坊，正反两面横额均为皇帝题写，是中国古代崇文重教的象征。走在辟雍大殿里，我仿佛看见在给监生讲学的样子，谆谆教导，谈笑风生；也仿佛看见监生们在讨论问题的样子，窃窃私语，频频点头；还仿佛看到监生在有礼貌地向老师问问题的样子；小心翼翼，恭恭敬敬……走在里面，感觉到当时那种忙碌的气氛，还感觉到自己泡在知识的海洋，旁边的人都在讨论各自的学问。

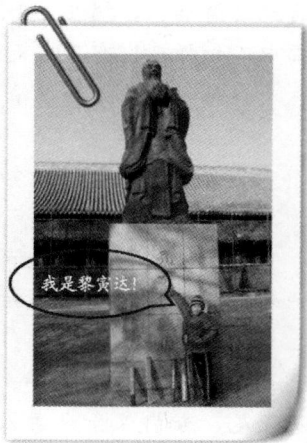

我是黎寅达！

孔庙里的大成殿让我印象最深，尤其是那屋檐上的角兽。角兽是代表当时这个建筑的级别，而大成殿的角兽有9只，可想而知大成殿的地位，相当于皇家级别。还有那黄色的琉璃瓦，让我感觉到了它的那种气派，那种辉煌。圣人孔子对中国文化和社会的影响正像这座不朽的建筑一样永远让我们华夏子孙顶礼膜拜！站在孔子像下，我感觉自己是多么的渺小，我仿佛在细细聆听着这位中国历史上第一老师的教诲："'己所不欲，勿施于人。''吾日三省吾身：为人谋而不忠乎？与朋友交而下信乎？传不习乎？''敏而好学，不耻下问，''知之者不如好之者，好之者不如乐之者，''温故而知新，可以为师矣。''学而不思则罔，思而不学则殆。''有朋自远方来，不亦乐乎？'……"

孔庙里还有一口奇特的井，在当时是用来取水涮毛笔的。据说，那些监生们用它涮笔，就会感觉自己才思敏捷，下笔如有神，写出很多传世佳作来！传说里马良的那支神笔，会不会也在这里涮洗过，才会如此神奇呢？

北京孔庙国子监还有很多很多趣事，很多很多令我们遐想的地方。我要铭记圣人孔子的教诲，发扬他的儒家精神，成为祖国的栋梁之才，建设祖国，告慰祖先！

我看孔庙之进士提名碑

刘柯岑

孔庙内先师门两侧，是元、明、清三代进士题名碑，共198块，刻有51624名进士姓名、籍贯和名次，元碑现存三块，原有九块，其中六块被明代磨去字迹刻上当朝进士姓名。

孔庙进士题名碑

紫禁风高霜满天，秋空极目入寒烟。
殿堂隐隐金龙舞，宫树悠悠玉凤旋。
进二名碑传后世，能臣功绩胜前贤。
江山代有栋梁出，各领风骚数百年。

孔庙内的题名碑是元代皇庆二年(1313)开科取士后建立的。进士题名于碑上，借以显宗耀祖。明代又往往把元代碑的刻名磨去，刻上明代进士的姓名，故元代题名碑已不多见，仅有的3座是康熙年间国子监祭酒(校长)吴苑掘地时发现的。明代科考除洪武年至十五年停考10年外，永乐十四年(1416)至崇祯十六年(1643)，共有77通进士题名碑矗立于院内。张居正、于谦、徐光启、潘季驯、严嵩等著名历史人物的名字均镌刻于其中。清代科举大体仿明，自顺治三年(1646)至光绪三十年(1904)，共有118通进士题名碑矗立于院内，刘墉、纪昀、林则徐、翁同和、康有为以及洋务派领袖曾国藩、李鸿章等历史人物的名字均刻于其中。

题名碑当中还有一座特殊的碑，那就是末科题名碑。清道光以后，科举日趋衰落，到光绪三十年(1904)最后一科时，政府已无力负担立碑银两，进士们只得集资自立碑。在这通碑上可以找到第一、二届全国人大副委员长沈钧儒的名字。孔庙历经700多年的历史文化积淀，记载众多的进士题名碑成为遗留下来的珍贵的文物，成为研究中国古代科举和孔子儒学的重要史料和实物。穿梭在这片时间跨度达数百年的碑林中，轻抚旧貌斑驳的碑身，仰望碑面上已模糊的字迹，不免让人发出"江山代有才人出，各领风骚数百年"的感慨。

我爱孔庙，但我更爱孔庙的进士题名碑！！

博涵看国子监

靖博涵

早就想去京城国子监看一看，今年终于诚愿。国子监是中国古代隋朝以后的中央官学，为中国古代教育体系中的最高学府。明明由于首都北迁，在北京、南京分别都设有国子监，于是设在南京的国子监被称为"南监"成"南雍"，而设在北京的国子监则被称为"北监"或"北雍"。

听导游说，北京国子监始建于元朝大德十年（公元 1306 年），是我国元、明、清三代国家管理教育的最高行政机关和国家设立的最高学府。坐落在北京东城区安定门内国子监街（原名成贤街）15 号，与孔庙和雍和宫相邻。国子监街两侧槐荫夹道，大街东西两端和国子监大门两侧牌楼彩绘，是北京仅存的建有四座牌坊的古建街。

但是我最感兴趣地还是孔庙大成殿房脊上那九只小兽。后来查资料才知道，它们依次是：鸱吻（chī wěn）（龙的九子之一）、凤、狮子、天马、海马、狻猊（suān ní）、押鱼、獬豸（xiè zhì）、斗牛。故宫太和殿在最后增加了一个行什。数目越多，表示级别越高。拿故宫来说，太和殿用了十个，天下无二；皇帝居住和处理日常政务的乾清宫，地位仅次于太和殿，用九个；坤宁宫原是皇后的寝宫，用七个；妃嫔居住的东西六宫，用五个；某些配殿，用三个甚至一个。

"骑凤仙人"，民间也叫做"仙人骑鸡"。这个"仙人"究竟是谁？为什么在檐角的最前端？为什么骑着凤凰？民间对此有着各种各样的传说。

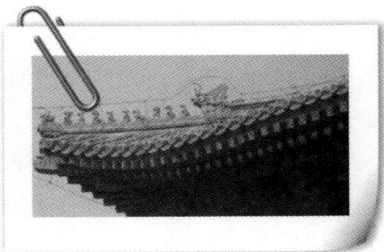

一种传说他是姜子牙的小舅子，想利用姜子牙的关系往上爬。姜子牙看出小舅子的居心，但深知道他才能有限，因此对他说："你的官已升到顶了，如果现再往上爬就会摔下来"。古代的建筑师们根据这个传说，把他放在了檐角的最前端，如果再往上爬一步就会掉下去摔得粉身碎骨。

另一种传说他是齐闵王，在位期间不务正业，昏庸无道，所以遭到群众的憎恨，珍禽异兽穷追猛打，把他追到走投无路的地步，再往前一迈一步，就会掉下来摔得粉身碎骨。

至于为什么用仙人骑着凤凰，传说齐国的国君在一次作战中失败，被敌人追到一条大河边，眼看就要走投无路了。突然，一只大鸟飞到眼前，国君急忙骑上大鸟，化险为夷。因此人们把它放在建筑脊端，寓意着逢凶化吉。

怎么样，是不是特佩服我，知道这么多古建筑的知识，我妈妈也这样夸我。告诉你吧，我下一个目标是圆明园，还有故宫等等，我要不断地研究下去。

奥博眼中的孔庙与国子监的古树

毕奥博

今天和妈妈一起去了一趟北京孔庙与国子监，让我觉得最有意思的既不是那雄伟的古建筑，也不是古香古色的雕栏。而是里边近百棵古树。

在孔庙的大成殿前，有一棵名叫"除奸柏"的古树。高20多米，宽呢，要好几个人才能围起来。我来给大家讲一讲关于这棵古树的故事。大家一听这个名字就非常奇怪：触奸柏，这柏树还能除什么奸人？唉，别说，还真有这么一个故事。这棵柏树是当时国子监大校长许衡所植。有这么一天，明代奸相严嵩代表嘉靖皇帝来这里祭奠孔子。当他率领众人走到这棵树下，天就变脸了，狂风大作，乌云密布。连树枝都被风给吹断了。嘿嘿，说来也巧，这

吹断的树枝正巧，把严嵩的乌纱帽给打掉了。这严嵩啊，就狼狈地逃开了。这样一来，京城里谣言四起呀！有的人呢就说这古树它能辨忠奸；有的人他就说这棵古树很神，是因为有神灵附体，总之说什么的都有。所以又称其为"除奸柏"。

柏上桑，位于孔庙和国子监交接的通道口那里，比墙还高呢。哎，我跟你说，这柏上桑可好玩了。为什么叫柏上桑呢，我猜这个问题也是你正想问我的。这棵古树啊，它植于明代，后来树呢，死了，变成了"中空结构"。一只鸟衔了一个桑葚经过这棵树。也真巧了，这鸟没衔住。桑葚就掉进了空心里。几年以后，一棵桑树就从柏树的空心里长了出来。您说这好玩不好玩？

罗锅槐，在国子监的辟雍大殿旁矗立着。罗锅槐，我当时一听，就觉得这棵树的名字可能跟刘墉有关。果不其然，就是这样。乾隆等人来到国子监，一下就看到了这棵古槐。因为相传平时刘墉经常给乾隆出难题，又相传刘墉是个罗锅，乾隆就灵机一动，说："众位爱卿，你们看此槐像谁？"跟随他的官员心里明白，但是不好回答。乾隆又说："此槐罗锅，有失大雅"，于是下旨，砍掉罗锅槐，什么意思呢？就是象征要杀掉刘墉。刘墉一是爱惜古槐，二也听出来乾隆话里有话，所以就说："万岁，使不得，此老槐虽相貌丑陋，但却是年代久远的古槐。在国子监里，终日听人经典，饱含国学文墨之气，虽表陋而内秀。现在辟雍落成，以后将经常聆听圣上教诲，仍是大大的忠臣也。"乾隆听了，只好说："罗锅失雅，砍去修直。"

复苏槐位于国子监内辟雍大殿后面，据说是元代国吉监第一任祭酒（相当于现在的大学校长）许衡所植。人们为什么叫它为"吉祥槐"呢，相传在明末这棵槐树已死，但到清乾隆十六年的初夏，也奇了怪了枝干上忽然又萌了新芽成叶，枯了，但是又复苏了。

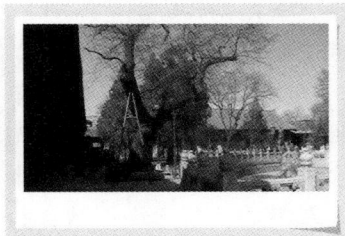

国子监的师生们发现后，纷纷传颂，当时正值乾隆生母慈宁太后（乾隆十六年，1751年）六十寿辰，人们认为是吉祥的征兆，所以得名"吉祥"。

翕然眼中的"孔庙与国子监"

张翕然

5月16日我和姐姐、姨妈一起去了北京孔庙和国子监。今天我主要给大家介绍的是孔庙和它的先师们。

北京安定门内有条国子监街，又名成贤街。这条街共有4座原汁原味的清代一间式彩绘木牌楼，是北京保留牌楼最多最完整的一条街。街道两旁槐树成行，浓荫蔽日，槐花飘香。北京孔庙就坐落在这条街的东端。

孔庙已有700多年的历史，真可谓是历史悠久呀！

孔庙是祭祀著名的思想家、教育家、世界文化名人孔子的庙宇，源远流长。北京孔庙始建于元大德六年（公元1302年），元大德十年（公元1300年）建成，初具规模。明嘉靖九年（公元1530年）建崇圣祠，用于供奉孔子五代先人。清光绪三十二年（公元1906年）扩建成大殿，孔庙始成今日的规模。整座孔庙分三进院落，占地约22000平方米，采用了主体建筑沿中轴线分布，左右对称的中国传统建筑布局。在700多年的漫长历史中，这里成为元、明、清三代统治者尊孔崇儒，宣扬教化，主兴文脉的圣地，也成为众多志在功名的读书人顶礼膜拜的殿堂。这组比故宫还年代久远的皇家古建筑浓缩了千年儒家文化精髓，凝固了一段数百年的漫漫科举之路。徜徉在古柏参天、石碑林立、崇基高堂的孔庙里，远离都市的喧闹，触摸历史、文化的脉搏，以宁静淡泊的心去感受中华传统文化的博大精深，实在是件雅事。

北京孔庙主体建筑都覆以黄色琉璃瓦，是封建社会的最高建筑规制。整座孔庙建筑布局科学，规模宏大，凸显皇家气派。

先师门（又称棂星门）是孔庙的大门，面阔三间，进深七檩，单檐歇山顶，基本上保留了元代的建筑风格，先师门两侧连接庙宇的外围墙，犹如一座城门。进入先师门，迎面看到的便是大成门。大成门创建于元代，清代重修，面阔王间，进深五檩，单檐歇山顶。整座建筑坐落在高大的砖石台基上，中间的御路石上高浮雕海水龙纹图样，五龙戏珠，栩栩如生。大成门前廊两侧摆放着10枚石鼓，每枚石鼓面上都篆刻一首上古游猎诗。这是清乾隆时仿公元前8世纪周宣王时代的石鼓遗物刻制的，那难辨的文字和深邃的诗意恐怕只有学识渊博的孔老夫子才能完全理解吧。第一进院落是皇帝祭孔前筹备各项事宜的场所，其东侧设有宰牲亭、井亭、神厨，用于祭孔三牲的宰杀、清洗和烹制。两侧有神库、致斋所用于祭孔礼器的存放和供品的备制。

我还要继续努力，继续了解孔庙的历史。

附件2：

在带着任务实地参观和课上梳理深入思考后，师生录制了百家讲坛——我眼中的孔庙与国子监。

走进电影博物馆　探秘光影艺术

设计教师：朝阳区高碑店中心小学　苏　晶

教师指导学生活动的设计

（一）整体活动介绍

中国电影博物馆位于北京市朝阳区，它集电影艺术展览、电影博览、电影文化教育为一体，是目前世界上规模最大的、电影科技含量最高的、功能最齐全的专业博物馆。中国电影博物馆是由国务院批准、国家广电总局与北京市政府合建、由北京市广播电视局管理的国家级专业博物馆，是迎接 2005 年中国电影诞辰一百周年的标志性建筑，也是展示中国电影百年发展历程和博览世界电影高科技和蒙太奇表现手法的艺术殿堂。

1. 基地环境与学习内容的关系

中国电影博物馆的展览、博览区包括电影历史、电影艺术展览、电影技术博览等 20 个展厅；展陈面积 9300 平方米，展线长度 2984 米。其中电影展览区为 1－10 厅，电影博览展区为 11－20 厅。展览、博览内容是由国家广电总局组织了中国电影界具有权威性的专家、学者殚精竭虑制作完成的。

在这里，人们不仅可以了解电影的百年发展历程，还可以通过现场体验，感受科技对电影发展所起的推动作用。中国电影博物馆与我们的学校教育和学科教学有着密切的联系，其中最密切相关的内容是小学《品德与社会》学科六年级下册第一单元"不断发展的世界"主题三"艺术世界的发展与变化"一课、综合实践学科五年级"电影的道具与声音"等内容。

2. 基地课程资源的教育价值分析

（1）爱国主义教育。通过了解我国百年电影艺术的发展状况，使学生增强民族自尊心、自豪感，加深对祖国的热爱。

（2）在学习品德与社会六年级教材"辉煌的电影艺术"、综合实践"电影的道具与声音"主题的基础上走进中国电影博物馆，有利于更好地实现课堂教学的延伸。

（3）通过多样化的学习方式，提高学生学习的积极性、主动性，加深学生对知识的认识和理解。

（4）在实践基地运用对比归类、分析、归类和典型分析的学习方法进行验证，形成学习能力。

（5）以参观中国电影博物馆为媒介，与各学科衔接，培养学生的实践能力和创新精神。

3. 学校教师开发资源的有利条件

我校位于朝阳区五环附近，距离中国电影博物馆仅有半小时左右车程，有利于组织学生参观，安全较有保障，并有安全预案。

教育改革的核心是改变传统的教育教学方法开发学生的多元智能，培养学生的实践能力和创新精神。通过实践活动帮助学生学习，通过利用电影博物馆的资源为学生的自主学习提供服务而实现教育目的，他们从中得到启迪和感染，培养学生的探究精神，充分发挥学生的主体作用，并留下深刻的印象。尤其是联合博物馆开展活动，集实践性与参与性为一体，拉近了电影与学生的距离，也拉近了电影与现实生活的距离。活动以其独特的视角为学生搭建了学习的平台。

（二）学生活动方案

1. 三维目标

（1）知识目标

进一步了解电影的发展历程，从中国电影的发展与变化中，感受世界电影的发展与变化。

（2）能力目标

通过听讲解员讲解，提高获取有效信息的能力；通过课前的网络、书籍等方式自主搜集查询资料，提高收集整理资料的能力。

（3）情感、态度、价值观目标

感受到电影是不断发展的综合性艺术的体现，培养学生对电影艺术的热爱和良好的审美情趣，激发学生对电影工作者的热爱与尊敬。

通过分成小组的活动使学生初步学会查找、收集、整理资料，培养学生收集信息、处理信息的能力。通过小课题研究、实践活动等获得亲身参与实践的积极体验和丰富生活的经验，让学生在实践中体验合作学习和探究的快乐；帮助学生了解他们自己所喜爱的电影艺术，培养学生美好的道德品质和高尚的思想情操，让学生从亲自动手中汲取营养，培养学生的创新思维，使学生获得"真、善、美"形象体验，帮助学生对电影形成正确的认识。让学生在展示中交流资料，在活动中感悟相互评价的技巧和方法，促进合作学习、积极参与、研究问题的意识。

2. 教学准备

（1）教师准备

上网查询中国电影博物馆网站，搜集、整理相关内容以便充实教学内容，深挖教材；提前到中国电影博物馆参观，熟悉展厅内展品说明及展品布局，准备指导学生参观、学习；安排好参观的相关事宜、录像器材和人员的准备。

（2）学生准备

课前通过网络、图书等资源对我国古代知识进行学习、了解；根据学习兴趣；4～5人结成学习小组，并对小组选定问题进行搜集、整理，形成先期研究成果；分工合作，做好记录。

3. 教学策略的选择

基于对课程开发和学科的要求，以及学生发展的需要，我运用目标分层、多样化教学方式的选择、多角色交往与互动等教学策略，在实践基地运用对比、分析、归类和典型分析的学习方法进行验证，形成学习能力；在延伸过程中，与各学科衔接，培养学生的实践能力和创新精神，使多元智能理论在此得以体现。

（三）实践主题活动内容的确定选择

第一阶段：课上探究、引发思考

课上，教师以电影本身的发展为主线，通过探究活动，学生对电影的发展历程，即电影经历了从无声到有声、从黑白到彩色、从单荧幕到多荧幕有了一定的了解，感受到电影来源于生活、反映生活且高于生活的艺术形态，激发了学生对电影的热爱，同时引发了学生的思考。通过对学生感兴趣的问题进行分析、归类，梳理出以下几个问题：

电影是怎么诞生的？当时是怎样的情景？

电影是如何反映社会现象的千变万化的？

如何在短短几个月的时间内拍出四季的效果？

美术电影主要包括动画片、木偶片、剪纸片等美术造型手段表现的影片，这些美术影片的人物、动物是怎么动起来的？

学生根据各自感兴趣的问题自愿结合成小组，并对小组选定问题进行搜集、整理，从而进一步培养孩子的搜集、整理、分析信息的能力。这些必要的知识储备，为共同完成探究活动奠定基础。于是师生走进了中国电影博物馆。

第二阶段：深入基地、探索奥秘

这个阶段是社会大课堂课后实践模式实施的重点。

在这个环节当中教师要考虑以什么活动方式来完成课后探究活动，这是利用丰富的博物馆资源、服务教学的关键。结合学生的年龄特点、学科特点，我在博物馆专业人员的引领下，在和专业讲解员共同协商的基础上，选择了讲解、体验、动手操作等几种方式对学生的问题进行阐释。

1. 讲解

场景一：电影的诞生（1号展厅）

学生通过搜集、整理资料，对电影的诞生有一定的了解，他们认为"光与影"是电影诞生的基础。但是，这种想法是否正确呢？学生带着这样的疑问，找到了博物馆的讲解员，讲解员把孩子们带到了1号展厅，对电影的诞生以及当时的情景进行了讲解。

通过讲解员的讲解，观看复原的"大咖啡馆"，学生的认识得到了很好的验证，同时仿佛回到了100年前，感受到当时的"默片"给人们带来的新奇与乐趣。

场景二：儿童电影（7号展厅）

课上，学生从视频、图片，以及小组探究活动中了解了电影的发展历程，对"电影是如何反映社会现象的千变万化的"产生了质疑，带着这个问题，孩子们来到了自己比较熟悉的"儿童电影展厅"。展厅内从建国初期的儿童电影，到新时期的儿童电影；从学生熟悉的革命影片《小兵张嘎》、《闪闪的红星》，到反映学生校园生活的《苗苗》，再到关爱动物、科幻世界、幻想世界等，从中感受到电影像一扇窗，反映了大千世界的千变万化。

2. 体验

场景三：农家小院和体验屋

学生通过从一部影片的拍摄时间、季节、所需要的天气环境等方面的了解，对"如何在短短几个月的时间内拍出四季的效果"非常感兴趣。在兴趣的推动下，他们找到了讲解员，讲解员把孩子们带到了一个农家小院里。在这里，博物馆先进的声光电技术给了学生鲜活的感受，同时在音效配音的体验屋中，道具的神奇无不让学生感到吃惊。

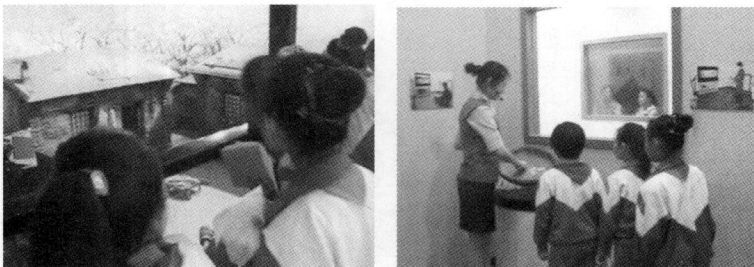

3. 动手操作

场景四：电影动画

第四组同学带着"美术电影主要包括动画片、木偶片、剪纸片等美术造型手段表现的影片，这些美术影片的人物、动物是怎么动起来的"问题，来到了电影动画的展厅。在这里，一个个熟悉的动画人物马上吸引了学生的注意。通过观看动画演示、动画片的制作过程，学生从内心深处感受到电影是一种综合艺术的体现。

第三阶段：课程衔接、物化成果

社会大课堂课后实践教学模式，融合了品德与社会学科、美术学科、信息技术学科等多个学科，能够实现教育的综合价值，从而更好地激发了学生的潜能。

学生活动报告

1. 演员组：美术电影探秘

目的：通过在美术电影展厅运用分析归类的方法，验证电影是一门综合艺术。

首先，教师为学生提供必要的引导，为学生指明验证的方向。教师带领学生走到《小小机器人》的分镜头剧本前面，引导学生从剧本中的乐谱、画面、台词、背景等方面，感受电影中的绘画、音乐、语言、视觉等艺术。在教师的引导下，学生能够运用这种分析归类的方法在展厅的其他资源中，继续观察并做好记录。

2. 导演组：时光宝盒探秘

目的：通过把不同时期的电影海报按照电影的拍摄时间和时光宝盒上的时间进行分类并放入相应的时光宝盒中的活动，学生感受电影能够反映出社会的发展变化。孩子们在这一活动中，注重发挥小组分工合作的优势，善于观察、动脑，灵活运用对比归类的方法完成了验证任务。

学生把这 12 张电影海报按照拍摄时间排列，教师指导学生纵向观察这 12 张海报，在组内交流，并举例说明社会的发展变化。

3. 剧务组：电影特技探秘

目的：学生围绕影片一个场景的拍摄过程，搜集相关信息的过程中验证了科技在电影发展过程中的推动作用，从中感受科技的发展推动了电影的发展。

由于科技比较抽象，学生很难想象，教师从学生熟悉的电影情节入手，引导学生思考电影荧幕上呼啸跑过的史前恐龙、城市中奔流的火山溶浆等景象是真的吗？你的依据是什么？学生依据自己已有的知识与经验很容易得出这些景象不是真的，在此基础上继续追问，"既然不是真的，那它是怎么拍摄出来的呢?"

通过揭秘一部影片一个场景的拍摄过程，学生很容易感受到科技的发展推动了电影的发展。它突破了传统特技的限制，摆脱了时间、空间的束缚，使现实中的不能变为可能。

与此同时，教师充分利用场馆提供的资源，通过观看"农家小院四季的拍摄"、"海战模型的演示"，亲身参与"汽车撞树"、"风雨雷电的动效配音"、"给电影的人物配音"、"飞毯"等一系列的体验活动，带领孩子们亲身感受科技给电影带来的神奇与魅力。

4. 学生作品

（1）书签制作：中国电影的第一部影片（品德与社会学科）

（2）我的小动画

①信息技术学科作品

《玫瑰花开了》

六年级（2）班　黄文欣

《马儿跑走了》

六年级（1）班　穆　涵

《花儿怒放》

六年级（3）班　马佳奇

②美术学科作品

《我的汽车开走了》

六年级（3）班　于景颐

5. 学生活动照片

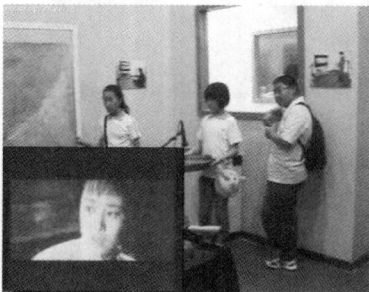

教学效果分析

（一）评价方法与评价手段的说明

1. 评价原则

统一性、多样性、激励性。

2. 评价方法

学生的参与热情，可以直接反馈出教学活动的设计是否可行，是否符合学生学习的需要。这种评价可以极大地激发学生的参与兴趣。

学生运用对比归类、分析归类、典型分析等学习方法验证课上所学知识的过程，能够让我们了解教学中的成功与不足，反思我们的教学行为。

（二）学习效果评价

在验证环节中，学生积极举手回答问题，小组合作交流中积极发言，敢于发表自己的看法，学习氛围开放、互动、活泼，学生的主体性得到了很好的发挥。在自主探究环节中，学生仔细观察，善于发现，学生的学习能力在与场馆的互动、与学生的互动、与教师的互动中得到训练与提升。通过实践后与其他学科教师的深入研究，制作出自己的研究成果，在这个过程中，我发现学生在"社会大课堂"中学到的不仅有与电影相关的知识，还有学习知识的方法，为电影艺术创造的辉煌所吸引，为科技创造的神奇所震惊，有效地实现了课程的延伸。

中国农业博物馆实践体验活动

设计教师：朝阳区京通小学　刘学荣　李　丽

教师指导学生活动的设计

（一）整体活动简介

4 月 14 日，我校带领学生参观了中国农业博物馆，这是全国唯一的国家级农业博物馆。走进农博馆只见院内苍松翠柏，繁花绿草，湖水潋滟，环境幽雅，我们这次去，恰逢桃花、梨花、玉兰争相开放，美不胜收。农博馆拥有"中华农业文明"、"中国传统农具"、"青少年科普馆"、"中国土壤标本"、"彩陶中的远古农业"等五个基本陈列馆。此次参观学生围绕"农学思想"、"农业产生"、"农业工具"三个主题验证课堂中的学习内容，更深刻地了解了农业的发展变化。

本次的农博之旅，学生的任务有两个，第一是验证课堂上的所学，在实践基地运用课上所学知识进行场景分析、解释，形成学习能力；第二是发现新的问题，通过在基地的"再发现"，形成新的问题，引发新的思考。在孩子们发现的基础上，有些问题是带有共性的，并且一节课的时间很难解决，那我们就形成研究新课题，在综合实践老师的指导下，继续研究，从而形成了生本新课程，师生继续展开深入的研究。所以我们本次的农博之旅也可以说是"研发生本新实践"的学习过程。

（二）学生活动方案

如果没有带着学习任务就走进农博馆对于孩子们来讲，就是一次矩暂的旅途，但是著名的哲学家亚里士多德曾经说过"旅途中从来都不缺少欢笑，只是缺少发现"。农博馆为我们提供了那么好的"发现"的空间和环竟，那我们就要很好的利用，引导孩子去验证、去发现，在验证中感悟，在发现中提升。如果我们的活动只停留在"验证"阶段，那么根据布卢姆教育目标分类理论，我们的教学只是停留在了"运用"这个维度，在"区分、评价、创造"几个维度的目标方面还没有达成。但是如果我们的活动结合农博馆丰富的馆藏在"什么问题没解决、什么现象很有趣、什么情景有触动"等方面让学生进行深入的发现，回到学校后，继续对着自己的"新发现"进行跟进式探究，就能很好地达成以上几个维度的综合目标。从而使孩子们能够深切地感受到我国几千年前远古时代辉煌的农业文明，感悟我国古老灿烂的民族传统农业文化。

（三）主题实践活动内容的确定选择

1. 学生的"农博之旅"的任务之一，就是完成自己"新闻采集"

通过学生的细心观察、思考，可以说是"满载而归"。他们根据自己的组别，完成着自己的"新闻采集"，回来后形成了"农业小报"。

> **"新闻采集稿"**
>
> 围绕"农业产生"我的验证依据是＿＿＿＿＿＿＿＿＿＿＿＿＿＿＿
>
> ＿＿＿＿＿＿＿＿＿＿＿＿＿＿＿＿＿＿＿＿＿＿＿＿＿＿＿＿＿＿
>
> ＿＿＿＿＿＿＿＿＿＿＿＿＿＿＿＿＿＿＿＿＿＿＿＿＿＿＿＿＿＿
>
> 我发现了＿＿＿＿＿＿＿＿＿＿＿＿＿＿＿＿＿＿＿＿＿＿＿＿＿＿
>
> ＿＿＿＿＿＿＿＿＿＿＿＿＿＿＿＿＿＿＿＿＿＿＿＿＿＿＿＿＿＿
>
> ＿＿＿＿＿＿＿＿＿＿＿＿＿＿＿＿＿＿＿＿＿＿＿＿＿＿＿＿＿＿
>
> ＿＿＿＿＿＿＿＿＿＿＿＿＿＿＿＿＿＿＿＿＿＿＿＿＿＿＿＿＿＿

2. 利用综合实践课根据学生农业小报中的问题整理出带有共性的问题

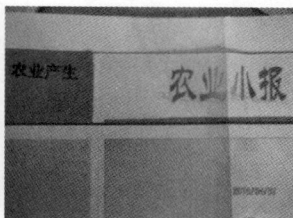

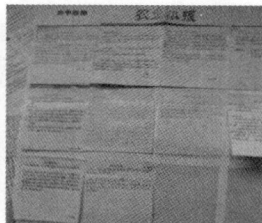

（1）寻找学生提出的新问题

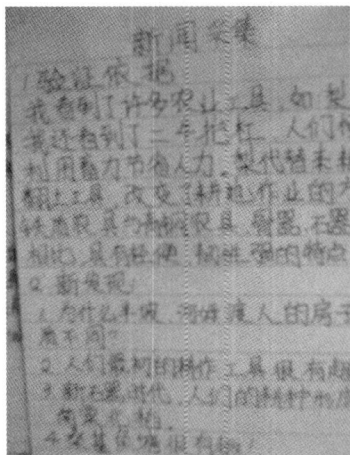

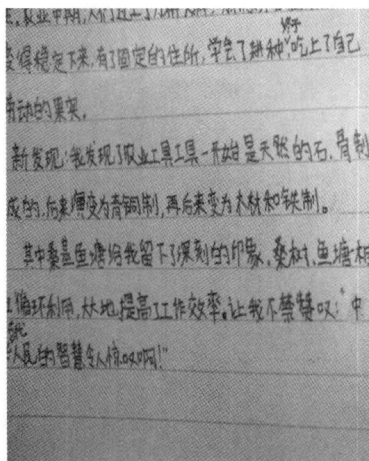

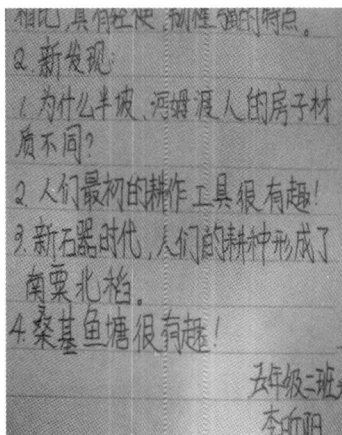

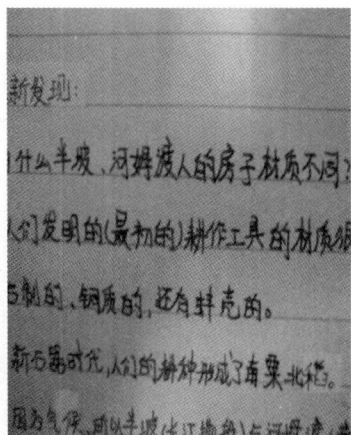

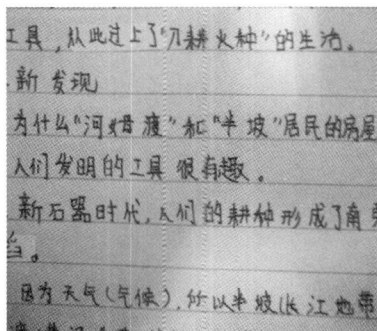

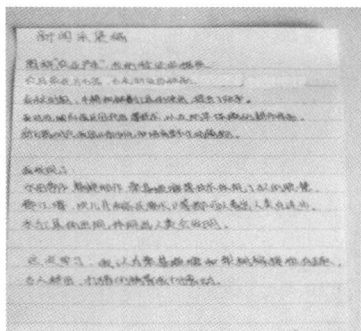

（2）梳理出带有共性的问题

综合实践学科老师深入各个小组及时了解学生的选题情况，针对学生出现的问题进行了梳理，在孩子们"发现"的基础上，有些问题是带有共性的，并且一节课的时间很难解决，那我们就形成研究新课题，在老师的指导下，继续研究。

通过梳理，我们确定了以下研究选题：

①为什么青铜农具很快被铁制农具所替代？

②古代南北方房屋结构的不同。

③桑基鱼塘是什么意思？

④工具发展的再研究。

（3）根据学生的个体兴趣差异，形成研学小组

第一小组：原始农业时代南北方房屋的不同

组长：张文君

组员：徐嘉璇、张雨萌、王虹锦等

第二小组：桑基鱼塘

组长：吴乐周

组员：王明秋、赵寅腾、徐昊南、张彤等

第三小组：青铜农具到铁质农具

组长：田真

组员：张丹睿、黄飞跃、张宇航等

第四小组：工具的发展

组长：蒋晓琪

组员：张笑咏、张思琪、刘笑妍等

（4）查阅资料、展开研学

根据自己的组别、研究专题的不同，查阅资料，深入学习。共同学习资料，发表自己观点，制作汇报幻灯片。

学生活动报告

第一小组：原始农业时代南北方房屋的不同

我发现，南北方的房屋不一样

北方

南方

为什么南方北方的房屋不一样？

两方房屋在建筑上有什么区别？

1. 北方的房屋
北方冷，冬天非常冷。
北方的房子有一部分在地下，就像地下室一样冬暖夏凉。

2. 南方的房屋
南方热，十分潮湿。
南方的房子被木头支撑着，可以防潮。

1. 北方房屋
北方房屋有一部分在地下，这样可以"留住热气"

2. 南方房屋
南方房屋的下面由木段支撑，让房屋凌驾于空中。南方十分潮湿，这样的房屋可以有效地防潮。

第二小组：桑基鱼塘

桑基鱼塘

吴乐质制作

桑基鱼塘介绍

桑基鱼塘是广东省珠江三角洲一种独具地方特色的农业生产形式。围绕生产上形成良性的循环而出名。

珠江三角洲由东、西、北三江汇合冲积而成，地处北回归线以南，全年气候温和，雨量充沛，日照时间长，土壤肥沃，是盛产蚕桑、塘鱼、甘蔗的重要基地。三角洲内河涌密布，交通便利，自然条件优越。

由于珠江三角洲地势低洼，常闹洪涝灾害，严重威胁着人民的生产和生产活动。当地人民根据地区特点，因地制宜地在一些低洼的地方，挖低注的土地挖深鱼塘，饲养淡水鱼；将泥土堆在鱼塘四周作基，种上桑树。这种塘基的转变可谓一举两得。后来，随着农业生产的发展和珠江三角洲出现了新的生产结构方式——桑基鱼塘。

"桑基鱼塘"是先将低洼的土地挖深为鱼塘，垫土筑基，埴高地面，相对降低地下水水位。基上种植桑树及果树，扩大了桑基的面积。基塘上种植桑树及果树。后来由于桑基面积不足满足需要的扩大，不少地区从原来的果基鱼塘逐渐生产方式大量改为桑基生产。果基鱼塘的建立，是适应生态系统平衡的。塘基上种植桑树的桑基鱼塘，这样就较好地解决了低洼地积水内涝的问题。人们改变了传统的耕作方式，充分地利用土地的空间与轮作的时间，以求最佳的经济效益。

317

小学篇

318

历史

特点

1. 种桑与养蚕、鱼、猪相结合，生产上有紧密的联系。

2. 植物与动物互养，形成良性的生态循环。

3. 塘与基合理分布，水陆资源相结合。

第三小组：青铜农具到铁质农具

青铜农具　到　铁质农具

田真制作

古代青铜农具

古代铁质农具

铁锂

从青铜农具到铁制农具的演变

可能是以下原因：

1. 青铜在当时还是贵重原材料。

2. 青铜农具笨重，缺乏韧性。

3. 铁材料在当时相对多一些。

4. 铁质农具韧性好、轻便。

第四小组：工具的发展

工具发展

蒋宽琪制作

一、耕地整地工具

耕地整地工具用于耕翻土地，破碎土垡，平整田地等作业。经历了从耒耜到畜力犁的发展过程。汉代畜力犁成为最重要的耕作农具，魏晋时期北方已经使用犁、耙、耱进行旱地配套耕作；宋代南方形成犁、耙、耖的水田耕作体系。

水田耕整地工具主要有耕、耙、耖等，这套耕作体系在宋代已经形成。晋代发明了耙，用于耕后破碎土块，耖用于打混泥浆。宋代出现了耖、礰礋等水田整地工具用于打混泥浆。秧马，出现于北宋时期，是拔稻秧时乘坐的专用工具。

二、播种工具

耧车是中国最早使用的播种工具，发明于东汉武帝时期，宋代时期北方普遍使用。北魏时期出现了单行播种的手工下种工具瓠种器。水稻移栽工具——秧马，出现于北宋时期，它是拔稻秧时乘坐的专用工具，减轻了弯腰曲背的劳作强度。

三、中耕除草工具

中耕工具用于除草、间苗、培土作业，分为旱地除草工具和水田除草工具两类。铁锄是最常用的旱地除草工具，春秋战国时期开始使用。耘耥是水田除草工具，宋元时期开始使用。

四、灌溉工具

商代发明桔槔，周初使用辘轳，汉代创制人力翻车，唐代出现筒车。筒车结构简单，流水推动，至今中国南方丘陵河溪水力丰富的地方还在使用。

五、收获工具

收获工具包括收割、脱粒、清选用具。收割用具包括收割禾穗的铚刀、收割茎秆的镰刀、短镰等。脱粒工具南方以稻桶为主，北方以碡碌为主，春秋时出现的脱粒工具梿枷在中国南北方通用。清选工具以簸箕、木扬锨、风扇车为主，风扇车的使用领先西方近千年。

六、加工工具

加工工具包括粮食加工和棉花加工工具两大类。粮食加工工具从远古的杵臼、石磨盘发展而来，汉代出现了杵臼的变化形式踏碓，石磨则则改进为磨、砻。南北朝时期出现了碾，元代棉花成为中国重要纺织原料，逐步发明了棉搅车、纺车、弹弓、棉织机等棉花加工工具。

319

生命之源——种子

——走进中国农业博物馆的科学观察研究

设计教师：朝阳区大黄庄小学　李　瑾

教师指导学生活动的设计

中国农业博物馆，隶属国家农业部，1986 年 9 月正式向社会开馆。坐落在北京市朝阳区东三环，上个世纪五十年代北京十大建筑之一——全国农业展览馆内，占地 500 亩。馆内苍松翠柏，繁花绿草，与回廊楼阁、碧瓦朱檐交相辉映，环境幽雅。具有西式仿古建筑特色的十座展厅分布其间，是北京市的"园林式单位"。

《科学课程标准》中指出：科学课程应具有开放性，这种开放性还表现为，要引导学生利用广泛存在于学校、家庭、社会、大自然、网络和各种媒体中的多种资源进行科学学习，将学生的科学学习置于广阔的背景之中，帮助他们不断扩展对周围世界科学现象的体验，并丰富他们的学习经历。

(一)整体活动简介

本次科学实践活动，借助于中国农业博物馆开展的"种子达人"活动，进行种子结构的认识和学习。充分利用基地资源开展实践活动，将课本知识与现实展演相结合，使学生在实践中提升对科学课的学习兴趣，促进学科课程与实践活动进一步融合，贯彻新的教育理念，开发朝阳区的社会实践资源，升华学生的情感认识。

中国农业博物馆是国家级专业博物馆，其地位被要求承担起传承文明播撒知识的重任。《中国农业文明》、《农业科普》、《中国传统农具》和《中国传统农具》这些系列展馆与科学课的学习有着密切的联系。

本次观察实践活动分为四个阶段：

第一阶段：课前调研准备

第二阶段：实践观察

第三阶段：科学研究

第四阶段：活动总结

(二)学生活动方案

1. 课前质疑，引起兴趣。"高山的石缝中有植物生长，房屋顶上有植物生长，有的墙缝里也有植物生长……它们是人有意种植的吗？这些地方的植物又是怎样生长出来的呢?"使学生对种子的生长环境及生长情况产生学习兴趣。

2. 学生实践观察前搜集与种子相关的资料，为参观学习做好准备。

3. 实践观察中国农业博物馆《中华农业文明》、《农业近代史》做好相应观察记录，并书写参观后的《我感我思》。

4. 依据实践观察解剖学习种子的内部结构，做好观察记录。

(三)主题实践活动内容的确定选择

1. 走进中国农业博物馆进行实地调研，在参观了解展馆内的各项主题后，确立与科学课紧密相关的研究内容。

图 1　课前调研

2. 参观《中华农业文明》了解农业近代史。

图 2　中华农业五先人

3. 观察种子地图墙，了解我国各地种子的分布，及各种种子的外部特征，确定需要研究种子的类型。

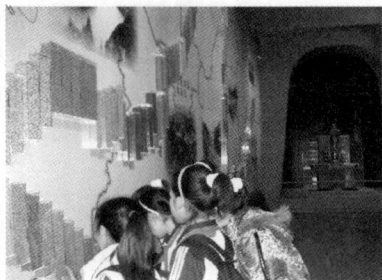

图 3　观察种子标本

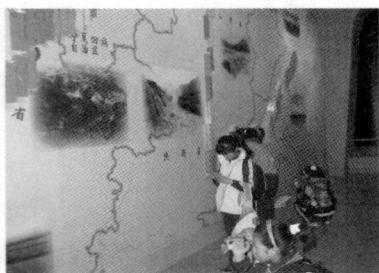

图 4　记录种子分布

4. 课上研究、分析、解剖种子的内部结构。

图 5　课上实践动手研究

图 6　学生自主观察、解剖过程

(四)学生分组、个体研究情况

1. 学生分组

（1）观察蚕豆种子小组

② 观察菜豆种子小组

③ 观察花生种子小组

④ 观察玉米种子小组

2. 个体研究情况

通过小组合作完成种子的内部结构解剖。小组内组长进行记录，一人进行动手解剖，一人用放大镜进行结构记录。

学生活动报告

（一）我感我思

参观了中国农业博物馆后孩子们都有自己发自内心的一些感受，记录下《我感我思》的一句话感受，为实践活动留下印记。

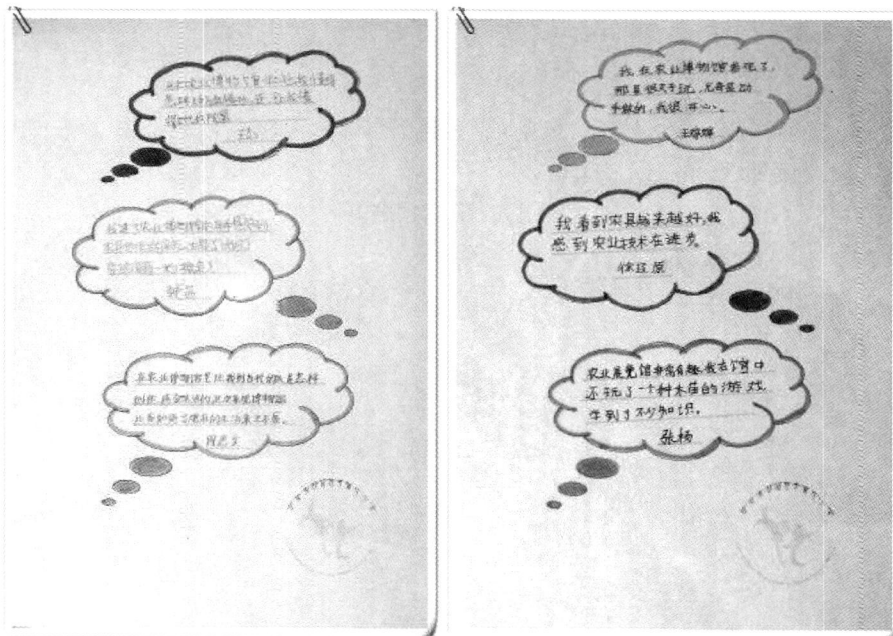

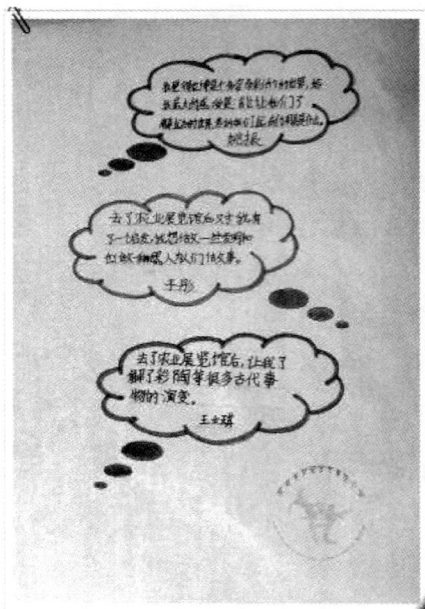

学生一句话感言

（二）研究报告

科学研究中学生由观察产生的兴趣，参与实践研究积极性高，下面是学生的观察报告单。

蚕豆的观察报告单

菜豆的观察报告单

花生的观察报告单

玉米种子的观察报告单

（三）学生的感受和体会

游农业博物馆

刘坤宁

四月二十八日，学校组织我们去农业博物馆进行科学实践观察活动。

那天早上，我速度很快地穿好衣服、洗漱、吃饭。高高兴兴地背上书包来到学校门口。车开动了，在车上的我们兴奋不已。一路上的风景令我们如痴如醉，但更让我们兴奋的还是农业博物馆里丰富多彩的展览。

到农业博物馆了！

首先映入眼帘的是一座装饰得很特殊的平房，原来它就是古代农业馆。里面详细介绍了中华民族从古到今的农业成果，并形象展示了农民在田间劳作的情景。

第二个馆是现代农业馆。这个馆生动描绘了一幅男耕女织的幸福生活画面。

十号馆是彩陶艺术展览馆。一个个在玻璃柜里陈列着的陶器令我们大为惊奇。原来早在五千多年前就发明了制陶的方法。那陶器上闪烁的光芒是古人智慧的结晶；是中华民族的骄傲；更是一盏照亮了现代农业发展的灯。陶器上多姿多彩的线条竟是由三种颜色组成的：橙色、红色和黑色。一个个小点绘成了一条线，一条条线织成了一个个美丽的图案。有对水的感谢，有对鱼的感恩，还有对太阳的感激，都凝结在了这些陶器中。

这次参观结束了，可那些美丽的陶器，代表着古人智慧的陶器，都会在我的心中永远保存的。它们会时常激励着我，去学习中华文化的精髓！

水能与古代农业生产

——寻访中国农业博物馆

设计教师：瑞祥民族小学　张大志　张雪琪等

教师指导学生活动的设计

（一）整体活动简介

为了使学生进一步了解我国劳动人民利用水能进行生产的水利工程及水利工具，并让学生通过观察、听讲解、记录、汇报交流等活动，培养他们收集整理资料、与人合作学习的能力。所以我组织了这次《〈水能与古代农业生产〉——寻访中国农业博物馆》的活动。

（二）学生活动方案

首先，向学校提出申请，提交学生活动外出申请书。制订应急方案，安排相关教师。然后与农博联系，通报学生人数和年级，安排讲解员。年级召开学生会，提出要求，发家长通知书。最后给学生分组安排研究任务，每个小组有不同的研究主题。每组成员在同一主题下安排好不同分工，有所侧重，教师在参观前提前布置作业，指导学生通过图书馆、网络查阅资料，带着问题去参观。每组参观后确定时间共同交流、总结，汇总参观成果，最终物化成果。

由于组织这次教学活动有利于学生对水能有一个全面系统的了解，有利于培养学生搜集整理资料的能力、与人合作和表达交流的能力，同时有利于开展中国传统文化教育、爱国主义教育等教育教学活动，所以我也和参与社会大课堂的其他学科老师进行协调来共同组织此项活动。

（三）实践活动内容的确定

我先对学生进行前测：如果你去参观农博，你想知道有关水能与生产的哪些知识？然后根据学生的想法，让学生自主选择要研究的内容。

(四)学生分组研究情况

在确定主题后，让学生自己分小组，定组长，分工，准备记录本及笔。然后告诉学生研究的方法，如听讲解、看图片、标本资料说明、记录等。最后教师提出要求，注意安全、纪律、卫生等。

学生活动报告

报告 1 参观农博使我们学到了很多知识

在参观《水利工程与水力利用》的场馆时，我们知道了，对水资源的控制、改造与利用，是人类文明进步的重要标志。我国是世界上最早修筑水利工程的国家之一。相传夏代的大禹，为了治水，到处奔波，三过家门而不入，终于把洪水引到大海里去。历史上出现过许多著名的水利工程如芍陂、漳水十二渠、都江堰和郑国渠等。

在参观《都江堰修筑全景图》时，在我们了解到时至今日的 2500 多年来，都江堰水利工程仍发挥着灌溉防洪作用，是世界水利史上最杰出的典范。不由得让我们由衷地赞叹李冰父子的聪明才智。

在这里，我们看到了新疆地区的古代坎儿井复制景观。

坎儿井是我国劳动人民为适应干旱地区的自然环境而创造的一种地下水利工程。坎儿井的特点是把通常的明渠改为地下暗渠，减少干旱地区的水分蒸发和渗漏。

坎儿井的建造方法是在高山峡谷地带的雪水潜流处，寻找到水源，每隔二三十米打一眼竖井，深十米至几十米不等，将地下水汇聚，再依地势高下，在井底凿通暗渠，沟通各井，引流直下，一直连接到遥远的绿洲，才由明渠引水流出地面，灌溉农田。涝坝则是一个调节水量的蓄水池。一条坎儿井，一般长约 3 公里，最长者往往是几条坎儿井相连达几十甚至上百公里。

在这里，我们知道了我国的先民不仅修筑水利工程灌溉农田、防除水害，还利用流水的动力、发明了水力工具，开启了人类使用自然动力的先河。

其中有：靠水力作动力的翻车称为水转翻车、筒车模型（水转筒车是一种以水流作动力，取水灌田的工具。此种

认真听讲解

筒车日夜不停车水浇地，不用人畜之力，功效高，约产生于隋唐时代）、高转筒车。另外，我们还看到了早在一千九百多年前，就发明了利用水力拉风箱炼铁的装置以及晋代发明的水转连磨（是由水轮驱动的粮食加工机械）、水碾、水碓。

水　碾

水　碓

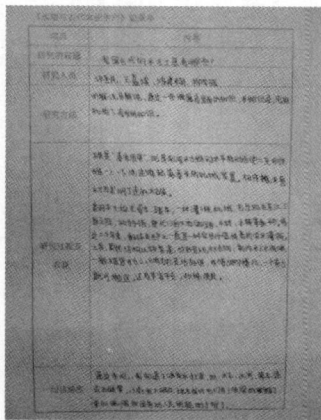

学生的调查记录 1

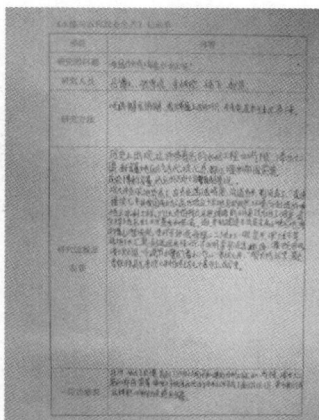

学生的调查记录 2

报告 2　我们根据记录、影像资料等获取的水能与生产的相关知识及感受

我们的收获：

1. 我们在参与此次活动中表现出了极大的热情，愿意主动了解我国的水利工程和水力工具等方面的知识。

2. 通过活动，提高了我们观察、合作交流、搜集和运用信息的能力。

3. 我们对我国的水利工程和水力工具在认识上更加系统、全面了。

4. 很多同学对我国的一些著名的水利工程和常见的水力工具能进行简单的描述。

5. 我们对水能与我国古代农业生产有了较深刻的理解。

6. 我们的感言进一步说明我们的收获。

黄丽琼：这次去农业博物馆使我知道了很多关于我国古代的水利工程和水力工具，以前我只知道我国古代的水利工程是都江堰，水力工具有水车、筒车、连击水碓(这些还都来自于课本)，现在我能说出很多我国古代的水利工程和水力工具了。

许圣民：我对我国古代的水利工程都江堰认识更深刻了，原来只知道它世界闻名，现在通过到农博听讲解、看模型及观看影片，我对都江堰的建造和它对四川人民的作用有了更清楚的认识，更加钦佩我国古代劳动人民的聪明才智了。

观看展板认真记录　　　　　观看都江堰修筑全景图

下图是我们在整理、交流自己的观察记录。

感受健康饮食文化

——社会大课堂学生活动报告

设计教师：朝阳区八里桥小学　左爱莉　李常利

教师指导学生活动的设计

（一）整体活动简介

本次开展社会大课堂活动的主题是《参观中国农业博物馆　感受健康饮食文化》。饮食与健康和学生的日常生活紧密相关。首师大版科学四年级下册《饮食与健康》一课，通过课上内容的学习，学生学会鉴定蛋白质、脂肪、淀粉三种营养成分的简单方法，知道食物中含有的主要营养成分，知道人们每天所吃的食物应该讲究合理搭配，但印象不深，只停留在理论和平时的说教中，没有体会很难用于实践中。通过老师提前踩点发现，课后走进《中国农业博物馆》中的青少年科普馆，通过电子测量仪测出身高、体重的评价、触摸台对饮食习惯进行评价、然后提出建议进行拓展实践。通过一系列活动，丰富学生生活经验和实践体验，收获了课上学不到的知识。青少年科普馆是对本课很好的拓展，让学生有体验、实践的机会，这样就能真正做到关注自己的健康，形成良好饮食习惯，从购物识标识开始、从重视早餐开始……

根据课的特点与博物馆资源，我们课后走进博物馆，从四个环节进行研究：

第一环节：观前准备课（明确活动的目的、研究主题及方法），教师为学生创设问题情境，通过网络介绍科普馆知识，激发学生的研究兴趣，依据兴趣分组并制定研究计划。

第二环节：参观青少年农业科普馆，调查展示资料。

第三环节：实施建议、拓展实践。根据场馆测量仪显示的建议设计合理早餐食谱、亲自制作早餐；根据场馆学到的食物标识去超市购物。

第四环节：研究成果的汇报与交流。各组学生分组汇报研究成果，以不同形式进行展示，教师指导学生撰写研究报告、组织学生总结、交流实践体会。并进行师生互评。

（二）学生活动方案

学生在校内课堂学习中，不能真正体会健康饮食文化，对自己健康与食物的选择等有一定的了解，从课前调查早餐情况得知，很不深入，缺乏实践经验。了解到中国农业博物馆——青少年科普馆的内容后，学生参观欲望很强烈，所以根据兴趣选题走进场馆开展实践活动，调查展示资料，寻找问题的答案。

具体活动方案如下：

校内活动：2课时，学习课程内容（1）、观前准备课、完成早餐调查表（1）。

场馆活动：2课时，（1）听讲解员讲解，了解科普馆内容；（2）测量身高、体重，收获体形与饮食习惯评价，了解自己，填写记录单；（3）分组活动，完成研究主题，填好记录单。（意在培养分工合作、搜集与整理资料、解决问题的能力）（4）现场小组汇报（给整理资料、物化成果时间，培养综合能力）。

参观后活动：3课时

1. 家庭、社会单位实践活动：与家人合理制定一周早餐食谱、制作早餐、超市购物活动。

2. 校内整理资料，指导撰写小组研究报告单及准备其他形式展示。

3. 校内总结实践活动的收获与体会。

附件1：早餐记录单

☆ 参观前调查　　　　　　　　　　　　　　班级　　　姓名

我的早餐调查表

时间	是否吃早餐	地点	内容						
			米饭	馒头	面包	牛奶	豆浆	稀粥	……
星期一									
星期二									
星期三									
星期四									
星期五									
星期六									
星期日									

我的调查结论：

我是否经常吃早餐：　　　　　　　是　　　　否

我的早餐主要是：

我认为自己的早餐是否营养合理：　　　　是　　　　否

☆观中认识

1. 我身高　　　　　，体重　　　　　，综合评价　　　　　。

2. 我收到的建议是：

☆观后提升

我的早餐食谱设计

时间	内容	落实情况
星期一		
星期二		
星期三		
星期四		
星期五		
星期六		
星期日		

附件 2：《走进农博科普馆》科学实践活动记录单

时间：

实践主题	
参加人员	
研究方法	
汇报形式	
研究过程	
收获感言	

通过这次实践活动，学生走出课堂，在参观中获得感性认识，激发研究兴趣。本次活动并没有以参观博物馆结束为终止，而是通过一系列实在的实践活动检验巩固所学。

(三)主题实践活动内容的确定选择

师生共同选题：观前早餐调查、观中测量与评价

学生合作选题：（观中全班学生共同感兴趣的问题）

（1）饮食健康类——认识食物标识等；（2）农作物分布及知识；（3）体验插秧；（4）农产品优劣辨识。

学生自主选题：（观后）

（1）制定一周合理的早餐食谱；（2）亲自制作早餐；（3）超市购物

（四）学生分组、个体研究情况

1. 分组研究情况

饮食营养组：分三个环节，第一看食品标志，大家在生活中常常会听到绿色食品、有机食品、无公害食品等，通过文字资料对标志的图案解释与意义有了一定的了解；第二是营养金字塔，介绍各成分的食量与合理营养的原则，是课上内容的巩固；第三饮食健康的常识，对近三黑、远三白等食物营养有了进一步的了解。

农作物分布组：分别介绍常说的小麦、玉米、水稻、棉花等农作物在我国的分布及作用等。

体验插秧组：开展三对插秧比赛，同时开始，秧苗框放的位置一样，同时结束，真是一场公平赛。

农产品优劣辨识组：这组同学更是娓娓道来，因为只有游戏结束，得出评价时才知道哪些选对了，哪些选得不对，这是生活经验的见证，更是学习生活知识的好游戏。只听他们介绍着怎样选水果、蔬菜、大米、猪肉、茶叶等。

超市购物组：师带队到超市让学生认识食物、识标识、询问选购食物，进行选购带回来具体尝，体验优劣（综合），并在汇报课上向全班同学展示，真正体会到购物也是一种学问。通过走进超市购物，亲身实践，在体验中获得并运用知识，积累了学生的生活经验。

2. 个体研究情况

通过制定一周合理的早餐食谱与亲自制作早餐，从设计食谱到按食谱制作早餐，可以看出学生对合理早餐有了深刻的认识，不但收获的是一种技能，更是一种情感体验——家长每天做早餐的辛苦。

学生活动报告

学生一周的早餐调查报告

［活动目的］　从学生的身边问题入手，调查了解学生一周的早餐情况，激起关注自己，参观场馆的欲望，提出问题。

[活动过程]

1. 调查统计全班身体健康情况。（健康卡）

营养不良	较低体重	正常	较重	超重
4	1	12	3	6

2. 完成自己调查表。

3. 课上集中统计早餐调查表，提出问题。

是否吃			内 容			是否合理	
经常吃	偶尔吃	强制吃	吃三类	吃二类	吃一类	是	否
19人	5人	2人	10人	15人	1人	18人	8人
73.1%	19.2%	7.7%	38.5%	57.7%	3.8%	69.2%	30.8%

[活动总结]

本活动属于参观前的准备，从学生的身边问题入手，通过调查、统计活动，激起关注自己。真是不统计不知道，一比感到很吃惊！对照统计，引起思考，再反思、对照，提出参观要研究的问题。达到观前准备的目的。

来自学生参观场馆的研究报告

[活动目的]

1. 让学生明确任务去参观，通过场馆测量身高、体重，得到体形指数与饮食习惯的评价，使学生认识自己，从而收到教育、改善自己的饮食结构。虚拟插秧的实践，让学生体验插秧的基本方法与农民劳动的辛苦，使学生感同身受等。

2. 小组合作探索解决问题的方法，培养分工、合作，搜集与整理资料、解决问题的能力。

[活动过程]

1. 师生讨论，共同制订方案，各小组确定研究主题。

确定问题	
研究人员	
初步猜想	
调查研究方法	
调查研究过程	
收获及感言	

2. 参观场馆，按四个环节进行：

(1) 听讲解（认真倾听）

(2) 测量、评价（排列有序）

(3) 分组活动（分工合作、完成记录单）

(4) 现场汇报（形式多样——把对研究问题的过程与收获汇报出来）

3. 回校交流、整理完善报告单

《走进农博科普馆》科学实践活动记录单

时间：2010年5月21日

实践主题	农产品优劣的辨识
参加人员	张然、马子仪、朱辰宇、张睿涵、白钰琦、高婧雯、仕座豁
研究方法	做游戏、问讲解员、查资料
汇报形式	人员汇报 标志记着生辰宇汇报 仕座专 汇报 张睿涵

购物：仕座豁
游戏：购买蔬菜丝，油、水果、大米、糖

（全合格）100分

购物：马子仪
游戏：蔬菜、油、糖、大米、丝

（全合格）100分

| 实践研究过程 |

购物：高婧雯
游戏：购买麻、丝、蔬菜、水果、油。
丝购错了应该选手感着粘的。

83分

购物：张然
游戏：购买麻、丝、糖、大米、蔬菜、水果。
水果买错了应该选新鲜明度稍暗的

83分

| 收获及感言 | 这次我们收获很大，能够分辨出哪个是优质的，哪个是次的，如大米、如果是优质的，生吃不会有异味，而且容易喷而幸，是次的有点粉味。我们都学到知识，很开心。

《走进农博科普馆》科学实践活动记录单

时间：2010.5.21日

实践主题	健康饮食
参加人员	韩笑、刘雨欣、朱子鑫、宋强、王希菲、王雨桐
研究方法	做游戏、听讲解
汇报形式	王希菲、韩笑汇报

| 研究过程 | 我们根据讲解员的讲解，先看一幅幅的解释图片，从中我们学到很多健康的知识，当时我们记住多吃黑米，因为黑米有开胃益中、健脾暖肝强肾等功能；黑芝麻它有乌发、健脑、补肾的等功能；还吃蔬菜有预防因硬化；因起粗脂肪症、炎症、三白食物，比如说白糖、食盐、猪油等。如果我们要想使我们聪明就要多吃鱼、蛋黄、虾皮、海带、瘦肉等，应当每周吃一的物内脏，多吃水果，多吃蘑菇，一次、多吃牛奶，后来我们就坐车回家了。 |

| 收获感言 | 从这次活动中，让我们学到了关于营养的知识，怎样挑选水果及蔬菜。 |

《走进农博科普馆》科学实践活动记录单

时间：二○一○年5月27日

实践主题	拼拼看
参加人员	刘晶、叔航、……王炜、华凯荣
研究方法	分组讨论、动手实践
汇报形式	边做边汇报
研究过程	第1步：我们先听阿姨讲讲解。 第2步：我们玩了一个推着车的测量游戏。 第3步：我们找到各自的主题练习汇报。 第4步：我们编写汇报过程。 我先说"现在，下面让食物多多来拼合一下玉米吧！"食物转起来开始拼玉米。食物转起来说完了，我们组又进行了一个拼图比赛。 第5步：我们又观看别的组的汇报。 金老师给我们总结了一下，就让回家了。
收获感言	我们知道了……的知识。我们知道了一些粮食的知识。学会了辨别粮食的种类。

《走进农博科普馆》科学实践活动记录单

时间：2010年5月27日

实践主题	作物分布
参加人员	崔瑞路、肖雨蓉、董颖、宋卫彤、张宽、周志鹏
研究方法	查找资料、分工合作、制作海报、游戏
汇报形式	组长汇报、崔瑞路、肖雨蓉汇报

组长	农作物名称	分布情况	有关知识
董颖	小麦	黑龙江、吉林等地区	可以做面食主食
周鹏	水稻	东北华南等地区	可以做成米
崔瑞路	玉米	北方、南方等地区	玉米可以吃、可以当玉米料
张宽	棉花	我国	做棉被等
宋卫彤	大豆	我国东部、北部等	做豆浆等制品

实践研究过程

通过这次活动我学到了很多关于农作物的知识，也增进了我们队员的友谊。

收获感言：……

来自参观后的实践与体会报告

[活动目的]

让学生明确参观后的任务，学以致用，让探究的兴趣延伸到生活中，真正服务于生活。通过自制早餐、超市购物的实践，丰富学生生活经验，增强社会实践能力，从而真正关注自己的健康，养成良好的科学饮食习惯。

[活动过程]

1. 每位同学对照建议，与家长一起制定七日早餐食谱。

☆觉中认识

1、我身高 144 厘米，体重 50 千克；身体指数 23.46 体形评价 偏胖

2、我的饮食习惯评价：勿吃水果蔬菜

收到的建议是：你的脂肪和蛋白质过多，要适当减少。

☆觉后提升

我的早餐食谱设计

时间	内容	落实情况
星期一	馒头、牛奶、香肠、拌萝卜丝	✓
星期二	包子、米粥、咸鸭蛋、丰糕饼	✓
星期三	油条、鸡蛋汤、豆腐干	✓
星期四	豆沙包、烤肠、牛奶	✗
星期五	烧饼、咸鸭蛋、清炒豆腐丝	✓
星期六	湖南米粉、炒菜苗、豆浆	✓
星期日	豆腐脑、拌海带丝、面包点心	✓

2. 制作早餐。

3. 巩固识标识、选购食物，进行实地购物大比拼。

认识食品标志

挑新鲜水果

挑选蔬菜

挑选大米

观看超市介绍挑选猪肉视频

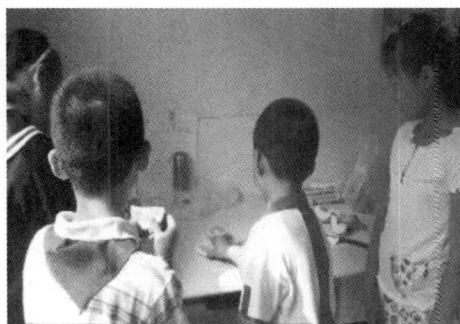

不同颜色水果的口感体验

4. 把自己对活动的感想用你喜欢的方式表达出来。（观后感、画画等）

342

四⑷王建蒙
2012年5月27日

观后感

今天，我们八里桥小学部分师生参观了农业博物馆的科普馆，我们小组选的主题是"虚拟插秧"，目的是体验农民伯伯插快种田的辛苦和乐趣。这个游戏规则是这样的：每个"快苗"的下面都有一个感应器，把"快苗"放在安有感应器的地面上即得一分，游戏时间为三分钟。我们玩了一会儿，感觉非常快乐，不知不觉中回校的时间到了，我们只好恋恋不舍地乘车离开了。今天虽然很累，但我还是觉得很开心，因为我不仅体验到了农民伯伯种田插秧的辛苦和乐趣，还知道了饭桌上的食物的来之不易。我以后一定要更加爱惜粮食。

孟静宜 四⑵班

观后感

今天，我们去"中国博业博物馆"参观。我们学习了："健康饮食的近"三黑"远"三白"原则，自然界生长的各种天然食物的营养与它们的颜色密切相关，它们的营养价值排列顺序为：黑色食物最优，然后依次为红色→黄色→白色。所以营养学家提出：健康饮食应该"近三黑"：黑米、紫菜、黑芝麻；"远三白"的：白糖、食盐、猪油。另外，我们还玩了许多营养健康的一些游戏。

我这次去农业博物馆，有了不少的收获。

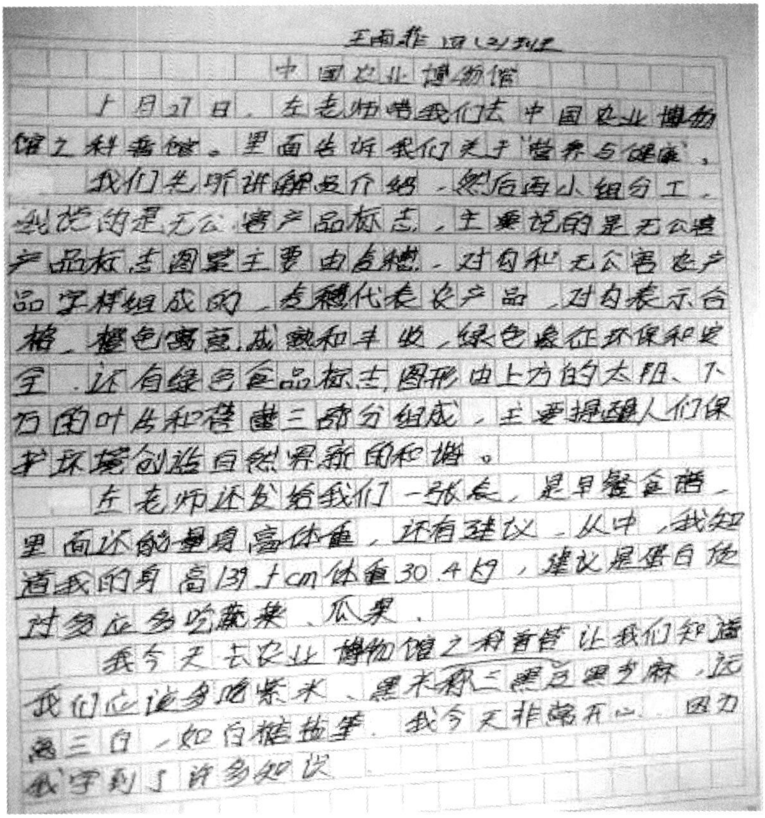

王雨菲 四(2)班

中国农业博物馆

5月27日，左老师带我们去中国农业博物馆之科普馆。里面告诉我们关于"营养与健康"。

我们先听讲解员介绍，然后再小组分工。我说的是无公害产品标志，主要说的是无公害产品标志图案主要由麦穗、对勾和无公害农产品字样组成的。麦穗代表农产品，对勾表示合格，橙色寓意成熟和丰收，绿色象征环保和安全。还有绿色食品标志，图形由上方的太阳、下方的叶片和蓓蕾三部分组成，主要提醒人们保护环境创造自然界新的和谐。

左老师还发给我们一张表，是早餐食谱，里面还能量身高体重，还有建议。从中，我知道我的身高139.5cm体重30.4kg，建议是偏瘦时多应多吃蔬菜、瓜果。

我今天去农业博物馆之科普馆让我们知道我们应该多吃紫米、黑米称三黑豆黑芝麻，应少吃三白，如白糖盐等。我今天非常开心，因为我学到了许多知识。

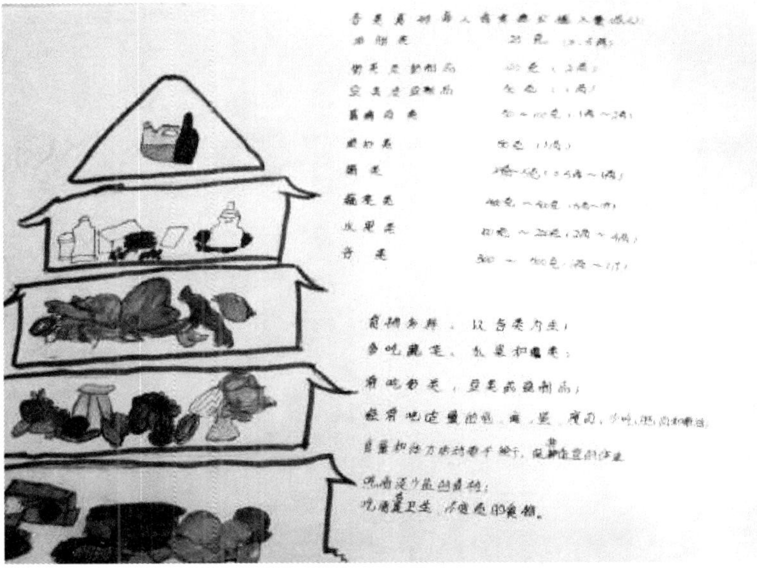

343

小学篇

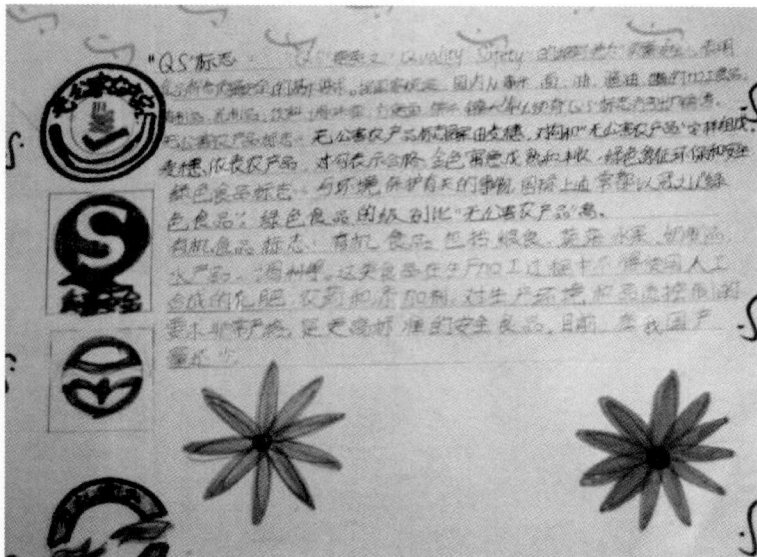

5. 收获与感言。

周志鹏："我觉得我收获的不光是知识，更重要的是认识了自己饮食习惯的不足，知道早餐包括四大类食品，这对我今后的成长意义很大。"

董颖："我觉得这次不光是参观，而且回来还有一系列的活动，例如通过超市选购食物，丰富了我的生活经验。每次活动都很有意义的。"

赵建涛："这次我觉得跟同学一块学习、游戏，在玩中学我很高兴，我和同学的关系更近了，也发现同学的一些闪光点。"

李露："这次活动参观都是游戏性质的，还有一些实践活动我都喜欢，所以我很开心。"

……

6. 全班汇报交流，分享快乐。

结合实践学习 拓展视野提高能力

——买自社会大课堂学生的报告

设计教师：朝阳区双桥第一小学 王 溪

教师指导学生活动的设计

（一）整体活动简介

我校开展的社会大课堂活动的主题是"结合实践学习 拓展视野提高能力"。通过本次活动，我们力求使学生将书本中所学习到的知识内容与社会实践活动有效地结合起来，加深巩固学生所认识到的科学内容，开拓学生认识客观世界的视野，发展学生发现与探索的能力，使学生得到一个知识性、趣味性、实效性、综合性的学习空间。

结合我校所在区域的社会教学资源，我们选择了中国电影博物馆作为社会大课堂活动中实践学习环节的资源场所。中国电影博物馆是目前世界上最大的国家级电影专业博物馆，是展示中国电影百年发展历程、博览电影科技、传播电影文化和进行学术交流研究的艺术殿堂。选择电影博物馆作为教学资源的重要组成部分，既有利于引导学生将书本知识与实际应用相结合，又有利于开拓学生的视野，加大学生的学习空间，提高学生的认识水平。

（二）学生活动方案

1. 课堂学习有关《光与色》、《光的传播》、《透镜》的科学内容，讨论光与透镜在生活中的应用问题。

2. 向学校提出申请，提交学生活动外出申请书。年级制订应急方案，安排相关教师提前若干次前往电影博物馆了解电影博物馆的情况，做到学生活动之前教师心中有数。

3. 与中国电影博物馆联系，通报学生人数和年级，安排讲解员。年级召开学生会，提出要求，发家长通知书。

4. 给学生分组安排研究任务，每个小组有不同的研究主题。

5. 结合教材内容指导学生带问题分组参观考察，参观结束后对学生进行系统的分组指导，并利用互联网来丰富各组的考察结果。

6. 课堂分组汇报。

7. 整理相关资料，汇总。

（三）主题实践活动内容的选择确定

从所罗列的问题中进行筛选，确定三个待学生解决的问题，并计划采取学生分组考察的方式。

三个问题为：a. 电影摄影机与放映机的原理

b. 电影摄影机与放映机的发展历史

c. 电影摄影机与放映机的种类

（四）学生分组、个体研究情况

将学生分成三个大组，每个大组探究一个主题；每个大组分成两个小组，分别从不同角度去搜集资料；每个小组内又以两人为一个学习单位。

一组：电影的摄影机与放映机工作原理。联系教材中的有关透镜、小孔成像的相关知识。

预期成果：考察资料、照片、视频、利用电影原理及电脑软件制作电影短片等。

二组：电影摄影机与放映机的发展历史。

预期成果：考察资料、相关照片、视频。

三组：电影摄影机及放映机的种类。

预期成果：考察资料、相关照片、视频。

学生通过自主探索、搜集资料、听讲解、寻帮助等形式积极主动、趣味性地进行学习。

学生活动报告

通过这次活动我们了解了人类电影的发展历史，电影摄影机的历史演变及电影摄影机的种类，了解一些电影镜头拍摄的方法。

（一）实验报告

分组考察的问题与记录单

活动记录情况　　　　　　　　调查报告

学生的实践考察与学习活动

学生考察与学习的汇报课

学生自制的透镜成像装置　　　　模拟静态画面是如何动起来的

争当小小摄影师，学生亲身感受摄影

（二）学生的感受和体会

学生感言摘抄

（1）宋思琪："在这次活动中，我们收获了很多关于电影和摄影的知识，真是让我大开眼界。这次活动不但让我们收获了知识，也使我们对科学的世界充满了好奇感。"

（2）张逸："我觉徥这次'社会大课堂'的活动非常有意义，我们知道了摄影机可以按很多条件来划分，学习到了许多的知识。"

（3）周简："这次，我们去了中国电影博物馆，学到了许多关于电影的知识，让我明白了电影中光的应用以及视觉暂留和透镜的知识，让我有很深的感受，我喜欢这次活动。"

利用中国科学技术馆新馆资源提升科学课学习效益

设计教师：朝阳区半壁店小学　李欣新　钱　宇

教师指导学生活动的设计

（一）整体活动简介

为了提升小学科学课的教学效果，提高学生科学课的兴趣，利用中国科学技术馆新馆建成有利条件，学校科学教师首先充分了解了新馆的各种资源以及与现在小学科学课程各种联系。我们设计了利用科技馆资源提升科学课的学习效益的课程。2010 年 4 月 23 日，学校全体师生一起来到中国科学技术馆新馆，开展多科联动的科技专题活动。新馆的常设展览包括科学乐园、华夏之光、探索与发现、科技与生活、挑战与未来五大主题展厅，公共空间展示区以及 4 个特效影院。师生们通过解说员的讲解、学习观察、动手实践等积极活动，提升了自己对于科学的兴趣，尤其是三、四、五、六年级学生，通过主动地探索与科学课程相关的科技活动，延拓了对小学科学相关内容的认识，提高了现有科学课的学习效益。

（二）学生活动方案

将科学课的教学中学生存留的科学疑问，到中国科技馆后，利用那里的丰富资源，展开对于疑问的探索，受到启迪，取得进步。

师生共同确定探索主题。

（三）实践探索主题的确定

1. 六年级探索主题

小学科学第 8 册有《飞行与空间技术》、《科技探索》等学习单元，与"挑战与未来"主题展厅内容联系紧密。

"挑战与未来"主题展厅位于新馆 4 层，面积 5100 平方米。展厅主要展示人类面临的重大问题与挑战，展示科技创新对可持续发展的贡献，展示人类对未来生活的畅想，使观众认识到创新是人类应对未来挑战的重大选择，引导观众对未来科技发展问题的关注和思考。

(1)六年级第一小组：探索克隆技术

(2)六年级第二小组：探索机器人

(3)六年级第三小组：探索信息技术

(4)六年级第四小组：探索太空生活

(5)六年级第四小组：探索月相的变化

2. 五年级探索主题的确定

小学科学第5册有《生活与技术》、《常用的材料》、《星球探索》等学习单元，与"探索与发现"主题展厅有密切联系。

"探索与发现"主题展厅围绕人类科学探索的若干重要方向及内容，把反映宇观探索的宇宙和微观探索的物质，反映对身边自然现象探索的运动、声音、光和电，反映对自身探索的生命，以及在人类探索活动中，起到重要作用的数学等科学内容串联起来，展示科技的美妙和神奇，展示人类在与自然交互的过程中体现出来的科学思想和方法，使观众在参与和体验中受到科学精神、思想和方法的启迪，享受探索与发现过程所带来的快乐。

(1)五年级第一小组：探索各种材料

(2)五年级第二小组：探索星空

(3)五年级第三小组：探索酸雨是怎么回事？

(4)五年级第四小组：探索声的科学

学生活动报告

(一)调查报告

参观北京科技馆新馆的调查报告

五年级　黄俊小组

[调查目的]

了解北京科技馆新馆对提升大众科技素养产生的作用，以及对于提高科技馆效果的改进建议。

[调查对象]

北京科技馆新馆的基本情况，参观者。

[调查过程]

时间：2010年4月23日星期五，我们在学校的组织下乘车来到位于北京国家奥林匹克公园中心区内的北京科技馆新馆。大部分时间，我们认真参观了科技馆，对它有了一个基本的认识。在参观过程中和参观之后，我们随机采访了各样的参观者，对他们的观点进行了归纳整理。

［调查效果］

被调查者认为：

1. 科技馆新馆的展厅内容，涵盖了现代科学技术的基本内容，体现了自然与社会的各个方面的科技内容。

2. 科技馆内的设施体现出了动手操作的特点，让参观者有良好的感受。

3. 科技馆的大部分参观者都认为，通过参观科技馆提高了自己对于科技内容的了解，增加了自己对科技的兴趣。这说明科技馆对于提升大众的科技素养起到了积极的促进作用。

4. 科技馆内的极少数设施已经损坏，没有及时修复，影响了科技内容的效果。

5. 科技馆内参观人员太多，声音太嘈杂，使人们不能专注于科技内容。

［调查建议］(把调查建议写信通知科技馆)

1. 建议科技馆内设立专门人员，及时检查各种设备，损坏后及时修复。

2. 对于每天参观人员数量作出限量，可以在展厅内设立吸声装置，降低噪音，使参观环境更好。

（二）学生的感受与体会

参观科技馆感想

四(2)班　李　春

星期五，老师带我们去参观中国科技馆，同学们早上一起坐上客车去了那里，中国科技馆在奥林匹克公园，环境很美，不远处还能看到一些奥运会比赛的场馆呢。

老师带领我们进去后，首先我看了华夏之光展厅，这里有很多我们祖先的伟大发明，比如有地动仪、编钟、灌溉用的水车等等很多模型，我看了地动仪，是汉代的张衡发明的，它能预测地震的方位，真的很神奇，我们的祖先很伟大。

我和几个同学去了科学乐园，那里有很多互动的场景，我看了一个听声音辨别动物的场景，这里能模拟发出几种动物的叫声来让参观的人来猜，我们的地球正是因为有了这些动物才显得更有活力和生机，我们应该爱护动物，和他们和谐相处。

在探索与发现展厅，这里有模拟太空景象的布置，还有灯光配合着，很激动人心，我在上科学课听老师讲，太空非常奇妙，我们人类还有很多知识要去探索，宇宙非常广大神奇，通过参观我非常渴望能尽早学习更多的太空知识。

在科技与生活展厅，我了解了交通工具带给我们的便利，现在我们出行非常方便了，有非常快的动车，飞机也非常便利，有了这些交通工具我们才能和世界各地交流。我们不论是外出旅游还是假期探亲都是那么快捷。科学知识带给我们生活的变化真大啊。

在探索与挑战未来这里，我看到了有月球模拟基地，基地上有一些和我们的房子不一样的建筑，听说月球上没有氧气，需要住在那种特别的房子里，还有火箭模型，老师讲过我们人类已经登上过了月球，相信再过一些年我们人类可以向月球移民了，那个时候将是多么激动人心的事情啊。

看了这些展览我非常的高兴和激动，我一定要好好学习，等我长大了我想参加探索宇宙的工作，我相信一定会很有趣，希望能让我们人类早日在月球上居住。

（三）学生科技征文

AE3180 号

洪方恩

我姓洪名方恩，已成为本年度最佳科技发明家，发明了众多机器，其中，最令我自豪的就是"AE3180 号宇宙飞船"了。

飞船高 30 厘米，直径为 20 厘米，看到这，你一定认为它是个遥控模型，其实不然，它可是本年度最强的载人飞船。去年最伟大的发明就是"漏斗门"。"漏斗门"由多种宇宙中最神奇的材料制成，可以任意将人放大或缩小，我们通过它，就能缩小到蚂蚁大小，从而进入到"AE3180 号"内部了。

我通过"漏斗门"进入了飞船内部。飞船分为三个部分，分别是："生活舱"，"驾驶舱"和"探索舱"。

首先映入眼帘的是"生活舱"。"生活舱"主要用于航天员的生活起居，有洗漱台、活动区、餐厅等，餐厅中也储存了许多食物，而且有"食品制造机"完全不用担心食物会不够。

中间就是"驾驶舱"了。本飞船的驾驶舱拥有世界级的尖端科技，操作十分简单，只要看一看说明书，不出 10 分钟就会用了，而且仅仅只需一个人，便可以操控了。

最前面就是"探索舱"了。它可以轻易的和飞船分离，用于去飞船不易到达的地方进行作业。不说了，我要去金星探索了！

"10，9，8，7，6，5，4，3，2，1，0 发射！轰！"随着一声巨响，我已经从地球出发，飞往金星。现在我正在突破大气层，在重压之下，我隐隐约约看到有一些陨石，仔细一看，原来是"太空清洁工"正在对"太空垃圾"进行"人道毁灭"呢！别说，还真挺好看。眨眼间，我就已经出了地球。地球外的风景真好看呀！一望无际的宇宙闪烁着点点星光和银色河流，天外陨石蠢蠢欲动，真让人诗情大发！我现在终于知道为什么说地球是蓝色星球，因为从外面看地球就是蓝色的。

一天后，我终于来到了金星。

金星表面温度很高，没有生命，不适合人类居住，正当我失望时，"生命探测仪"发消息说已在地下发现生命迹象，于是我便驾驶着"探索舰"钻入地下。眼前一片漆黑，我有些害怕，但探索的欲望支持着我，我又向更深处钻去。经过一段时间，眼前一片光明。地下有一个巨大的空间！这里的动物很奇特，有的是三头两眼，身披铠甲的龙形动物；有的是用四足行走，三头六臂的灵长类动物等等，这里的植物也很奇特，有的像椅子，有的像飞机，还有的像蝴蝶，特别是果实，能飞，降落点都是肥沃的土地，跟有智慧似的，真是太有趣了！我很兴奋，马上上报地球"宇宙探索委员会"。

我将"AE3180 号"改良后，乘坐着它，继续我的探索之旅……

农博归来话养生

——来自社会大课堂学生的报告

设计教师：朝阳区京通小学　居献忠

教师指导学生活动的设计

《黄帝内经》是我国现存最早、最完整、内容最丰富的医学巨著，里面提出了五种养生原则，其中的第一条便是"法于阴阳"，即养生要效法自然界阴阳的变化规律，按照"春生、夏长、秋收、冬藏"的四季变化规律生活。使人体与自然浑然一体，做到"道法自然"，与我国传统的二十四节气密切相关。

我觉得，养生并不是成年人的专利，小学生懂得一些相关知识有利无害，无需头头是道、无需长篇大论，学懂一些就好。2009－2010 学年，我在学校开设了校本课程《养生智慧》，通过学习，参加活动的学生了解了一些养生知识与方法，逐步养成了良好的生活习惯。

教师讲解养生知识

学生学习与交流

2010 年 4 月份，在社会大课堂活动中，我带领养生班的学生来到了中国农业博物馆。学生们发现，他们在养生班学到的知识在农博场馆中有所体现，养生知识与节气、农产品、农业环境密切相关。于是，就学生在农博中的发现，我们确定了一项学习内容"农博归来话养生"。要求学生运用所学知识，搜集与季节有关的养生知识，制定营养食谱。

学生走进农业博物馆

学生活动报告

通过资料的搜集与整理，加上进一步的交流与合作，"农博归来话养生"活动取得了一定成果。

例一：学生制定的一周早餐食谱

周一：三明治面包、肉松、花生酱、牛奶、番茄

怎样做：取两片三明治面包，在一片上抹一小匙花生酱，再加上一点肉松(稀疏地铺满面包片那么多)，将一个番茄切片夹在中间，牛奶饮用量为 250 毫升。

周二：豆沙包、豆浆、腐乳、鸡蛋、苹果

怎样做：取两个小豆沙包加热，一个鸡蛋煮熟，取腐乳少量，与豆浆、苹果搭配一起食用。豆浆饮用量为 250 毫升。

周三：馒头、豆浆、豆腐干、咸鸭蛋、鲜橙

怎样做：馒头加热，咸鸭蛋切两半，只吃一半，豆腐干 50 克，鲜橙切开，搭配 250 毫升豆浆一起食用。

周四：全麦面包、香肠、酸奶、鸡蛋、黄瓜

怎样做：取全麦面包两至三片；一个鸡蛋煮熟；再取 1/2 根黄瓜切成小条并加少许盐；配一根香肠；饮用 200 毫升酸奶。

周五：汉堡面包、奶酪、果酱、牛奶、麦片、猕猴桃

怎样做：一个汉堡面包横切两半，抹一小匙果酱，中间加两片奶酪；一个猕猴桃切片，加在面包中或直接食用均可。小半杯麦片加牛奶饮用。

例二：学生搜集到的营养早餐知识

都说"一年之计在于春，一日之计在于晨"，有些人也许第一想到的是锻炼身体，可是早餐也是人们不可忽视的一个重要问题，因为只有营养人们才会更健康．下面就为你介绍几道营养早餐食谱。

（一）肉末菜粥，豆沙包，芹菜豆腐干。肉末菜粥：粳米、糯米、肉末、菠菜、胡萝卜。豆沙包：面粉、赤豆沙、果脯、猪油。芹菜豆腐干：芹菜、豆腐干丝、茭白丝、香菇。

（二）燕麦粥，菜肉包，什锦泡菜。燕麦粥：燕麦片、火腿丝、胡萝卜末、香菜。菜肉包：面粉、肉末、腌小白菜、豆腐干、香菇。什锦泡菜：大白菜、榨菜、小黄瓜、辣椒等。

（三）黑枣粥，鲜肉小笼，茭笋豆干。黑枣粥：粳米、糯米、马芽枣、核桃。鲜肉小笼：面粉、肉末、冬笋、香菇。茭笋豆干：茭笋、豆腐干、胡萝卜、香菇。

（四）皮蛋粥，果酱包，雪菜肉末。皮蛋粥：粳米、糯米、皮蛋、芹菜、火腿。果酱包：面粉、果酱、核桃、牛奶。雪菜肉末：雪菜、肉末、土豆、胡萝卜。

（五）菜肉馄饨，白果糕，鹌鹑蛋。菜肉馄饨：面粉、肉末、腌小白菜、香菇、姜。白果糕：糯米、粳米、白果、核桃、葡萄干。鹌鹑蛋：鹌鹑蛋、绿豆芽、青椒丝。

（六）牛奶果羹，鲜肉青团，牛肉土豆丁。牛奶果羹：牛奶、苹果、橘子、葡萄干。鲜肉青团：糯米、青菜汁、肉末、香菇、冬笋、火腿末。牛肉土豆丁：牛肉、土豆、胡萝卜、圆椒。

例三：学生搜集的"幼儿一年四季适合吃什么"知识

春季：

幼儿从室内转移到室外，活动增加，这时幼儿的需钙量也较大。食谱安排就要含钙三富的食物，如肉骨头黄豆汤、紫菜虾皮汤、海带、牛奶等。而且必须使幼儿得到足够热量和优质蛋白以满足幼儿生长发育和活动的需要。

夏季：

炎热，幼儿食欲欠佳，活动和睡眠相对减少，膳食必须注意色彩鲜艳、形式多样、品种丰富，以清淡为主，不要太油腻，利用色、香、味、形来刺激幼儿的食欲。另外多吃些清热、解毒、消暑的食品和瓜果，如绿豆、冬瓜、苦瓜、番茄、丝瓜、西瓜等。

秋季：

天气比较干燥，幼儿容易唇干开裂，鼻腔干燥容易出血，便秘，内热较重等，应多吃些生津润肺如萝卜、藕、山药、百合、芋艿、鸭子等。

冬季：

运动量相对较少，由于寒冷，自身消耗热量较多，需要热量补充，容易有饥饿感，需要从食物中得到热量补充，幼儿膳食中可以适当加些高热量高蛋白的食物，菜肴的味道可烧得味浓一些，使幼儿爱吃，另外应吃些赤豆、红枣、木耳、莲心，以利健脾补血。

例四：学生搜集到的节气养生知识（部分）

二十四节气之立春养生篇

二月四日是立春。立春是一年中的第一个节气，"立"开始之意，立春揭开了春天的序幕，表示万物复苏的春季的开始。此刻"嫩如金色软如丝"的垂柳芽苞，泥土中跃跃而试的小草，正等待着"春风吹又生"，而"律回岁晚冰霜少，春到人间草木知"，形象地反映出立春时节的自然特色。随着立春的到来，人们明显地感觉到白天渐长，太阳也暖和多了，气温、日照、降水也趋于上升和增多。人们按旧历习俗开始"迎春"，我国的台湾还将立春这一天定为"农民节"，这是冬三月农闲后的最后一天休息。农谚说得好：立春雨水到，早起晚睡觉。农事活动由此开始，这时人们也走出门户踏青寻春，体会那最细微的最神妙的春意。

春季养生要顺应春天阳气生发，万物始生的特点，注意保护阳气，着眼于一个"生"字。按自然界属性，春属木，与肝相应。（这是五行学说，以五行特性来说明五脏的生理活动特点，如肝喜调达，有疏泄的功能，木有生发的特性，故以肝属"木"）肝的生理特点主疏泄，在志为怒，恶抑郁而喜调达。在春季精神养生方面，要力戒暴怒，更忌情怀忧郁，做到心胸开阔，乐观向上，保持心境恬愉的好心态。同时要充分利用、珍惜春季大自然"发陈"之时，借阳气上升，万物萌生，人体新陈代谢旺盛之机，通过适当的调摄，使春阳之气得以宣达，代谢机能得以正常运行。

春季气候变化较大，天气乍寒乍暖，由于人体腠理开始变得疏松，对寒邪的抵抗能力有所减弱，所以，初春时节特别是生活在北方地区的人不宜顿去棉服，年老体弱者换装尤宜审慎，不可骤减。《千金要方》主张春时衣着宜"下厚上薄"，《老老恒言》亦云："春冻半泮，下体宁过于暖，上体无妨略减，所以养阳之生气"。春天在起居方面，人体气血亦如自然界一样，需舒展畅达，这就要求我们夜卧早起，免冠披发，松缓衣带，舒展形体，多参加室外活动，克服倦懒思眠状态，使自己的精神情志与大自然相适应，力求身心和谐，精力充沛。

饮食调养方面要考虑春季阳气初生，宜食辛甘发散之品，不宜食酸收之味。《素问·藏气法时论》说："肝主春，……肝苦急，急食甘以缓之，……肝欲散，急食辛以散之，用辛补之，酸泻之"。在五脏与五味的关系中，酸味入肝，具收敛之性，不利于阳气的生发和肝气的疏泄，饮食调养要投其脏腑所好，即"违其性故苦，遂其性故欲。欲者，是本脏之神所好也，即补也。苦者是本脏之神所恶也，即泻也。"明确了这种关系，就能有目的地选择一些柔肝养肝、疏肝理气的草药和食品，草药如枸杞、郁金、丹参、元胡等，食品选择辛温发散的大枣、豆豉、葱、香菜、花生等灵活地进行配方选膳。

春季养生另一方面，就是要防病保健。特别是初春，天气由寒转暖，各种致病的细菌、病毒随之生长繁殖。温热毒邪开始活动，现代医学所说的流感、流脑、麻疹、猩红热、肺炎也多有发生和流行。为避免春季疾病的发生，在预防措施中，首先要消灭传染源；二要常开窗，使室内空气流通，保持空气清新；三要加强锻炼，提高机体的防御能力。此外，注意口鼻保健，阻断温邪上受首先犯肺之路。

例五：学生搜集到的四季养生方法

春季：

在春天，人的生理变化主要体现在以下几点：一是气血活动加强，新陈代谢开始旺盛。二是肝主春，肝气开始亢盛。

春季饮食养肝为先，要遵照《黄帝内经》里提出的"春夏补阳"的原则，宜多吃些温补阳气的食物，以使人体阳气充实，增强人体抵抗力，抵御风邪为主的邪气对人体的侵袭。

多食甜少食酸，多吃清淡一点的食物。春季饮香气浓郁的花茶，可有助于散发冬天积在体内的寒邪，促进人体阳气生发。适量饮茶，还可提神解困，但春季不宜贪冷饮。另外在春季一定要多吃新鲜蔬菜，水果，更有利于身体健康。

夏季：

此时天气渐热，植物繁盛，根据顺应四时的养生法则，人在整个夏季的养生中要注重对心脏的特别养护。《医学源流论》说"心为一身之主，脏腑百骸皆听命于心，故为君主。"

盛夏酷暑，人体出汗多，需补充水分，保持机体平衡。夏日炎热，胃肠功能受暑热刺激相对减弱。为此，保证胃肠功能正常，选用食物滋养补益，抵御暑热侵袭，是夏季养生的重要一环。古代医学家李时珍曾提出，食粥一大碗是夏季最佳饮食。如将绿豆、莲子、荷叶、芦根、扁豆等加入粳米中一并煮粥，并搁凉后食用，可起到健胃、驱暑的功效。孙思邈在《摄养论》中说"四月，肝脏已病，心脏渐壮。宜增酸减苦，补肾强肝，调胃气。五月，脏脏气休，心正王，宜减酸增苦，益肝补肾，固密精，卧起惧早。六月，肝气微，脾脏独王。宜减苦减咸，节约肥浓，补肝助肾，益筋骨。"

秋季：

合理膳食，以防燥护阴、滋阳润肺为准则。因此，秋季饮食宜清淡，多食新鲜蔬菜水果，肉类可食兔肉、鸭肉、青鱼等，多吃广柑、山楂，多吃香蕉、梨、蜂蜜等润肺生津的食物，尽量少食肥腻之物。体质虚弱的人可以粥食为主，可多吃些红枣、莲子、百合、枸杞子等清补、平补之品，但不能猛吃大鱼大肉。不要吃太寒凉的食物，以保护胃肠。

积极参加体育锻炼，是秋季保健中最积极的方法。秋季要早睡早起，晨起后要积极参加活动健身锻炼。不过在参加体育锻炼的同时要加强保暖，做好预防工作。

衣装适宜，在此季节只要不是过于寒冷，就要尽量让机体保持于凉爽状态，让身体得以锻炼，使其具有抗御风寒的能力。但是金秋季节，气候变化无常，要顺应气候变化，适当注意保暖，根据天气情况，及时增减衣服。

适度饮水，秋天干燥季节要多饮水。适度饮水是秋天润燥、防燥不可少的保养措施。饮水以少量频饮为佳，才能对口、鼻、咽、喉、食管，乃至气管产生更大的滋润作用。

冬季：

注意保暖。预防寒冷侵袭是必要的。但不可暴暖，尤忌厚衣重裘，向火醉酒，烘烤腹背而暴暖大汗。

必须经常保持脚的清洁干燥，袜子勤洗勤换，每天坚持用温热水洗脚，同时按摩和刺激双脚穴位。每天坚持步行半小时以上以活动双脚。此外，选一双舒适、暖和、轻便、吸湿性能好的鞋子也相当重要。

必须多饮。冬日虽排汗排泵减少，但大脑与身体各器官的细胞仍需水分滋养，以保证正常的新陈代谢。冬季一般每日补水量不应少于2000～3000毫升。

农业博物馆里的发现

——社会大课堂实验报告

设计教师：朝阳区定福庄第一小学　马金辉

教师指导学生活动的设计

本内容选自北京市义务教育课程改革实验教材，首都师范大学出版的《品德与社会》五年级下册第一单元"我们的衣食之源"，主题三"农业博物馆里的发现"的"远古农业的出现"和"农业工具的演变"。本教学内容主要是通过挖掘社会大课堂实践基地——中国农业博物馆的优质资源，带领学生在农博开展课中学习。最终使学生知道原始农业的发展状况，了解传统农业时期的耕作方式。了解我国传统农具的发明和演变以及传统农具在农业中所发挥的作用，从而使教学中的重难点得以突破。

（一）整体活动简介

本活动主要针对北京市义务教育课程改革实验教材，首都师范大学出版的《品德与社会》五年级下册第一单元"我们的衣食之源"，主题三"农业博物馆里的发现"一课中的重点、难点问题到社会大课堂课实践基地——中国农业博物馆开展课中教学模式研究学习。此模式分为三个阶段：

第一阶段：准备阶段
第二阶段：实施阶段
第三阶段：物化成果阶段

通过以上三个阶段的学习，开拓了学生视野，使学生的学习能力、合作能力得以提高。

（二）学生活动方案

1. 学生首先要对教材的内容进行预习。
2. 在预习的基础上，填写问卷提取出比较难以理解的问题。

五年级《品德与社会》社会大课堂学习调查问卷

同学们：

我们很快就要开始学习五下品社第一单元的主题三"农业博物馆里的发现"这节课，通过课前对本课知识的学习，你一定会有很多收获，也一定会有许多困惑等待解答，如果老师带领大家去中国农业博物馆参观，在博物馆里去学习你不懂的知识，你愿意吗？

还等什么，赶快把你最想了解的课文当中的问题写下来吧！

问　　题	在课文中的位置	学习方式选择（讲解、体验……）
1		
2		
3		
4		
5		
6		

3．通过图书馆、网上查阅资料形成先期学习成果。

4．到农业博物馆实践学习，获取新知。

5．在实践基地探寻新发现，解决疑难问题。

（三）主题实践活动内容的确定选择

1．什么是"二牛抬杠"？为什么杠上还要坐着一个人？他起到什么作用呢？

2. 曲辕犁起源以及它的工作原理是什么？

3. 什么是刀耕火种？

4. 耧车的起源以及它的工作原理是什么？

5. 古代水利灌溉工具"以水为力"的原理

364

（四）学生分组、个体研究情况

1. 宣布参观学习要求

（1）遵守秩序、保持安静

（2）保护文物、严禁触摸

（3）小组合作、分工得当

（4）仔细倾听、认真领悟

2. 学生分小组分别研究疑难问题

（1）什么是"二牛抬杠"？为什么杠上还要坐着一个人？他起到什么作用呢？（小组探究，讲解员讲解）

（2）曲辕犁起源以及它的工作原理是什么？（观看馆内视频直辕犁、曲辕犁工作原理介绍）

（3）什么是刀耕火种？（讲解员讲解）

（4）耧车的起源以及它的工作原理是什么？（观看馆内视频 耧车的工作原理）

（5）古代水利灌溉工具"以水为力"的原理（与讲解员互动，转动水利灌溉模型，体验水利工具的神奇）

学生活动报告

（一）学生的感受与体会

参观农业博物馆的感受

六(1)班　黄瑞博

今天，学校组织去农业博物馆，馆里有古代的人物和农具等，这次参观给我留下了深刻的印象和感受。

首先我们先来到了中国农业文明馆，大厅当中陈列着五位传说中的人物，他们分别是：黄帝、炎帝、嫘祖、大禹和农神。后来我们看到了很多的农具，再往后走，我们还看到了养殖技术。在这个部分里，我看到了原始野猪到现代养猪，它们之间发生了很大的变化。渐渐地，我们参观完了这个展厅。

到了下午，我们来到既有意思又好玩的青少年农业科普馆。这里有很多好玩的东西，在里面，我玩到了很多好玩的，比如：抢答题，辨识害虫等，这些都很好玩。

这次活动给我留下了深深的感受。给我印象最深的是：从原始野猪到现代养猪，它们让人感到好奇，总想知道为什么会有有这么大的变化呢？在农业科普馆里总让人有一种贪玩的心，也可以让人丰富知识，很多的游戏也教我们如何辨识害虫，还可以增加知识。真是让人觉得有一种越玩越有趣的感受。

这次去中国农业博物馆，既给我带来了快乐，也给我带来了知识。

农博参观感受

五(3)班　寒琳锾

星期三，学校带部分同学去"中国农业博物馆"参观。

中国农业博物馆内苍松翠柏，环境幽雅。丰富的藏馆诉说着农业大国的古往今来，展示我国悠长绵延的历史和灿烂辉煌的农业文明。

首先，我们来到了《中华农业文明展览馆》。由序厅和农业文明的演进，农具的发明与传承，水利工程与水力利用等七个部分组成，体现了我国农业文明和科技的核心价值。在这个展馆内，我了解了中国农业文明的发展历程。

接着，我们又来到了"三幕影院"。影片主要反映中国古代发明的"二十四节气"与农时的关系。最精彩的要数夸夫从我们头顶跃过，之后又倒下来的那一瞬间，我们用手抱着头，发出尖叫。走出"三幕影院"，我觉得意犹未尽。

"中国土壤标本"陈列馆以土壤标本为主要载体，汇集了我国主要的土壤资源类型。全方位增强了我们对土壤的相关知识，唤醒我们对我国土壤问题的危机意识，增加人类自身生存环境的认识。

"科普馆"里有许多既好看又好玩的科学游戏，让我们在动手的同时学会科学知识，真是一举两得。

这一天，我收获颇丰，增长了许多农业知识。

游《中国农业博物馆》有感

六（1）班　魏雪银

今天，学校组织我们这些校内的精英们一起去《中国农业博物馆》参观。

进去之后，只见院内环境优雅，苍松翠柏，繁华绿草，呈现出一片美丽的景象。听说，可是国内唯一的国家级农业博物馆。

还没等我们欣赏完院内的风景，便开始参观馆内的陈列馆。分别有《中国农业文明》、《中国传统农具》、《中国土壤标本》、《彩陶中的远古农业》、《青少年科普馆》等五个基本陈列和一个是为展园。

其中，我最喜欢的是《青少年科普馆》。《青少年科普馆》集科学性、知识性、趣味性和互动性为一体，突出了参与活动效果，让我们在"好看有好玩，动手又动脑"中了解农业科学知识，培养我们热爱科学，热爱农业的志向，激发我们科技创新的意识和对未来农业的畅想与期待。

（二）学生作品

1. 毛猴农耕场景

2. 软陶农耕场景

3. 美术作品赏析——古代农耕图

种子一生的研究

——植物生长观察日记

设计教师：朝阳区兴隆小学　张宏亮

教师指导学生活动的设计

（一）整体活动简介

中国农业博物馆坐落在北京东三环，陈列馆面积近5000平方米。是北京市的"园林式单位"。博物馆内陈列内容丰富，生动形象，是了解中国悠久的农业历史和当代中国农业成就的窗口。今年2月份，管庄学区成立了社会大课堂活动项目小组，以中国农业博物馆和电影博物馆为核心，挖掘课程资源，开展社会大课堂实践活动。老师们先后四次深入中国农业博物馆，开展前期调研。通过调研，老师们发现农博馆有大量的教育资源可供开发。尤其是当老师们参观四号馆时，看到了许多农作物的种子，想到了如果能开展"种子的一生"研究实践活动，将会对学生产生巨大的影响。此想法立刻得到了农博领导的大力支持，他们将向学生免费发放种子、花盆及肥料。于是本次活动的大主题《种子一生的研究》就这样确立了。

（二）教师对学生的前期指导

1. 走进农业博物馆进行实地调查

活动前学生利用不同途径了解农博馆及种子的相关知识，学生自愿结合了小组带着研究的问题走出农业博物馆。

2. 开展种子一生研究社会大课堂的启动仪式

2010 年 4 月 7 号在农博 2 号场馆开展种子一生研究的启动仪式。

农博林处长给学生发放种子

师生与农博工作人员合影留念

(三)学生活动方案的提出

在这个大主题环境下：为了更好地观察从农博带回来的 10 种蔬菜的生长状况与变化。很多同学都用纸和笔用观察日记的形式来记录。

(四)学生活动方案

活动目的：观察植物生长变化特点

研究问题：10 种蔬菜生长变化是怎样的？

活动准备：纸、笔、植物

活动地点：学校各班的教室

活动时间：2010 年 4 月－6 月

活动任务步骤：

1. 每天负责对一种蔬菜生长与变化进行观察。

2. 每天负责给植物浇定量的水。

3. 每天写出观察日记。

4. 反思。

活动照片：

学生边观察边写日记

学生边观察边写日记

学生边观察边写日记

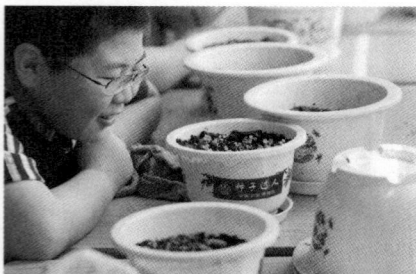

学生边观察边写日记

学生活动报告

种子发芽观察日记三则

（一）

　　　　　　　　4月11日　　　星期日　　　天气 晴

　　今天早上，我发现丝瓜种子长出了小小的根。那是老师给我们做实验的。老师给我们时，它还是直径不足1厘米的丝瓜呢，扁扁的，现在已经长出了非常短的根，并且也长出了几乎看不见的须根。

　　有几粒丝瓜已脱去外面的"衣服"，还有几粒丝瓜正在脱"衣服"，脱去衣服的丝瓜种子像一个绿色的小气球。种子的根是一节一节的，根的边上有几个凸出的小棱角，这就是它的须根；它的子叶像一个扁扁的羽毛球拍，绿色，还带有一些光泽，无论是近观还是远看都舒适极了。丝瓜的发芽期可能使你意想不到，一般的种子发芽要1～2个星期，而丝瓜的种子，只要在适合生长的环境下，长则4～5天，短则只有1～2天。

　　我把丝瓜的种子放在客厅里，既能方便我观察，又能为家里增添一点绿色。怪不得我们全家人都喜欢它！

（二）

　　　　　　　　4月12日　　　星期一　　　天气 晴

　　今天早上，我发现丝瓜已经头顶大盖帽挺立起来了，根部有紫色的环节。几天不见，子叶上积了厚厚的一层灰，连根也不例外。我怕丝瓜的种子沾上了灰尘，影响了它的生长，这就不得了了。想到这儿，我决定给丝瓜种子"洗个澡"。于是我便拿来一个喷壶，在喷壶里边灌满清水，然后朝着每一片子叶喷，一边喷水，一边用手在子叶上轻轻地搓抹两下。"好了，清洗完毕，丝瓜芽儿快快长大吧。"我微笑着自言自语地说。

　　清洗好的丝瓜种子绿莹莹的，像翡翠一样，不再像刚才灰蒙蒙的，无精打采的。它在阳光上闪闪发亮，好像在说"谢谢你，小主人！"

（三）

4 月 13 日　　星期二　　天气　晴

今天中午，我发现丝瓜已经长出了小小的叶子，叶子毛茸茸的一对，像一把小小的蒲扇，从子叶内脱颖而出，子叶好像也缩小、干瘪了许多，我后来才知道子叶缩小、干瘪是因为叶子长出来了，子叶要提供给叶子养料，让小叶子顺利地生长。看到丝瓜长出了叶子，我兴奋极了，连忙取出尺子，一量，好家伙！原来才 1 厘米，现在都快 16 厘米啦，我轻轻地抚摸着它，心想：丝瓜，丝瓜，你快快长吧，我会看着你，陪着你长大。

几天的观察，又通过电脑查阅了种子的许多资料，我知道了种子发芽是胚根先从子叶里冒出来，长成立根，然后子叶张开，再长出小芽的。有些种子的子叶并没有贮藏多少营养物质，出土后就得进行光合作用，制造营养物质供植物初期生长。

种子一生的研究

——土壤对植物生长的研究

设计教师：朝阳区兴隆小学　张宏亮

教师指导学生活动的设计

（一）整体活动简介

中国农业博物馆坐落在北京东三环，陈列馆面积近5000平方米。是北京市的"园林式单位"。博物馆内陈列内容丰富，生动形象，是了解中国悠久的农业历史和当代中国农业成就的窗口。今年2月份，管庄学区成立了社会大课堂活动项目小组，以中国农业博物馆和电影博物馆为核心，挖掘课程资源，开展社会大课堂实践活动。老师们先后四次深入中国农业博物馆，开展前期调研。通过调研，老师们发现农博馆有大量的教育资源可供开发。尤其是当老师们参观四号馆时，看到了许多农作物的种子，想到了如果能开展"种子的一生"研究实践活动，将会对学生产生巨大的影响。此想法立刻得到了农博领导的大力支持，他们将向学生免费发放种子、花盆及肥料。于是本次活动的大主题《种子一生的研究》就这样确立了。

10位学生在参与这个研究实验的整个过程，经历2个月左右的时间，在同种子一起成长的过程中，学生学会了观察、记录、拍摄、数据分析等科学方法与技能，更学会了关心照顾植物这一小小的生命，时时注意小苗的一点一滴变化。学生的心已经与小苗的成长联系到了一起。这一点对于学生尤为重要，作为教师我们不但要让学生掌握方法与技能，更重要的是让学生成为一个能关心同伴，关爱他人的社会和谐人。

1. 教师对学生的前期指导

（1）走进农业博物馆进行实地调查：活动前学生利用不同途径了解农博馆及种子的相关知识，学生自愿结合了小组带着研究的问题走出农业博物馆。

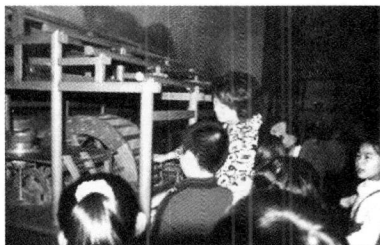

（2）开展种子一生研究社会大课堂的启动仪式：2010 年 4 月 7 号在农博 2 号场馆开展"种子一生的研究"启动仪式。

农博林处长给学生发放种子

师生与农博工作人员合影留念

（3）对种子进行分类。利用肉眼、放大镜、尺子对种子按形状、大小、颜色进行分类。

学生观察种子外部特征

学生用放大镜观察种子

2. 研究问题的提出

在这个大主题环境下，为了更好地观察从农博带回来的 10 种蔬菜种子的生长状况与变化，通过实践去发现植物的生长与哪些因素有关。在教师带领下形成了"土壤对植物生长产生怎样影响"的研究小组。

（二）学生活动方案

活动目的：了解影响植物成长的因素

研究问题：哪一种土壤更有利于植物的生长？

活动准备：小水壶 3 个、有机肥、普通土、10 种不同的种子、花盆 20 个

活动地点：兴隆小四层向阳的一间教室

活动时间：2010 年 4 月－6 月　每天早晨 10：00—10：30　周六周日除外

活动成员：袁安生、闫禹、张梓筠、韩嵩、高辉、张一弛、余生、张世友、冯乾、郑纪慈

活动分工：每人每天轮换为本教室的卫生负责人。

每人每天轮换从墙上温度计读取室内的温度与湿度。

每人每天负责对一种蔬菜在两种土壤中的生长与变化进行观察。

每周日上兴趣班的同学，负责一次的定量浇水。

猜想：有机肥料的土壤更利于小苗的生长。

活动步骤：(1)把 10 种种子种在两种土壤，并套上同样的白色塑料袋。

(2)每天花盆放在同样的位置，每天浇同样多的水。

(3)待种苗出来后，每天同一时间做观察与记录。

(4)学习定位拍摄技术，记录小苗生长过程。

(5)得出结论。

学生活动报告

学生于 2010 年 4 月 29 日把 10 种蔬菜统一播下。

(右图中：挨着两盆蔬菜为同一种。大一点的白盆为普通土，小一点的盆为有机肥。同一教室，享受同样的阳光，每天浇同样多的水。)

(一)种植过程

五一过后，同学们发现小苗长了出来，于是开始记录。

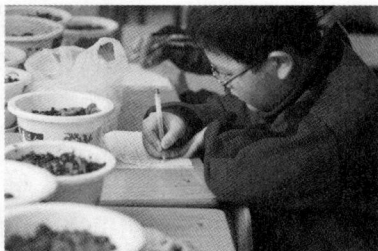

4 月 29 日统一播种

每天定时浇水

每天观察记录

每天拍摄植物生长的变化。

1. 分组的研究情况一

一号种子的生长过程（摄影：袁安生）

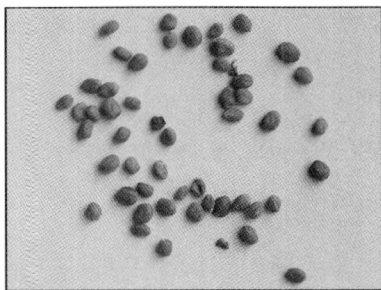

一号种子

2. 分组的研究情况二

二号种子的生长过程（摄影：张梓筠）

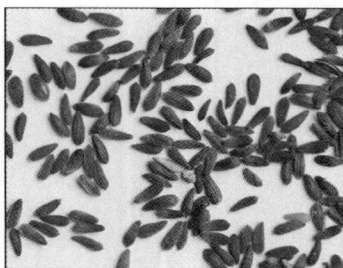

图 1　二号种子

图 2　小苗有向光的特性

图 3　浇水后的叶子更美丽

图 4　浇完水的叶子美丽极了

图 5　种子发芽了

图 6　小苗长出真叶了

图 7　汢麦菜成熟了

图 8　看它长得多高了

3. 分组的研究情况三

十号种子的成长过程（摄影：张一驰）

十号种子

5 月 6 日种子发芽了

5 月 10 日小苗长出来很多

5 月 14 日小苗的子叶多好看

5 月 21 日小苗长出了真叶

5 月 23 日真叶变大了

377

6月10日小苗长出更多的叶子

6月30日生菜成熟了

（二）听取农博专家的建议

1. 提前收集自己种植的小问题。
2. 专家到学校有针对性地给学生讲解。
3. 学生们听完后，积极地动手实践起来。

（三）学生利用电脑制作不同土壤对植物影响的图表并分析

1. 把观察日记中的所有相关的数据输入电脑。
2. 学会 Excel 表格的使用。
3. 制作表格。
4. 分析折线统计图。

举例 1：一号种子萝卜的分析图表（制作人：袁安生）

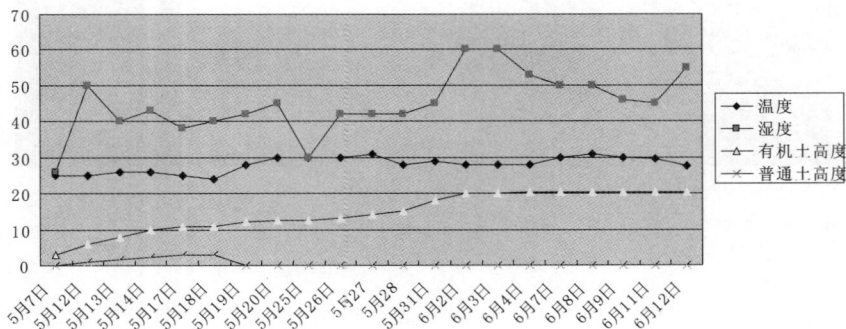

温度
湿度
有机土高度
普通土高度

通过这个图表我发现一号种子萝卜在同一教室内，每天浇同样多的水，享受同样多的阳光等相同条件下，只改变了种植的土壤，一个有机肥一个普通土的情况下，我们看到的现象就不相同了。上图这一条黄色线表示有机土中小苗高度的变化，上图中浅蓝色的表示普通土小苗身高的生长变化。随着时间的一天天过去，我们发现黄色的线也就是有机土中小苗的身高线是平稳上升的。到 6 月 4 日以后的身高没有什么变化。经过和老师讨论后，我们明白了为什么 6 月 4 日后萝卜不再长身高了，原来这个时候小萝卜开始长其根部，从而形成真正的萝卜。反出来我们再看代表普通土中小苗身高变化的浅蓝色线会发现，5 月 14 日以后在相同条件下的小苗已经死了。从而看出有机肥是有利于一号种子萝卜生长的。

举例 2：二号种子的分析图表（制作人：张梓筠）

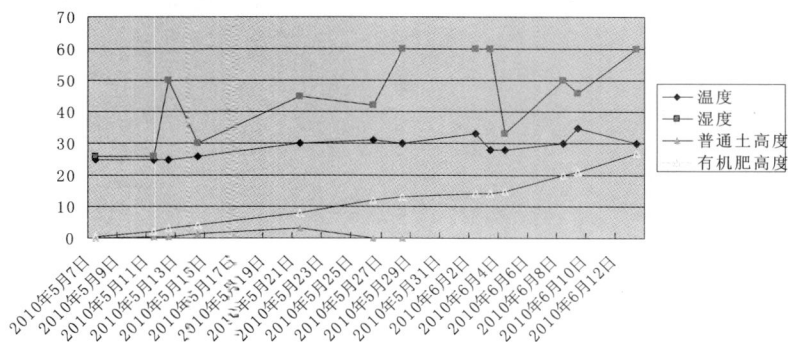

通过这个图表我发现二号种子油麦菜在同一教室内，每天浇同样多的水，享受同样多的阳光等相同条件下，只改变了种植的土壤，一个有机肥一个普通土的情况下。我们看到的现象就不相同了。上图这一条黄色线表示有机土中小苗高度的变化，上图中浅蓝色的表示普通土小苗身高的生长变化。随着时间的一天天过去，我们发现黄色的线也就是有机土中小苗的身高线是不断上升的，尤其是 6 月 4 日以后上升的坡度最大，也就是身高变化更加明显了从 15 厘米长到 27 厘米。为什么出现这种现象呢？一种可能是这种植物的生长特点造成的。还一个原因，经过分析我们发现，是因为在一盆中的小苗长得越来越多越来越大，我们就把小苗移到了不同的盆里，做观察实验的盆中只留一颗小苗。充足的营养会让小苗长得更好。反过来我们再看代表普通二中小苗身高变化的浅蓝色线会发现，5 月 26 日以后在相同条件下的小苗已经死了。并且普通盆较有机盆稍大一些，土壤更多，但没有出现普通土中小苗长得更好的现象，从而我们更证明了有机肥对小苗生长较普通土更有利。（下图是生长过程中不同土壤中油麦菜小苗生长的情况。）

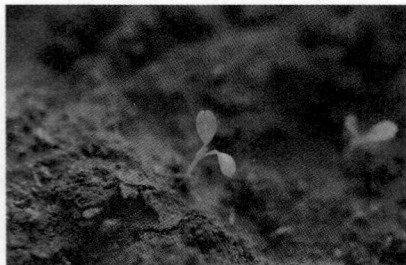

5 月 14 日 9：57 拍摄的有机肥中的油麦菜　　5 月 14 日 9：58 拍摄的普通土中的油麦菜

举例 3：七号小白菜分析图表（制作人：韩嵩）

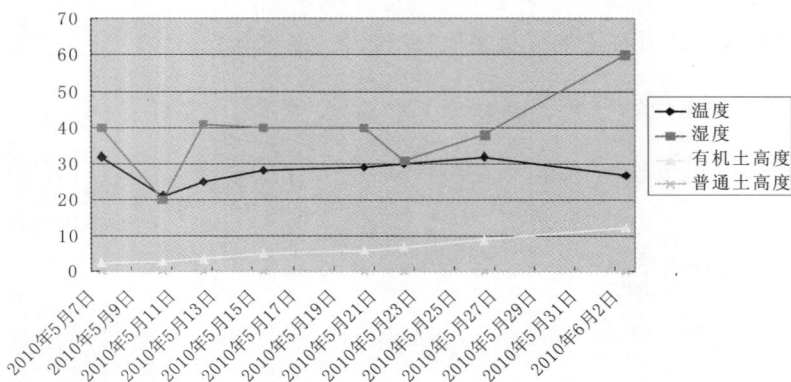

　　通过这个图表我发现七号种子小白菜在同一教室内，每天浇同样多的水，享受同样多的阳光等相同条件下，只改变了种植的土壤，一个有机肥一个普通土的情况下。我们看到的现象就不相同了。上图这一条黄色线表示有机土中小苗高度的变化，上图中浅蓝色的表示普通土小苗身高的生长变化。随着时间的一天天过去，我们发现黄色的线也就是有机土中小苗的身高线是不断上升。虽然我们看粉色的室内湿度有时有明显的变化，跳跃性较强，但我们发现表示七号种子生长状况的黄线还是比较平稳的，这种植物不太受湿度的影响。而蓝色的温度线变化对黄色线也没多大的影响。反出来我们再看代表普通土小苗身高变化的浅蓝色线我们，会发现从开始种下到后来一直没有长出来。从而可以看出有机土较普通土更有利于小白菜的成长。

（四）其他植株的对比实验照片

5 月 17 日四号种子（菠菜）在不同土壤中的生长情况
（摄影：郑纪慈）

有机肥　　　　　　　　　　　　　　普通土

6月29日六号种子（苦苣）在不同土壤中生长过程（摄影：张世友）

十号种子生菜不同土壤生长对比情况（摄影：张一弛）

5月16日有机耙　　　　　　　　　　　5月16日普通土

6月29日拍摄的种在不同土壤中的生菜的生长情况

月相变化观测报告

设计教师：朝阳区兴隆小学　张宏亮

教师指导学生活动的设计

（一）整体活动简介

北京天文馆位于北京西直门外大街，国家级自然科学类专题科学博物馆。主要通过人造星空模拟表演，举办天文知识展览，编辑出版和发行天文科普书刊，组织进行大众天文观测等形式向公众宣传普及天文学知识。除此之外，还根据不同层次的青少年学生经常性地组织举行天文讲座、天文培训、天文奥赛、知识竞赛和天文科技夏（冬）令营等各种科普活动，引导和培养学生们对自然科学的兴趣和爱好。北京天文馆已经成为我国向公众，特别是青少年公众开展天文科普宣传、教育的主要阵地。1995 年以来，天文馆先后被定名为国家和市、区级科普教育基地、科学与和平教育基地、青少年爱国主义教育基地等，并多次被评为国家和市级"科普先进集体"荣誉称号。今年 2 月份，管庄学区成立了社会大课堂活动项目小组，以北京地区具有优势的社会大课堂资源的开发为主，挖掘课程资源，开展社会大课堂实践活动。老师们多次深入北京天文馆进行调研工作。发现天文馆有大量的教育资源可供开发。于是让学生形成多个主题的研究小组，带着问题走进天文馆进行调查研究工作。

（二）问题的提出

"自古月亮就引起人们的很多遐想，更有大诗人李白'举头望明月，低头思故乡'的千古佳句。我对其他天体运行变化并没有什么太多的了解。但总能看到这美丽的月亮，有时弯弯，有时圆圆。在清晨，在傍晚，在深夜，它总给人不一样的感觉。月亮引起了我很大的兴趣。真想到从地球上飞到月亮来一次太空旅行呢。"——这是张梓筠同学的真实想法。于是我告诉她可以利用天文望远镜来观测月球啊？有什么技术上的问题可直接找老师。

（三）学生活动方案

活动目的：了解月球

研究主题：月相变化的规律是怎样的？

活动准备：天文望远镜、相机、万年历、记录单、笔等

活动时间：2009 年 8 月至 2010 年 11 月

活动地点：学校与家附近

活动条件：天气条件良好

活动步骤：

    1. 学习组装天文望远镜。

    2. 每天收听天气预报判断是否是好天气。

    3. 每次活动，查找万年历，确定是农历哪一天。

    4. 观察月相的大小与特征。

    5. 用相机记录月相。

    6. 研究每一月月相变化特点。

    7. 得出相应结论。

（四）学生活动的设计

1. 组装天文望远镜

（1）阅读使用说明

（2）教师解读

（3）学生操作

2. 观察活动

2009 年 9 月 12 日白天观测月相　　　　　　看我多专注啊！

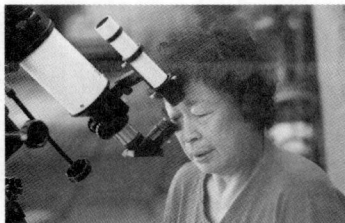

奶奶看到了，也来试试可以看见什么

邻居胡叔叔说："这东西真神奇！"

（三）活动总结

　　学生要经过一年左右时间的观察与记录去发现月相变化的规律。这对一个四年级的学生需要毅力与勇气，并且观测本身就受到天气条件的限制。多次因为天气原因而错过了很多拍摄的机会，不得不在下一月去拍想要的月相。在活动中学生遇到了很多困难，在老师与家长的支持下，学生克服了困难，顺利完成了观测任务。学生在这个活动不仅收获了知识，更重要的是收获了一种精神，一种从事科学探索与研究的品质。虽然还存在一些不足和遗憾，但相信这样的活动会让学生一生受益。

学生活动报告

观察月相变化的报告

　　"人有悲欢离合，月有阴晴圆缺"这就是月相，说得更明白一些，月亮在围绕地球转动的过程中，它的形状也在不断地变化着。这叫做月相。

　　那么月相是怎么产生的呢？由于月球本身不发光。在阳光照射下，向着太阳的半个球面就亮，背着太阳的半个球面就暗。随着月亮、地球、太阳之间的位置变化，就使它被太阳照亮的一面有时对着地球，有时背着地球；有时对向地球的月亮部分大一些，有时小一些，这样就出现了不同的月相。

　　每当月球运行到太阳与地球之间，被太阳照亮的半球背对着地球时，人们在地球上就看不到月球，这一天称为"新月"，也叫"朔日"，这时是农历初一。如右图在这天是看不到月亮的。所以这里只用了一个深灰色的圆来表示月球的背光面。这一张相片是用电脑做出来的。

新月

　　过了新月，月球顺着地球自转方向运行，亮区逐渐转向地球，在地球上就可看到露出一丝银钩似的月球，出现在西方天空，弓背朝向夕阳，这一月相叫"蛾眉月"，这时是农历初三、初四。下面请看这一张相片就是我在家门口拍到的蛾眉月，拍摄时间是：2009年11月20日18：36也就是农历十月初四。

蛾眉月　2009.11.20 18:36 农历十月初四

随后，月球在继续围绕地球转动，到了农历初七、初八时，就会出现月球半个亮区对着地球，人们可以看到半个月亮（凸面向西），这一月相叫"上弦月"。这一张相片就是在2009年8月27日20：01也就是农历七月八号拍摄到的。

上弦月过后，从农历初九左右到农历十四左右，便是"凸月"。我们能看到月球的大半部分这张就是我在2009年10月1日20：04也就是农历八月十三号拍摄到的。

上弦月　2009.8.27 20:01 农历七月八号

当月球运行到地球的背日方向，即农历十五、十六、十七，月球的亮区全部对着地球，我们能看到一轮圆月，这一月相称为"满月"，也叫"望"。左图这张就是我在2009年10月3日20：44拍摄到的，也就是农历八月十五那一天。这一天的月亮听说是近年最亮的一次。记得以前我拍月亮的快门速度通常是几十分之一秒，而这天用的是1/350秒就可以拍得很亮了。

凸月　2009.10.1 20:04 农历 八月十三号

满月过后，月亮继续围绕地球转动，亮区西侧开始亏缺，又形成了一次凸月。这是我在2009年9月8日22：07农历七月二十号拍摄的凸月，人们会发现这次凸月与上次凸月很相像。前者是月满之前，也就是说月亮受光面一点点变大的过程。后者是月满之后，也就是由月亮的受光面一点点变小的过程。所以前者也叫凸盈月，后者也叫凸亏月。

满月　10.3 20:44 农历八月十五

到农历二十二、二十三，又能看到半个月亮（凸面向东），这一月相叫做"下弦月"。这就是我在2010年10月30号农历九月二十三拍摄到的相片。我们发现左图下弦月和上面说过的上弦月也很相似，也是方向相关。月球在围绕地球公转中，太阳光照射到月球的受光面发生了变化造成的。

凸月　2009.9.8 22:07 农历七月二十号

又过四五天，月球又变成一个蛾眉形月牙，弓背朝向旭日，这一月相叫"残月"。这一张就是我在 2010 年 11 月 4 日 6：43 拍摄到的相片，农历 9 月 27 日。由于那天早晨还要赶着上学去。所以拍摄得并不是很清晰。我发现在这么多月相变化中，蛾眉月和残月是最难拍的。因为前者可以看到的时间是太阳刚落山时，后者是清晨。两者出现的时间都较短。而一般都是上下学的时间。拍蛾眉月时间稍晚，就光线不足，拍残月时间稍晚，它就很快消逝在蓝天里。

当月球再次运行到日地之间，月亮又回到"朔"。这时经过了 29.53 天，也就大约一个月的时间。

月相就是这样周而复始地变化着。（看下图）

下弦月 2010.10.30 6:31 农历九月二十三号

残月 2010.11.4 6:43 农历九月二十七

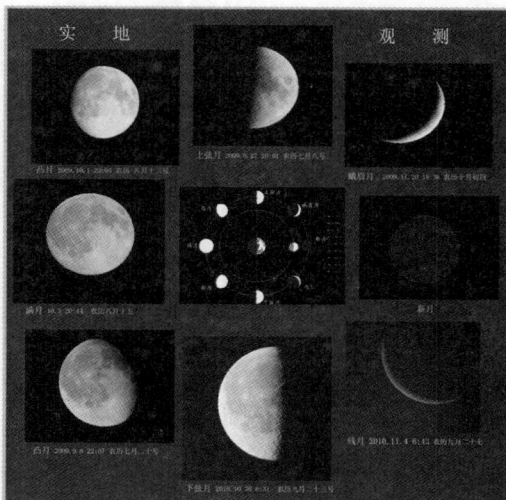
实地 观测

不能忘记的历史

——八里桥之战

设计教师：朝阳区定福庄第一小学　王丽莉

教师指导学生活动的设计

（一）整体活动简介

首师大版小学《品德与社会》五年级下册，"不能忘记的历史"这一单元用红线串珠的方法分四块内容：鸦片敲开国门；丧权辱国之痛；救亡图存的探索；民族解放之路，向学生讲述了中国近代史是中国人民被侵略以及反抗的开始。在鸦片敲开国门和丧权辱国之痛两块内容中，力图让学生通过学习，知道近代以来中国曾经受列强的侵略和凌辱，山河破碎的事例，知道外国列强在中国犯下的滔天罪行，感受我国遭受列强的欺凌和蒙受的耻辱、危害，激发学生强烈的爱国情感、振奋民族意识。本内容是对"不能忘记的历史"这一单元学习内容的拓展延伸。

咸丰十年（公元 1860 年）七月，挑起第二次鸦片战争的英法联军因天津谈判无结果，遂自天津句北京逼进，途经八里桥。由僧格林沁、胜保、瑞麟统率的 3 万军队驻守在八里桥，并与英法联军军展开了战斗。八里桥失守后，咸丰、慈禧等逃往承德，英军进入北京，发生了"火烧圆明园"事件。可以说八里桥见证了中国屈辱的历史。

八里桥位于我校东部，如果乘坐公交车距离我校也就几站地，可以说对于我校来说是一处非常好的对学生进行爱国主义教育的资源基地。

学生在五年级《品德与社会》课堂上通过学习"不能忘记的历史"这一单元中的第一课"鸦片敲开国门"与第二课"丧权辱国之痛"后，走进资源基地——八里桥，通过参观学校附近的八里桥旧址，了解"不能忘记的历史"，再次感受落后就要挨打的历史教训，激发学生振奋民族精神。

（二）学生活动方案

1. 活动目标

（1）情感态度价值观：正视祖国这段屈辱的历史，珍惜现在的美好生活，树立民族意识与民族自尊心。

（2）能力：通过搜集八里桥的资料，提高搜集、整理、分析的能力；通过参观八里桥，提高运用社会信息，探索和说明问题的能力。

（3）知识：了解在第二次鸦片战争的过程中，英法联军与清军在通州八里桥激战的历史事件。

2. 活动第一阶段

（1）教师方面

教师到通州八里桥（旧桥）参观和了解，搜集有关通州八里桥的相关资料。整理分析"八里桥之战"历史事件的背景。

分析教材内容，在对教材深入了解后，将通州"八里桥之战"的历史事件，以点的形式，融入课程内容。利用离我校最近的八里桥遗址的社会资源，让学生深入感受这一历史事件。

（2）学生方面

在参观"八里桥"之前，学生搜集有关"八里桥"的内容，初步了解八里桥的历史。

3. 活动第二阶段

（1）教师方面

在学生初步搜集了解"八里桥"之后，对学生知识的掌握方面通过调查表的形式进行了解；分组布置任务，整理资料，评选一名小小解说员。

（2）学生方面

通过调查问卷，再次加深对八里桥的认识；完成整理资料的任务，评选解说员。

调查问卷

1. 你知道通州"八里桥"始建于哪个朝代吗？

A. 清朝　　　　　　B. 明朝　　　　　　C. 唐朝

2. 八里桥之战是清军和谁之间的战役？

A. 日本　　　　　　B. 英法联军　　　　C. 八国联军

3. 你知道"八里桥之战"清军失败的主要原因是什么吗？

A. 军队人数少　　　B. 武器不先进　　　C. 清军不够勇猛，知难而退

4. 外国列强在"八里桥之战"后，进入北京，摧毁了我国的哪个园林？

A. 圆明园　　　　　B. 北海　　　　　　C. 景山公园

5. 你知道现在的"八里桥"以及它的周围是什么样的吗？"八里桥"对于我们中国人来说，有着什么意义？

教师与学生共同分析整理资料。帮助学生练习解说工作。

4. 活动第三阶段——走进八里桥

活动时间：半天

参加人员：五年级学生和教师

活动形式：参观

教师准备：相机、安全教育

学生准备：相机、笔、记录单

[活动1] 小小讲解员介绍八里桥

（活动目的：通过小小讲解员的讲解，使学生对八里桥有个初步的认识）

1. 八里桥的修建朝代

2. 八里桥的构造

3. 八里桥的石狮个数和石狮形态

[活动2] 带问题参观

（活动目的：学生参观，引发学生对八里桥现状的思考）

要求：

1. 以小组形式参观，各小组组长负责管理组内成员，组织组内成员讨论。

2. 仔细参观，可以对石狮拍照。

3. 参观完毕后回到指定地点。

问题：

1. 你见到的八里桥两侧的石狮都是完好无缺的吗？

2. 你见到的这些破损的石狮都遭到了多大程度的破坏？

3. 通过课前的搜集资料，你来分析一下，这些石狮为什么会遭到破坏，会是什么使他遭受到了这么大的破坏？

[活动3] 参观汇报，讲战役

（活动目的：检验学生的参观情况，引出"八里桥之战"）

1. 各组汇报观察结果，以及对石狮破坏的思考

2. 小小讲解员讲解石狮破坏的原因——"八里桥之战"

3. 提问：在这次战役中，清军失败了，清军3万余人，英法联军6000人，3万人的部队却抵不住6000人，这是为什么？

（学生猜测）

武器落伍：

英法联军由火炮、来复枪、滑膛枪构成的远、中、近三层火力网。

清军还是一如既往地使用弓箭、火枪、马刀等原始武器，火力的差距比15年前的第一次鸦片战争更大。

[活动4] 谈感受

学生活动报告

学生感受 1

今天，马老师和王老师带着我们一起去了八里桥的一座老桥。

到了八里桥，桥两侧的狮子吸引了我，这些狮子千姿百态，有的在卧着，有的精神十足，还有的旁边有小狮子，好像是大狮子在抚摸着小狮子。我又仔细地看了看，有的狮子没有了头，没有眼睛，没有脚。这是怎么回事呢？老师说："这已经是一座古桥了，是在英法联军侵略中国时造成的。那时中国人没有现在的辉煌，没有现在的先进科技。被英法联军打败了。因而留下了这些狮子的残骸。"这时我想："英法联军真可恶，把我们这么好的雕像给毁了，真是欺人太甚!"我又悄悄对一位同学说："这么好的雕像毁了你心疼吗?""当然了。"他回答道。之后我们在这里照了几张照片当作一下纪念，记住这些侵略者的所作所为。拍完后我们回到了学校。

回到学校后，我深有感触，做人要做一个勇敢的人、有智慧的人；拥有了勇气与智慧才能更好地保护我们的祖国。

学生感受 2

今天我们和老师去了八里桥，了解了一些关于八里桥的事情。

八里桥南北长 50 米，东西宽 16 米。桥面两侧有 32 幅石栏板。栏板上有望柱 33 对，每个望柱上雕有石狮。

八里桥不仅是风景名胜，还是古战场。第二次鸦片战争，英法联军以 6000 人的兵力，在猛烈炮火的掩护下向八里桥猛扑。当时，驻守八里桥一带的清军 3 万。清军以大刀长矛和拥有洋枪洋炮的英法军队展开决战。通州城外杀声震天，八里桥遮天蔽日，清军前面的将士倒下了，后面的将士又冲上来，誓与大桥共存亡。战至当晚，虽然清军官兵前仆后继，打死了联军 1000 人，但终于敌不过英法军队的洋枪洋炮，八里桥的石栏板被炸得粉碎，许多石狮子也被炸毁，桥面上堆满了清军的尸体。八里桥失守了，3 万将士全部殉国。

通过对八里桥历史的了解，我意识到"落后就要挨打"的道理，只有好好学习，用知识不断地发展壮大我们的祖国，才能够立于世界。

学生感受 3

今天我和同学们还有王老师一起去参观了八里桥。我们十分高兴!

八里桥栏板上有33对望柱，每个望柱上都雕有石狮，形态各异，栩栩如生；有的脚踩大石，张开血盆大口，十分威武。有的脚下卧着一只小狮子，龇出两排大牙。桥东西两侧各有一对饯兽，昂首挺胸，让人一看就吓出一身冷汗来。多么壮观啊！由此战争的破坏，如此壮观的景象被打破了。许多石狮子全被炸毁了，石狮面目全非，多么可惜啊！

古老的八里桥是一部史书，他向人们讲述着几百年的沧桑岁月。我们应该好好地阅读它，珍惜它，呵护它。

学校周围环境

设计教师：朝阳区半壁店小学　田一兰

教师指导学生活动的设计

(一)整体活动介绍

综合实践活动课《学校周围环境》一课，是让学生自主地经历综合实践活动的全过程。

独立选题、自主活动：以学生的兴趣出发，有利于激发学生的探究动机。回归学生的生活世界，结合学生已有的生活经验，因为新知识的获得是以原有的知识、经验为基础的，所以还要充分利用现有的、熟悉的资源和条件，便于学生自主活动。

展开过程、合作探究：学生通过自由组合开始在课前搜集资料，即采用上网浏览、实地考察、访问了解、去图书馆等多种方式搜集资料，进一步筛选、比较、取舍，这个过程正是学生进一步对所选主题加深了解和探究的过程。最后在确定完成主题形式后整理、运用资料。

讨论交流、丰富体验：在师生间、组与组间、生生间进行广泛的讨论交流。这样做到了知识互补、开阔视野，加深对问题的理解，形成体验。培养了学生团结合作的品质。不仅能使学生主动、积极、创造性地学习，还有助于教师集思广益，有效地获取反馈信息，促进探究活动顺利地进行。

汇报展示、质疑引导：在汇报的过程中突出了综合活动课生成性的特点，其内容不是完全预设的，不能变更的，是随着活动而展开的。学生用多种形式汇报：调查报告、采访录音、实景拍照……既使人感觉简洁明了、通俗流畅、富有个性，又创造出新的信息，在得出有价值的结论的同时又会产生新的目标、新的问题、新的价值观，教师要肯定其价值引导，将活动继续延伸。

在整个活动过程中，教师要充分理解和尊重学生，及时地为学生提供服务，为学生创设自我表现、成功的情境与机会。

（二）活动方案

活动目的：了解高碑店地区位置和主要管辖区域，了解高碑店乡主要特色和主要交通线路。

时间：2010 年 3 月

地点：半壁店村居委会

领队：学校综合实践教师

活动的具体安排：

1. 班主任和副班主任负责。

2. 时间 8：30 出发，两节课左右后后回来。

注意事项：

1. 自带矿泉水和记录本。

2. 要求学生组成学习小组，发现问题及时报告。

3. 活动结束要在规定的地点按时集中，清点人数上报。

（三）实践主题活动内容的确定

1. 学生分组情况及选题记录

学生根据选题情况分为三组，每组七人，设有组长并将组员进行分工。

提出问题：

一组　高碑店乡面积有多大？管辖的地区有哪些？

二组　高碑店地区的特色是什么？

三组　高碑店地区的地理位置如何，有哪些主要线路？

2."学校周围环境"研究记录表

［一组］

研究主题：高碑店乡面积有多大？管辖的地区有哪些？

记录员：崔春林

搜集途径：访问半壁店村委会工作人员，上网查找。

资料整理记录：

（1）高碑店地区面积 15.08 平方公里，下辖 4 个村级单位和 18 个社区，总人口约 18.5 万人。

（2）村委会有高碑店村、八里庄、高井村、北花园村、半壁店村

社区有高碑店、半壁店东区、半壁店西区、北花园、大黄庄、甘南一区、甘南二区、八里庄、高井、花北东区、花北西区、康家园东区、康家园西区、丽景馨居、太平庄北区、太平庄南区、通惠家园、兴隆家园

［二组］

研究主题：高碑店地区的特色是什么？

记录员：张景辉

搜集途径：采访居委会工作人员、上网查找。

资料整理记录：

(1)来源：百度知道"北京市周边的民俗旅游景区有哪些？"

朝阳区　高碑店乡　高碑店村

乘363、725路高碑店下车或乘312、728、848路、地铁八通线高碑店下车即到。

(2)来源：百度知道"北京朝阳区有什么地方比较好玩？"

中国紫檀博物馆

美轮美奂的古典家具如今也有了自己的博物馆，坐落在朝阳区高碑店乡的中国紫檀博物馆，是目前世界上第一个规模最大、藏品最丰、档次最高的紫檀雕刻艺术博物馆。

由香港富华集团出资2.5亿元兴建的中国紫檀博物馆占地25000平方米，具有浓郁的中国古代宫廷式建筑风格，千余件珍贵木材雕刻而成的宫廷木器艺术精品收藏其中，数百件明清家具光彩夺目。这幅长32.4米、宽1.77米的木雕《清明上河图》和高3米的紫檀木雕紫禁城角楼、御花园万春亭、千秋亭模型四件传世佳作，组成了震馆之宝。

(3)来源：百度知道"中国民间文化艺术之乡有哪些？"

"中国民间文化艺术之乡"评选活动尘埃落定，最终全国963项入选"中国民间文化艺术之乡"。据悉，"中国民间文化艺术之乡"是指在当地广泛开展的特色鲜明的某种群众性文化艺术活动，并对当地群众文化生活及经济发展产生较大影响的县（市、区）、乡镇（街道）和社区，此次为"中国民间文化艺术之乡"首次命名，以后计划每两年命名一次。

中国民间文化艺术之乡名单

　　13　　朝阳区高碑店乡　　民俗文化

(4)来源：北京市高碑店人民政府高碑店地区办事处简介

高碑店地区历史悠久，京杭大运河的源头——通惠河穿流而过，孕育了独具京城特色的古运河文化。位于通惠河畔的高碑店村是一座千年古村，元朝时是漕运码头、皇粮商品集散地，曾经盛极一时。京杭大运河上唯一保存下来的码头遗址"平津闸"就在高碑店湖畔。高碑店地区旅游资源丰富，现有古典家具一条街、漕运码头、励志堂、民俗旅游接待户以及民俗文化街、华声天桥、皇晟造办、将军庙、龙王庙、晋商博物馆等旅游景点。位于通惠河南岸的盛世龙源是一个集美食、娱乐、休闲、购物、会议等多个领域的消费场所。高碑店民俗艺术繁荣，其中高跷、秧歌、小车会、太平鼓享誉京城，尤其是创立于清代的高碑店高跷，已有百年历史，已多次踏出国门。漕运庙会、元宵灯会、"端午民俗文化节"、中元节等民俗节庆已恢复举办多届。

[三组]

研究主题：高碑店地区的地理位置如何，有哪些主要线路？

记录员：王玉祥

搜集途径：上网查找。

资料整理记录：

网上搜集结果：

（1）来源：北京市高碑店人民政府高碑店地区办事处简介

地理位置：高碑店地区办事处地处朝阳区东部，位于北京东长安街延长线上，距天安门仅 8 公里，素有"长安街东第一乡"的美誉，向西紧邻 CBD 核心区，向东与中国传媒大学相邻，南接朝阳区王四营地区办事处，北邻朝阳区平房地区办事处。

（2）来源：北京市高碑店人民政府高碑店地区办事处简介

城市建设：区域内路网密布、交通便利，有大型交通枢纽——四惠公交枢纽，东西走向的道路有 5 条：广渠路、通惠河北路、京通路、朝阳路、朝阳北路；南北走向的道路有 5 条：四环路、五环路、高碑店路、高碑店北路和平房西路；另有地铁 1 号线和城铁八通线穿越其中，还有两条铁路：京包铁路、京秦铁路从此经过。

学生活动报告

高碑店乡特色的调查报告

六（2）班 二组

一、调查目的

了解北京朝阳区高碑店乡地区的主要特色。

二、调查对象

半壁店村委会的工作人员，半壁店村民。

三、调查过程

时间：2010 年 3 月 10 日，我们二组的学生在老师的组织下步行来到半壁店村委会。我们向里面的叔叔、阿姨热情地打了招呼并采访了几位看起来没有在忙的工作人员并随机采访了几位村民，他们很耐心地解答了我们的问题。我们对他们的观点进行了归纳整理。

四、调查效果

被调查者认为：

1. 高碑店地区是一个正在迈向城市化的都市乡村，辖区秩序正规，环境优美。

2. 高碑店地区正以科学发展观为统领，以市区关于以加快城市化进程和加强社会主义新农村建设的要求为指导，大力发展传统、传媒、时尚"三大文化产业"，统筹城乡管理，调整和优化产业结构，转变增长方式，提高发展质量，促进社会和谐，全面实现富民、人文、平安、环保、诚信、文明的"六大目标"，推动地区经济社会又快又好地发展。

3. 多数被调查者认为高碑店乡目前处于飞速发展阶段，经济、交通、环境相比几年前都有很大改善。

4. 高碑店地区个别地段道路交通拥堵严重，道路质量很差，交通混乱。

5. 高碑店地区有的地方环境卫生较差，需要有效改进。

调查建议：（把调查建议写信通知高碑店乡政府）

1. 建议高碑店乡进行道路整修，把不规范和过于狭窄的道路进行彻底改建，改善部分路段的拥堵状况，减少交通事故的发生。

2. 建议乡内继续整顿环境卫生，增加卫生死角地区的清洁员，狠抓随便倾倒垃圾现象，使我乡面貌得以真正改善。

学生的感受与体会

[一组]

今天的综合实践课，我们在老师的带领下开展活动。老师让我们在学校周围环境的范围内选择一个主题，我们组决定选择了解我们成长的高碑店乡到底有多大，包括哪些地区。经过上网调查和采访：嗬！不看不知道，一看吓一跳。原来我们的高碑店乡竟然有这么大，是一个有18.5万人的大乡呢，我们乡所包括的社区有18个，村子也有4个，远远不像自己原来所认识的那样，只有家周围那么一小块地方。经过了解，我对自己的家更自豪了，以后我还要了解更多地方。

[二组]

以前只知道自己住在高碑店乡半壁店村，一听名字就像个土得掉渣的地方，周围的环境也很破旧，和城里的孩子在一起总是抬不起头来。不调查不知道，原来我们所在的高碑店乡有这样悠久的历史文化，同时还是中国首次评选的"民间文化艺术之乡"之一，是全国有名的旅游胜地。现在我再也不会为自己生活在村里而感到自卑了，我的家也很美，只是与他们的美不同。

[三组]

通过这次调查我知道了原来我家周围的交通这么发达，距离北京市中心非常近，坐地铁也就十多分钟；想去通州还有地铁和京通快速路，一会就可到达。怪不得总是堵车呢，原来是交通要道呀！这下可好了，以后上了初中我要多出去走走，见识见识周围的新天地。但是，还是有很多路段道路状况很差，不能满足日益发展的交通的需要。

附：学生活动照片

学生假期生活情况调查报告

设计教师：朝阳区管庄中心小学　　杨　彦

教师指导学生活动的设计

（一）整体活动简介

北京市义务教育课程改革实验教材《品德与社会》四年级上册第四单元《学习中长大》，教学目的在于指导学生学会安排好自己的生活，学会珍惜时间，利用时间丰富自己、提高自己。教师根据学生年龄特点，组织学生开展社会大课堂活动，使学生通过调查、采访和亲身实践达到预期的教育目标。

（二）学生活动方案

1. 组织课堂教学活动，由师生共同制订选题。
2. 走访班级同学，调查同学的假期生活情况。
3. 亲身实践设计自己的寒假生活。

（三）学生分组、个体研究情况

1. 学生分组情况：班级学生每 4 人为一个小组开展实践活动、问卷调查活动、采访活动。组为学生自行分工。

2. 个体研究情况：学生积极参与采访活动，不仅走访了本班同学，还走访了同年龄的其他学校的学生。在亲身购物的实践活动中，队员们团结协作，互相商量解决遇到的问题，使实践活动取得了预期的效果。

学生活动报告

一、问题的提出

寒假就要到了，往常的寒假都是家长安排我们的生活。只要家长没有交代干什么，我们一般就会看电视或出去找朋友、同学玩，浪费了很多宝贵的时间。

二、活动目标

这个学期，我们学习了品德与社会《珍惜时间》这一课，觉得以往的假期生活真是浪费了很多时间。如果这些事件能够合理利用，我们会学到很多东西。因此我们计划展开一次调查，希望可以从了解同学们以往的假期生活安排，了解同学们是怎样度过假期生活的，从而分析同学们假期生活方式中存在的利弊，为同学们提供正确的假期生活指南。

三、活动过程

1. 我们小组共有 3 人，每人调查 5 名同学，分别进行调查。

2. 把调查出来的情况进行整理、汇总。

3. 经过分析之后，得出以下结论：

（1）在关于假期中做什么的调查中（此题多选），81％的同学选择写假期作业，58％的同学选择看电视，32％的同学选择了参加体育活动，34％的同学选择上网，5％的同学选择阅读看书，另外与朋友聚会和参观旅游也占了一定比例，但是选择社区实践活动的同学几乎没有。从调查中我们看到除了写寒假作业与学习关系密切，大多数同学都把时间花在了看电视、玩上面。

（2）在关于假期生活谁来安排的调查中，78％的同学选择由家长来安排，15％的同学选择没有安排，5％的同学选择由自己和家长共同安排，2％的同学选择自己安排。由此可见，很多同学都依赖父母来安排自己的假期生活，在父母没有安排的情况下很多同学就用看电视、上网来消磨时间。

（3）在关于是否制定了假期每天生活时间表的调查中，40％的同学表示没有制定，38％的同学说制定了但没有执行，只有22％的同学制定了时间安排表并努力按照安排去做。并且分析发现，那些能够按照时间表去生活的同学往往是有自觉能力的同学，在班中也是好学生或者班干部。

四、活动成果

我们把调查结果交给了老师，老师知道大家制定假期生活安排表，教会了我们合理利用时间，合理安排自己的生活。这样一来，大家这个寒假一定会过得充实和有意义。

五、收获与体会

通过此次调查问答活动，我们汇总了同学们的回答结果，得出了一个结论：凡是能够合理安排自己生活的同学也是能够主动学习的同学，他们的学习成绩大都较好，并且做事情井井有条，在学校是老师的助手，在家里也是家长的好孩子。并且班主任老师还说，他们有很强的处理问题的能力，老师们更愿意把一些工作交给他们去处理。

所以，我们觉得我们必须学会自己安排自己的时间，学会有条理地生活，从而不断提高自己的能力。

关于古代农业工具演变的研究报告

设计教师：朝阳区管庄中心小学　沈　静

教师指导学生活动的设计

(一)整体活动简介

北京市义务教育课程改革实验教材《品德与社会》五年级下册第一单元《我们的衣食之源》，教学目的在于使学生了解一些农业知识，知道农业与我们生活的重要关系，对我国是农业大国有初步的认识和了解。针对本单元第三课《农业博物馆的发现》设计学生实践活动，让学生通过参观了解农业工具的演变，感受人类文明的进步。

(二)学生活动方案

1. 学生分小组展开参观活动，参观过程中要求学生进行简单的记录。

2. 对自己不懂的问题做好记录，可以通过现场采访讲解员寻求问题的答案。走访班级同学，调查同学的假期生活情况。

3. 通过小组讨论、现场实践了解各种古代农具的使用方法。

4. 参观后以小组为单位进行汇报展示。

(三)主题实践活动内容的确定

由师生共同制订选题。

(四)学生分组、个体研究情况

1. 学生分组情况：班级学生每 4 人为一个小组开展实践活动，组内学生自行分工。

2. 个体研究情况：学生认真展开参观活动，并积极动手实践，通过听现场讲解员的解说了解到很多关于古代农具的知识。

一、问题的提出

我们的祖先很早以前就开始使用工具进行农耕。在那个文明还不发达的时代，人类用自己的智慧发明出了很多工具，这些工具都是做什么用的呢？他们是怎样发展和变化的呢？

二、活动目标

为了弄清这些问题，老师带我们来到了农业博物馆。我们将通过在农博的参观了解古代人类的农业工具是什么样子，做什么用，以及它们与现代农具的联系和差别。

三、活动过程

1. 我们小组共有 4 人，共同开展参观活动，大家各自记录。

2. 通过参观以及听讲解员阿姨的解说，我们了解到从古至今农具发展的历史，汇总大家的记录，我们把古代农具的发展制作成下面的表格。

古代农具的发展

朝代	出现地点	新农具	其他
新石器时代	广西桂林	原始人使用短柱形石作加工谷物。	
	黄河流域	使用石镰收割，石磨盘、石磨棒加工，使用石斧、石铲、石锛、石刀、石凿等进行生产。	
	长江下游	使用骨耜翻土和木杵加工，使用石制犁形器、双翼形的石耜冠和碓白。	
	广东曲江石峡地区	使用石镢。	
商朝		人们用青铜制造农具，种类有镢、臿、铲、斧、锛等。	
西周		使用专用于中耕除草的青铜农具钱、镈、耒、耜。	
春秋战国		发明冶铁技术，并用于农业生产。创造利用杠杆原理的提水工具桔槔。出现牛耕，同时创造了牛穿鼻的使役技术。开始用铁犁耕地，并使用铁锄、铁锹、镢、铁镰等铁农具。公元前 4 世纪使用脱粒工具连枷。出现石圆磨。	

朝代	出现地点	新农具	其他
汉朝		谷物加工中已使用扬车（风扇车）。出现开大沟、修水利用的大铁犁。已有铧式犁使用。出现曲把铧锹，即后世的踏犁。提水工具中出现辘轳。前耕犁已有翻土装置犁壁、壁形分菱形、瓦形、方形缺角形、马鞍形等种。创造条播工具耧车。一世纪水力开始直接用于农业生产。	
晋朝		北方旱作出现畜拉平田、碎土工具耙、耱被广泛使用。出现利用齿轮传动和以水为动力的连碓机及连转磨。	
	广东连县	使用水田耙（耖）。	
南北朝		发明灌钢，并开始用于制造农具。创造水碾和水磨。出现播种工具窍瓠，覆种工具挞，中耕工具锋、耩。	
唐朝		出现用水力提水的工具水轮。王方翼造人力耕地机。水井提水使用井车。四川使用连筒（筒车的一种）灌溉。出现利用曲柄辘轳和空中缆道相结合提取河水的灌溉工具。收麦专用工具钐已普遍运用。	水车由我国传入日本。陆龟蒙作《耒耜经》是我国现存最早的农具书。
	关中地区	水车在推广。	
	长江下游	出现江东犁，我国水田犁至此已经定型。	
	江南水田	使用耙等平田的工具。	
宋朝		推广踏犁，钢刃农具开始推广。	
	东北地区	使用分立起垄、中耕趟地的趟头。	
	江南水田	使用碎土、平田、混合泥浆的工具耖。	

朝代	出现地点	新农具	其他
元朝		风力已用于农业生产，并出现了风车和风磨。提水工具中出现了水转翻车和高转筒车。收割工具中出现了麦衫、麦笼和推镜的联合作业。加工工具中出现了水轮三事、水转连磨、水转大纺车和木棉搅车。还出现劳动保护工具。	1313年，我国现存最早的农器图谱王祯《农书·农器图谱》问世，全书共收录农具一百多种。
	北方地区	使用下粪耧种等播种工具。	
明朝		李衍作人力犁"木牛"。出现用于稻谷脱粒的稻床。绞关犁（又名代耕架）的形制和结构见于《新制诸器图说》记载。使用生铁淋口技术制造农具。使用手摇小型水车——拔车。	
清朝		深耕犁见于记载。创造捕粘虫车。	
	关中地区	出现中耕农具漏锄。	

四、活动成果

我们通过对古代农具的参观，对古代农具的发展有了清晰的了解。并通过现场实践体会到这些工具对农业发展起到的重要作用。

五、收获与体会

405

我们非常惊讶，原来古代农具有那么多种。古代的劳动人民真聪明，他们用自己的智慧发明出了这些工具，有些工具很简单但是却很有用。而且人们不满足于这些简单的工具，他们在劳动过程中不断丰富，不断发展、发明出更多更为复杂的农具，有些农具就是现代农具的雏形。我们真正理解了"劳动人民是最聪明的"这句话。

学生日常消费调查报告

设计教师：朝阳区管庄中心小学　彭　卉

教师指导学生活动的设计

（一）整体活动简介

北京市义务教育课程改革实验教材《品德与社会》四年级上册第一单元《由购物想到的》，教学目的在于指导学生合理消费，培养学生节约的良好习惯。教师根据学生年龄特点，组织学生开展社会大课堂活动，使学生通过调查、采访和亲身实践达到预期的教育目标。

（二）学生活动方案

1. 组织课堂教学活动，设计调查问卷由师生共同制定选题。
2. 走访班级同学，调查同学的消费情况。
3. 发放调查问卷，收集调查数据。
4. 亲身实践 10 元购物。

（三）学生分组、个体研究情况

1. 学生分组情况：班级学生每 4 人为一个小组开展实践活动、问卷调查活动、采访活动。组内学生自行分工。

2. 个体研究情况：学生积极参与采访活动，不仅走访了本班同学，还走访了同年龄其他学校的学生。在亲身购物的实践活动中，队员们团结协作，互相商量解决遇到的问题，使实践活动取得了预期的效果。

管庄中心小学四年级学生日常消费调查报告

一、问题的提出

最近几年，学生的生活水平逐渐提高，但是，出现的问题也是多种多样的。其中，有的同学过度消费、追求名牌、互相攀比，家长对孩子的一些不合理的要求也都尽量满足，使有的学生养成了"大手大脚"乱花钱的坏习惯。今天我们就小学四年级学生的消费情况进行了抽样调查。

二、活动目标

为了加强同学们的节俭意识，认识到钱财的来之不易，懂得体谅父母，从小事做起，从自身节俭，并将我国古代传为美谈的节俭故事向朋友、同学加以宣传，发扬节俭的美德。

三、活动过程

（1）我们小组共有 4 人，每人调查 8 名同学，分别收集相关数据，以达到数据的真实性和准确性。

（2）把调查出来的数据进行整理、汇总、列表。

（3）经过分析之后，得出以下结论：

四年级学生消费情况：（元/周）

项目 结果	服装	生活费	零食	学习用具	其他
边昊昆调查结果平均值	30	36	30	10	20
高子方调查结果平均值	40	26	10	10	25
宋子洋调查结果平均值	32	25	5	5	35
施志远调查结果平均值	10	30	15	8	10
平均	28	29.25	15	8.25	22.5

四、活动成果

经过几天的忙碌调查，我们发现我校学生主要把钱消费在吃、喝、玩三个方面。其中，衣着消费比较高，这种现象的出现都是因为学生之间相互攀比，追求名牌，例如：有的同学随身佩带手机、MP4 等，总想追求潮流。有的因为同学过生日，就邀请很多人去参加生日 Party。这些现象对我们的健康成长不利，而且有的同学家里并不富裕，有些没有必要的消费给家长带来了负担。据我们分析，他们的钱都来自父母，而索取钱的说法更是多种多样的。

五、收获与体会

通过这次调查活动，我们了解到现在的学生消费水平太高了。我们通过 10 元购物体验实践活动知道了原来 10 元钱经过大家仔细规划可以购买到很多货真价实的商品，如果用来买菜可以够一家人吃两天。大家都认为以前的很多消费太浪费了，花很多钱买了很多没有多大用处的东西。今后我们不光自己还要在同学中宣传，告诉大家合理消费的重要性，让大家都养成节俭的好习惯。

后　记

　　社会大课堂资源的课程开发工作的一个重要指导思想就是要改变学生的学习方式，开放学校的课程学习，通过多种资源的融合促进学生的全面发展，培养学生的实践能力和创新精神。在社会大课堂课程学习与课程实践中，教师为学生提供了多样的实践机会，引导学生开展一些富有探索性的实践任务，使学生拥有探索的广阔时空，提高学生的实践创新能力。在社会实践活动中不断激励学生进取，培养学生的创新精神的实践能力。

　　与此同时，基于社会大课堂资源的课程开发，家庭、学校、社会三种教育形态的关系进一步融合，形成了真正的教育合力，构建起了一种新型的、高度整合的家庭与学校、学校与社会、学校与学校之间的合作共赢格局，使学校教育与社会教育，学校教育与家庭教育密切联系，教育资源的有效整合以及丰富多样课程的开发，也成为学习化社会建设的重要举措，为学生的持续学习和终身学习搭建了一个广阔的学习平台。在教育教学的全部过程中，学校教育与教师工作的极其重要的任务就是使学生"学会学习"，使学生获得基本的学习技能，成为一个活到老、学到老，对社会有贡献的人。

　　基于以上原因，在社会大课程资源的课程开发过程中，我们更加关注学生，关注学生实践学习的过程和成果。通过几年来开展社会大课堂资源的课程开发工作，我们欣喜地看到，中小学生在走出校园、走向社会大课堂开展实践学习的过程中不断成长，教师对学生实践学习的指导能力也逐渐增强，社会大课堂对于促进学生实践能力和创新精神的作用日益显著。我们依托大课堂实验校和部分中小学学科教员开展了《来自社会大课堂学生的报告》的收集工作，整理了来自小学、初中、高中的学生走进大课堂，开展实践学习的部分成果。从学生参与实践、开展研究的角度审视社会大课堂资源的课程开发工作。

　　基于社会大课堂资源的课程开发是一项关乎学校课程改革实施、关乎学生实践能力发展的长效工程，我们收录的仅是中小学生借助社会大课堂资源开展实践学习取得的部分阶段性成果，希望能够对更多的中小学校利用大课堂资源、完善学生的学习方式提供借鉴。

编　者

2010 年 12 月